國家社會科學基金重大項目（21&ZD271）
全國高等院校古籍整理研究工作委員會科研項目
「十四五」國家重點圖書出版規劃項目
2021—2035年國家古籍工作規劃重點出版項目
國家出版基金資助項目

本書獲
南開大學文科發展基金首批重點項目
内蒙古大學内蒙古元代文學與文化研究基地
資金支持

国家出版基金项目
NATIONAL PUBLICATION FOUNDATION

查洪德　主編

全遼金元筆記

劉嘉偉　編校

第一輯　四

中原出版傳媒集團
中原傳媒股份公司
大象出版社
·鄭州·

圖書在版編目（CIP）數據

全遼金元筆記. 第一輯. 四 / 查洪德主編; 劉嘉偉編校.— 鄭州 : 大象出版社, 2022. 12
ISBN 978-7-5711-1660-6

Ⅰ. ①全… Ⅱ. ①查… ②劉… Ⅲ. ①筆記-中國-遼金時代②筆記-中國-元代 Ⅳ. ①K240. 66

中國版本圖書館 CIP 數據核字(2022)第235131號

全遼金元筆記 第一輯 四

出版人 汪林中
項目策劃 張前進
項目統籌 李光潔 吴韶明
責任編輯 王曼青
責任校對 張紹納 萬冬輝 安德華
整體設計 王晶晶 杜曉燕
責任印製 郭鋒
出版發行 大象出版社
鄭州市鄭東新區祥盛街27號 郵編450016
製版 河南新華印刷集團有限公司
印刷 北京匯林印務有限公司
版次 2022年12月第1版 2022年12月第1次印刷
開本 640 mm×960 mm 1/16 22.75印張
字數 291千字
定價 92.00元

目録

孔氏祖庭廣記

⊙孔元措撰

點校説明

《孔氏祖庭廣記》十二卷，孔元措撰。孔元措（一一八二—約一二五二），字夢得，山東曲阜人。孔子五十一代孫，金章宗明昌二年（一一九一）襲封衍聖公，補授文林郎。歷官中議大夫、曲阜縣令，遷光禄大夫、太常卿。後回曲阜，仍襲衍聖公，付以林廟地，主祭祀。

孔子四十六代孫孔宗翰編有孔氏《家譜》；四十七代孫孔傳編成《東家雜記》，四十九代孫孔瓌復編有《祖庭雜記》。孔元措於二書之外得三百二事，增益合爲《孔氏祖庭廣記》。全書十二卷，以類相從，計有：先聖、追崇聖號、世次，歷代崇奉詔文，崇奉雜事，林廟親祠、學廟親祠，祭祀雜事，族孫（四十二人）、世系别録（八十八人），澤及子孫事，姓譜、先聖誕辰諱日、母顏氏、娶并官氏、先聖小影，鄉官、廟中古迹、廟外古迹、林中古迹、廟宅，廟中古碑、林中古碑，族孫碑銘等。正文前有插圖十二幅，爲太學生馬天章畫，浮光季大奫刻。《祖庭廣記》爲孔氏家族文獻集成，博采詳考，編次清晰，足資儒學史、金代思想史研究者考鏡。按：此書乃以《祖庭雜記》爲基礎，合孔氏《家譜》文獻，「復增益門類，冠以圖象，并載舊碑全文」而成書，仍具有雜記性質，故收入《全遼金元筆記》。

《孔氏祖庭廣記》成書於金哀宗正大四年（一二二七），初版已佚。蒙古乃馬真后元年

（一二四二），耶律楚材奏准，令孔元措赴闕里奉祀，增補校正，重刊此書。清人錢大昕題跋稱：「紙墨古雅，字畫精審，予所見金元槧本未有若是之完美者。」黄丕烈題跋稱：「詫爲驚人秘笈。」足見是書之文獻價值。近人《四部叢刊續編》《叢書集成初編》均收録該書；一九七〇年，台灣廣文書局出版影蒙古刊本。

本次點校以台灣廣文書局影涵芬樓景印常熟瞿氏鐵琴銅劍樓藏蒙古刊本爲底本，以《琳琅秘室叢書》本爲校本，并參考相關文史資料。卷前「圖本」因字迹不清，爲方便讀者閱讀，故選用圖片質量更爲精良的《琳琅秘室叢書》本替换。

目録

舊書《家譜》并《雜記》分三卷，門類一十八，計五百四十三事。新書并世次添九卷，於舊書内纂出門類五，創增門類三，計二百九十七事。分一十二卷，類二十六門，計八百四十事。

編類檢閲書籍

《周禮》《左傳》《禮記》《家語》《史記》《前漢》《漢紀》孫悦《後漢》《三國志》《晉書》《魏書》《宋書》《南史》《北史》《南齊》《北齊》《梁書》《周書》《陳書》《隋書》《舊唐》《新唐》《開元禮》《唐會要》《通典》《五代史》《宋會要》《續宋會要》《通鑑長編》《編年通載》《長安志》《大金儀禮》《纂修雜録》《國朝集禮》《國朝續集禮》《專條》《世家》舊書

小影

顏子從行

一

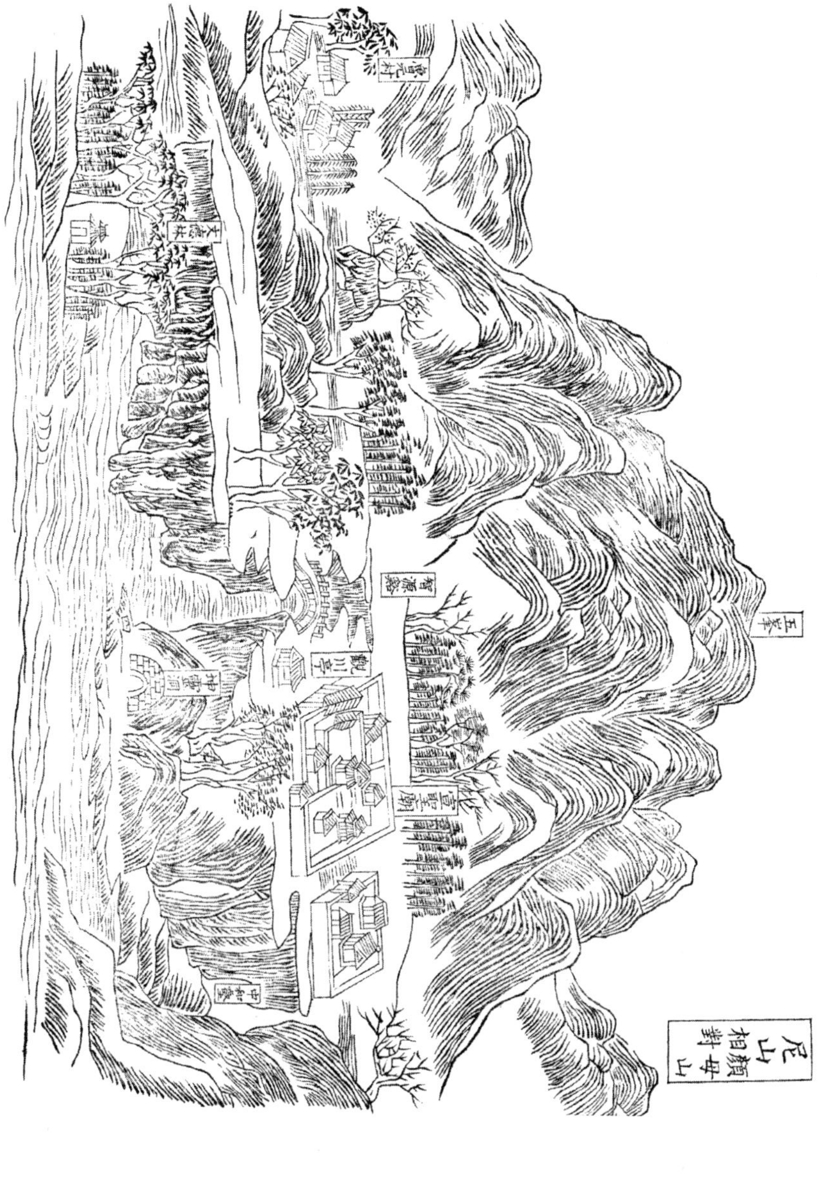
五峯
宣聖廟
觀川亭
智源谿
坤靈洞
中和壇

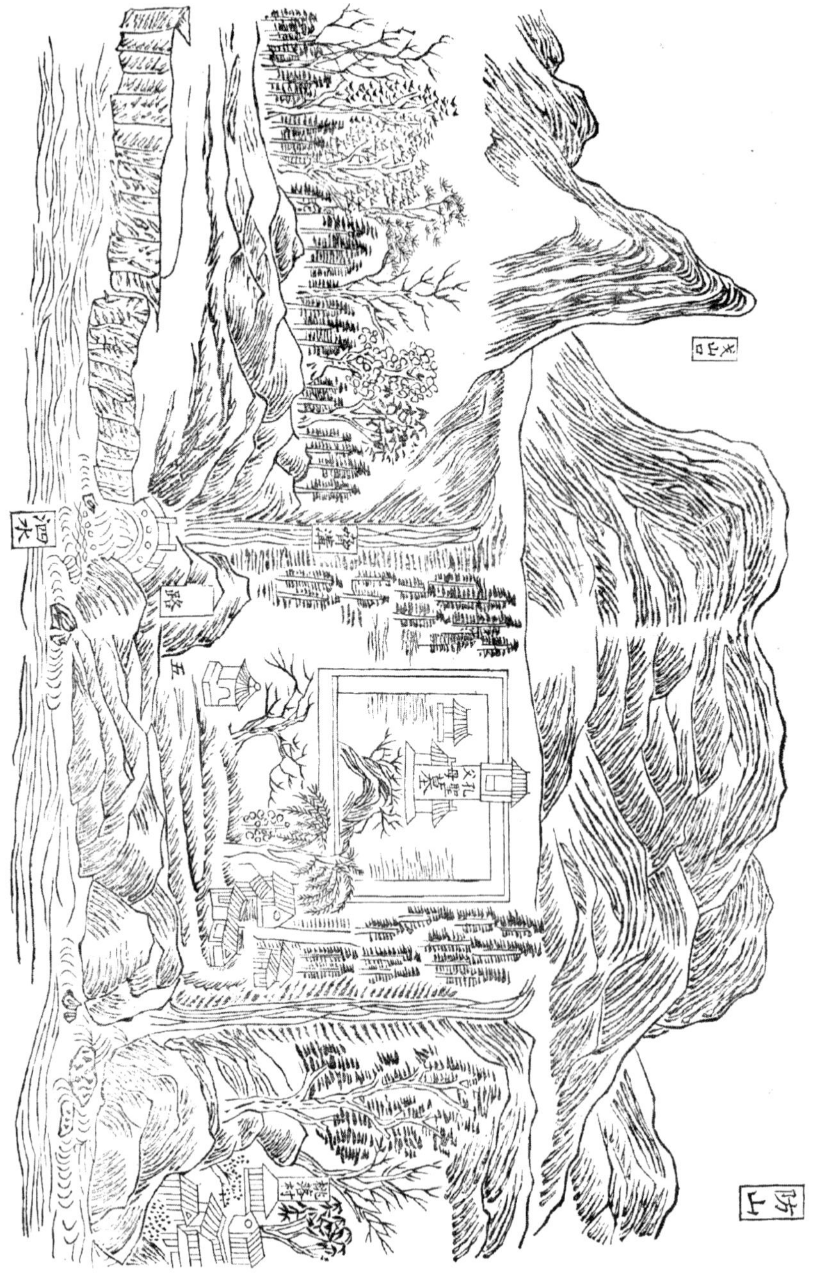
泗水
路
防山

顏母山
尼山相對
顏母廟
聖井

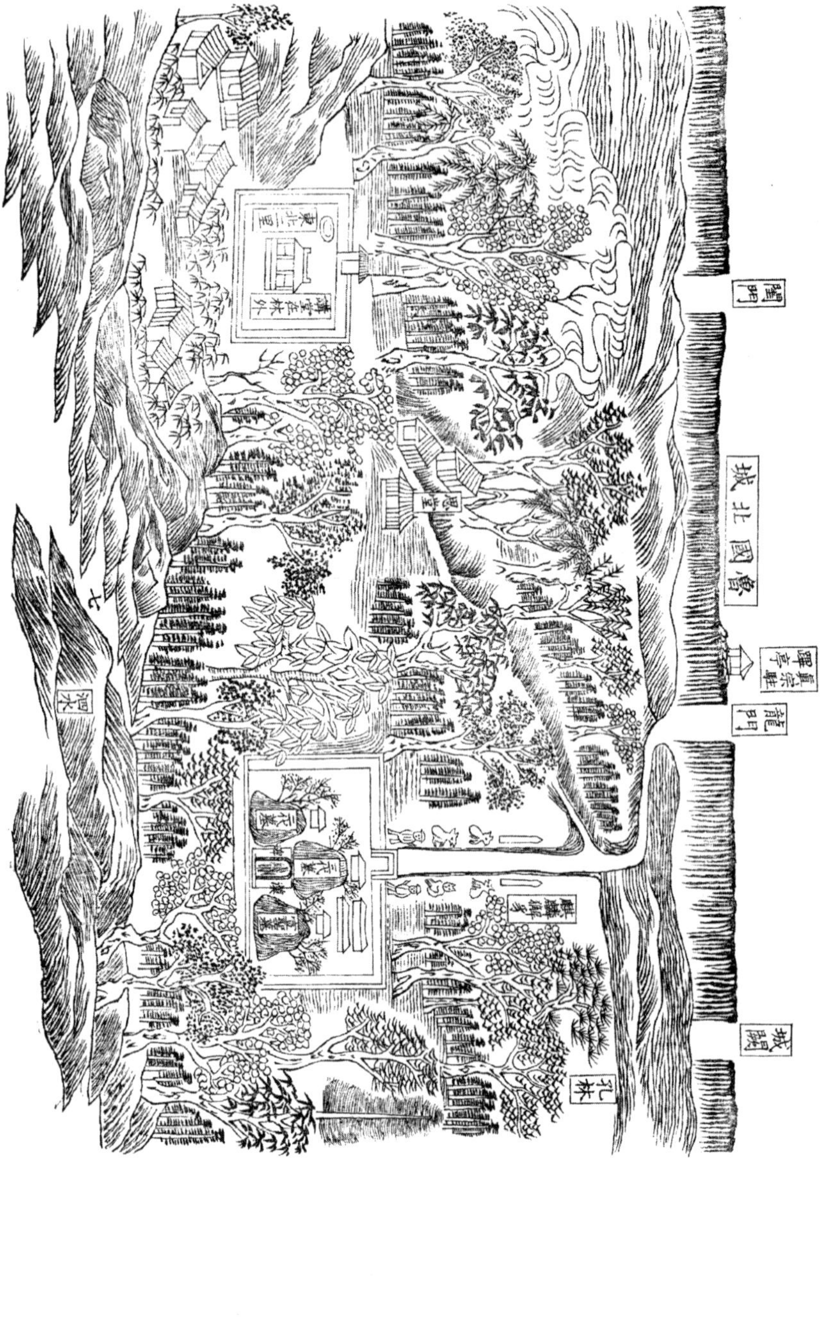
魯國北城
孔林
龍門

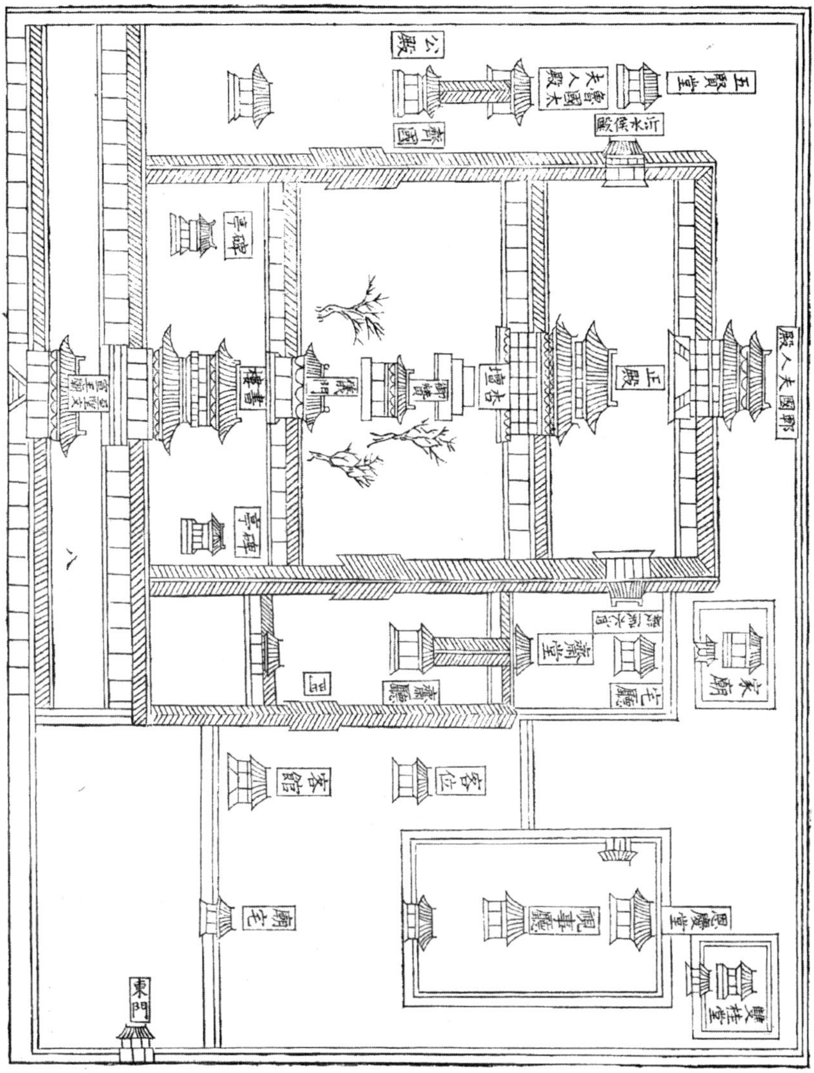
五賢堂
魯國太夫人殿
泗水侯殿
鄆國夫人殿
正殿
杏壇
御贊殿
書樓
碑亭
碑亭
齋堂
齋廳
客館
客位
廟宅
東門
家廟
雙桂堂
恩慶堂

宋闕里廟制

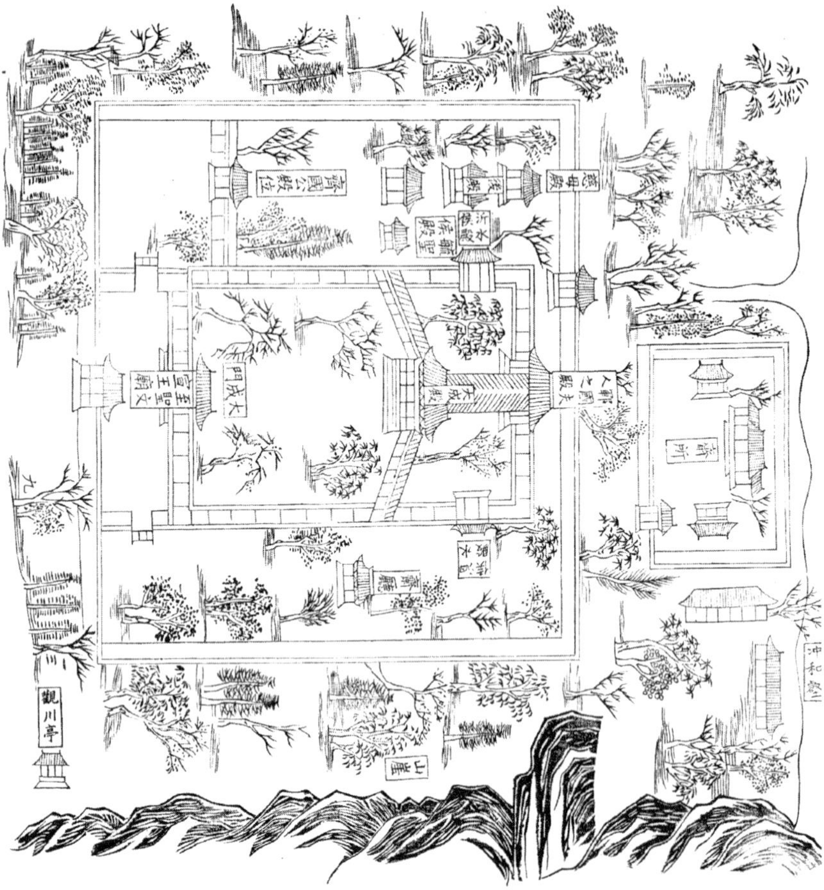

金尼山廟制

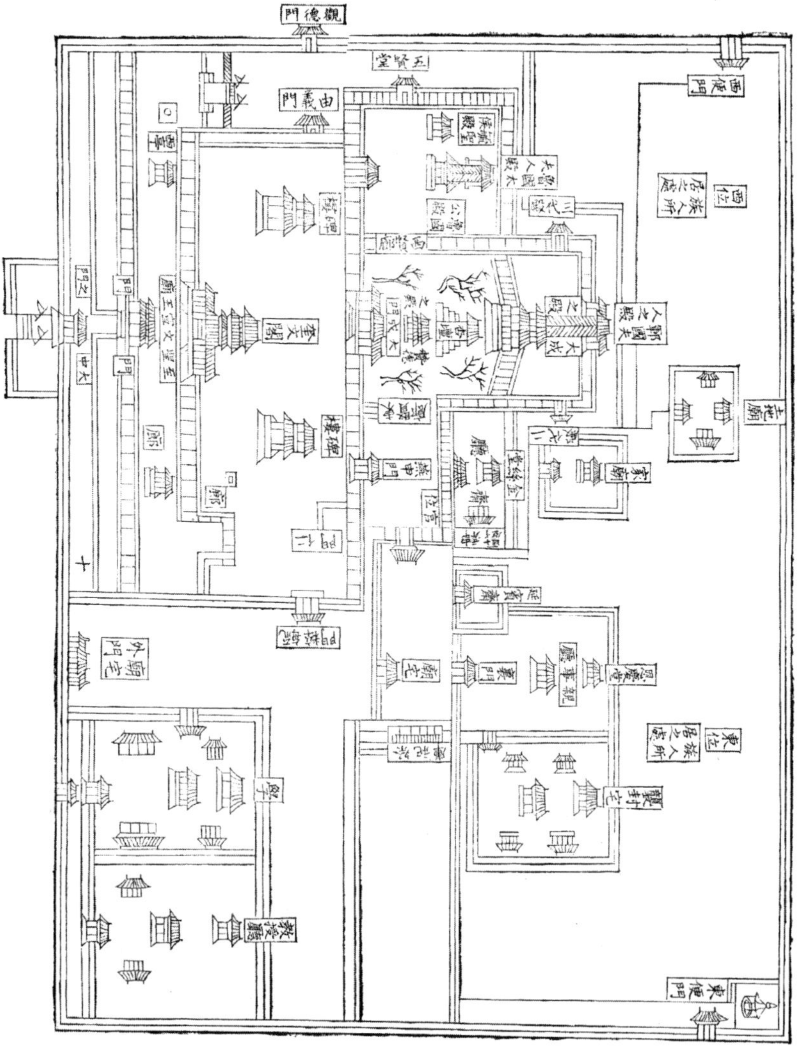

金闕里廟制

兩株在御贊殿前

一株在杏壇東南

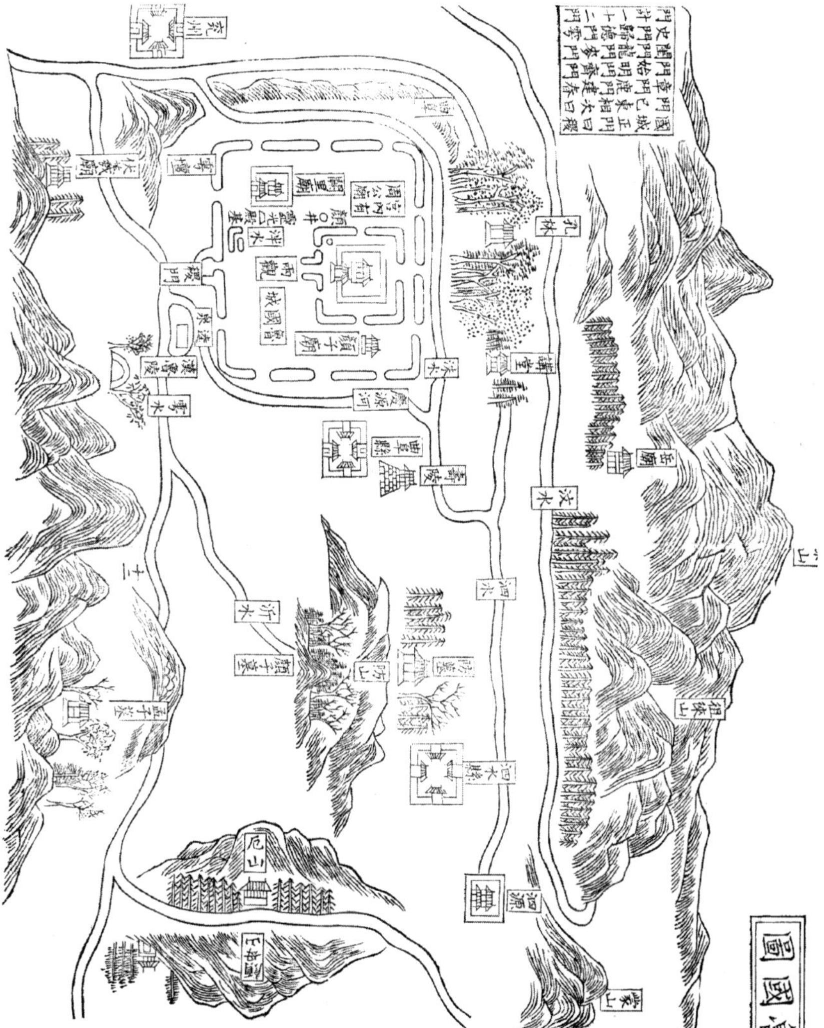
魯國圖

卷第一

先聖

至聖文宣王，魯曲阜昌平鄉闕里，其先宋人也。《世本》云：「宋孔父嘉，生木金父，木金父生祁父【一】，其子奔魯，爲孔防叔，生伯夏，伯夏生叔梁紇。長子曰伯皮，有疾，不任繼嗣，遂娶顔氏，禱於尼山，得孔子。魯襄公二十二年冬十月庚子日，孔子生。生而首上圩頂，故因名丘，字仲尼。二歲，紇卒。孔子長九尺六寸，腰大十圍，凡四十九表。反首洼面，月角日準，手握天文，足履度字，或作王字。坐如龍蹲，立如鳳跱，望之如仆，就之如昇。耳垂珠庭，龜脊，龍形，虎掌，駢脇，參膺【二】，河目海口，山臍林背，翼臂斗脣，注頭隆鼻，阜脥堤眉，地足谷竅，雷聲澤腹，昌顔均頤，輔喉駢齒。眉有一十二采，目有六十四理，其頭似帝唐，其顙似帝舜，其項類皋陶，其肩類子產。自腰以下，不及禹三寸。有大聖之德。生於周末，計周之年，當靈王二十一年生，敬王四十一年薨，不當文武之時，故曰周末。」古史云：「孔子學極天人，道窮秘奥，龜龍銜負之書，七政五緯之事，庖羲黄帝之能，唐舜周公之美。」孟軻曰：「生民以來，未有如孔子者也。」一人而已。魯大夫孟釐

校勘記

【一】木金父生祁父　「祁」原作「祈」，據《毛詩注疏》卷八、《東家雜記》卷上、《孔氏祖庭廣記》卷八改。

【二】參膺　「參」字原缺，據《東家雜記·先聖小影》補。

子病，誡其嗣懿子曰：「孔子，聖人之後，吾没，汝必師之。」蓋謂商湯之後也。年十九，娶宋國并官氏女，生伯魚。魯昭公以雙鯉賜之，榮君之賜，因爲名，字伯魚。其後定公以孔子爲中都宰，一年，四方諸侯皆則焉。定公九年，始爲邑宰。十年，爲司空。十一年，爲大司寇，攝行相事。十四年，誅魯大夫亂政者少正卯於兩觀之下。去魯凡十四歲，魯哀公十一年，自衛反魯。季康子逐公華、公賓、公林，以幣迎孔子，乃歸。删《詩》《書》，定禮樂，成六藝。晚而喜《易》，次《彖》《繫》《象》《説》《卦》《文言》，韋編三絶。教弟子於洙南泗北，門徒三千，博徒六萬，達者七十二人焉。及哀公十四年春，西狩大野，獲麟。曰：「吾道窮矣！」乃因史記而作《春秋》，文加褒貶，而修中興之教。麟見而天告夫子將亡徵也。孔子病，夢坐奠於兩楹之間。子貢請見，曰：「子方負杖逍遥於門。」曰：「賜，汝來何晚也？」孔子因嘆曰：「太山頽乎！梁木壞乎！哲人萎乎！」因以涕下，謂子貢曰：「天下無道久矣，莫能宗予。」後七日薨，年七十三。以魯哀公十六年夏四月己丑，葬於魯城北，泗水爲之却流。哀公十七年，立廟於舊宅，守陵廟百户，弟子皆服三年。心喪畢，相訣而去，則哭，各盡哀，或復留。唯子貢廬於冢者六年然後去。弟子於廟藏孔子衣冠、琴瑟、車書，弟子及魯人往從冢而家者百有餘室，因命曰孔里。魯世世相傳，歲時奉祠於冢，子孫嗣襲不絶。

追崇聖號

魯哀公命先聖曰「尼父」。其誄云：「昊天不吊，不憖遺一老，俾屏予一人以在位，煢煢余在疚。嗚呼哀哉！尼父，無自律。」

後漢平帝元始元年六月【三】，追謚先聖爲褒成宣尼公。

和帝永光四年【四】，封爲褒尊侯。

後魏高祖孝文皇帝太和十六年二月丁未，改謚文聖尼父，告謚孔廟。

後周宣皇帝大象二年三月丁亥，詔進封爲鄒國公。

唐太宗貞觀二年，升夫子爲先聖。

十一年，詔尊爲宣父。

高宗乾封元年正月三十日，追贈爲太師。

則天天授元年十月二十九日，封隆道公。

玄宗開元二十七年八月二十三日，詔追謚爲文宣王。

宋真宗大中祥符元年十一月戊午朔，詔加謚曰玄聖文宣王。《春秋演孔圖》曰：「孔子夢感黑帝而生，故曰玄聖。」莊子曰：「恬淡，玄聖素王之道。」遂取次爲稱。

五年十二月壬申，詔改玄聖文宣王爲至聖文宣王。

【三】後漢平帝元始元年六月　「後」字當衍。

【四】和帝永光四年　後漢和帝無「永光」年號，「光」當爲「元」之誤。

【五】不以德訓　「以」字原缺，據《學統》卷四補。

世次

二代鯉，字伯魚。學通儒術，魯哀公以幣召之，稱疾不行。年五十卒，葬宣聖墓東。宋崇寧元年，追封爲泗水侯。其制曰：「孔氏之道，萬世所尊，鯉實嗣之，親聞詩禮。魯堂從祀，厥有舊祠，疏以爵封，以示褒顯。」

三代伋，字子思。博綜古今，有亞聖之才，魯穆公師之，兼孟軻之徒數百人。穆公謂伋曰：「千乘之國，欲以爲友，何如？」伋曰：「古之人有道者事之，豈曰友乎？」孟軻聞之，嘆曰：「求之爲友尚不可，況召之乎？」穆公又以鼎肉遺伋，伋不悅，曰：「今君以犬馬畜伋也。」□欲以伋爲國相，時臣皆世襲淫寵，遞相傾難，不以德訓【五】。乃嘆曰：「若作國相，不得行吾大道，則乃爲相之耻。」故不受，謂穆公曰：「臣聞君子猶鳥也，疑之則舉矣。」自此乃適衛，值懸子問禮焉。又魯人曾申問何不仕。伋曰：「道若吾願也。今天下諸侯，其孰能哉？而有屈己以富貴者，恐不如亢志而貧賤。」於是在衛，衣縕袍無表，二旬九食。陳子方遺以狐白裘，恐其不受，即言曰：「吾與人物，如棄之耳。」伋辭曰：「吾聞棄物於溝壑，不肖者受之。今雖貧，不忍以身爲溝壑。」魯雖師之，不能委以國事。嘗著書曰《中庸》《表記》。年六十七。葬祖墓東南。生白。宋崇寧元年，追封爲沂水侯。其制曰：「聖人之後，孟氏之師，作爲《中庸》，萬世尊仰。眷惟魯郡，實有舊祠，追加爵封，以示褒典。」元豐五年，傳母兄若升監修祖廟，因嘆曰：「祖伯魚、子思，恢闡聖道，皆有功於世，而未有廟像，誠吾家之闕典。」乃輟己俸，立祠堂，塑二祖像。

四代白，字上【六】。通習群書，又善兵法。方值戰國，諸侯以兵相尚，齊威王召白爲國相。生求。

五代求，字子家。通習儒道，有遁世之志。楚召，不仕。葬祖墓東北。生箕。

六代箕，字子京。爲魏相。生穿。

七代穿，字子高，又曰子順。博學，清虚沉静，有遁世之志。楚、魏偕召之，不仕。著儒家之語十二篇，名曰《蘭言》。年五十一。葬祖墓南。生謙。

八代謙，又名斌，字子慎。仕魏，爲安僖王相。秦莊公召，不行。魏以孔子後嗣封魯文信君。年五十七。子鮒。

九代鮒，字子魚。好習經史，該通六藝。秦始皇并天下，分爲三十六郡，召爲魯國文通君，拜爲少傅。三十四年，丞相李斯始議焚書，是時鮒知秦將滅，藏其《家語》《論語》《尚書》《孝經》等，安於祖堂舊壁中，自隱於嵩山。後爲楚王太傅。卒於陳下。三子：長子諱字舊書不載；中子貞；幼子彦，事高祖爲將，有功，封蓼侯，子成嗣。

十代貞，字子忠。該習古今，有高尚之志。徵爲博士，封褒成侯。年五十七。生武。

十一代武，爲武帝博士，至臨淮太守，早卒。生延年及安國。

【六】字上　據《史記》卷四十七《孔子世家》，當爲「字子上」。

十二代延年，博覽群書，無所不備。武帝時爲博士，轉少傅，遷大將軍。年七十一。葬祖墓北。生霸。

十三代霸，字次孺。幼有奇才，漢昭帝時爲博士。宣帝時，以太中大夫授皇太子司經，遷詹事，爲高密相，是時諸王相在郡守之上。元帝即位，拜太師，賜爵關内侯，食實封八百户，號褒成君，給事中，加賜黄金二百斤，宅一區，徙居長安。霸爲人謙退，嘗稱禄位太過，何德以堪之。上欲致之相位，霸讓至三四。上知其誠，乃止，以是敬之，賞賜甚厚。年七十二終於第【七】。上素服親臨吊者再，至賜東園秘器、錢帛，策贈以列侯禮。謚曰烈君。霸四子：長子福、次子捷、捷弟喜，皆列諸曹校尉；少子光。

十四代福，襲封關内侯。年六十二。葬祖墓北。生房。

十五代房，封關内侯。生均。

十六代均，字長平。敦篤好學，恬淡有大才。爲尚書郎，言辭清辯，奏對成章。平帝元始元年，封魯國褒成君，食邑二千户。王莽篡位，拜爲太尉，三辭疾，乃得還。年八十一。生志。均弟奮，字君魚，武都太守。

十七代志，後漢光武拜大司馬，建武十四年，封褒成侯，食邑二千户。謚爲元成侯。生損。

十八代損，後漢明帝永平十五年，封爲褒成侯。章帝元和二年二月，東巡守，褒成侯

【七】年七十二終於第 「第」原作「弟」，據《琳琅秘室叢書》本改。

助祭焉。後永元四年，徙封損褒亭侯。生耀。

十九代耀，襲封褒亭侯，食邑一千户。生完。

二十代完，襲封褒亭侯，食邑一千户。早亡，無嗣，取母弟之子羨繼世。

二十一代羨，魏黄初元年，拜奉議郎，又封崇聖侯，食邑一千户，奉祀。葬祖墓南。生震。

二十二代震，晉武帝太始三年，改封奉聖侯，拜太常卿黄門侍郎，食邑二千户。年七十五。生嶷。

二十三代嶷，晉襲封奉聖侯，食邑二千户。生撫。

二十四代撫，晉舉孝廉，辟太尉掾，襲封奉聖侯，爲豫章太守，食實封一千户。生懿。

二十五代懿，東晉襲封奉聖侯，又從事中郎，食邑一千户。年六十一。葬祖墓西。生鮮。

二十六代鮮，恢廓有大度，好學善誘誨。宋文帝元嘉十九年，襲封奉聖侯，又改封崇聖侯。生乘。

二十七代乘，博學有才藝，後魏舉孝廉。文帝延興三年，封崇聖大夫，食邑五百户。生靈珍。

二十八代靈珍，後魏授秘書郎，孝文帝太和十九年，增封崇聖侯，食邑一千户。生文泰。

二十九代文泰，襲封崇聖侯，食邑一千户。年五十八。葬祖墓南。生渠。

三十代渠，襲封崇聖侯，北齊文宣帝天保元年六月，改封恭聖侯。後周宣帝大象二年，改封鄒國公，食邑一千户。生長孫。

三十一代長孫，襲封鄒國公，食邑一千户。年六十四。葬祖墓西北。生嗣哲。

三十二代嗣哲，隋應制登科，授涇州司兵參軍，遷太子通事舍人。大業四年，改封紹聖侯，食邑一千户。十二年，授吴郡主簿。帝崩揚州，由是歸魯。年七十。葬祖墓西。生德倫。

三十三代德倫，唐太宗貞觀十一年，改封褒聖侯，朝會位同三品，食邑一千户。則天天授二年十月二十日，賜德倫敕書及時服。年七十一。生崇基。

三十四代崇基，證聖元年襲封褒聖侯。中宗神龍元年五月，制授朝散大夫，陪祭朝會。年五十六。生璲之。

三十五代璲之【八】，字藏暉。玄宗開元五年，襲封褒聖侯，特授四門博士，邵王府文學，蔡州長史。二十七年，制曰：「永惟聖道，思闡儒風。故尊崇先王，所以弘至教；褒獎後嗣，所以美前烈。褒聖侯璲之纂承睿哲，克履中庸。三命益欽，敦素憑於祖業；百代必祀，光寵被於朝恩【九】。積慶之餘，既開於土宇；至德不朽，宜傳於帶礪。可文宣公，

【八】三十五代璲之　據《册府元龜》卷五十，「之」當作「芝」，與字「藏暉」合。

【九】光寵被於朝恩　「被」原作「秘」，據《册府元龜》卷五十引文改。

兼除兖州長史，遷都水使者，食邑一千户。」生萓。

三十六代萓，兖州泗水縣令，襲封文宣公。生齊卿。

三十七代齊卿，德宗建中十四年，襲封文宣公，轉青州司兵參軍。時遭叛亂，陷於東平。生唯晊。

三十八代唯晊，憲宗元和十二年，東平兵解，歸魯，襲封文宣公，奉祀。年六十五。在祖墓東。生策。

三十九代策，明經及第。襲封文宣公，遷國子尚書博士。年五十七。葬祖墓西南。生振。

四十代振，唐懿宗咸通四年，狀元及第。除秘書省校書郎，歷水部員外郎，實封百户。年七十四。葬祖墓北。生昭儉。

四十一代昭儉，以任南陵縣尉授廣文博士，又兖州司馬，賜緋。除秘書郎，累宰曲阜，實封百縑。年六十。葬祖墓西。生光嗣。

四十二代光嗣，齋郎出身，昭宗天祐中，授泗水縣令，陵廟主。年四十二。葬祖墓西北。生仁玉。

四十三代仁玉，字温如。長七尺，姿貌異常，善六藝，尤精《春秋》。爲人嚴整，臨事有斷。九歲，任曲阜縣主簿，兩考滿，除令，襲封文宣公。後周太祖廣順二年，幸儒廟，及謁孔林，召對數刻，面賜章服白金雜彩，復授本縣令，兼監察御史。終於任所，年四十五。葬祖墓東。贈至兵部尚書。三子：曰宜，曰憲，曰勗。

四十四代宜，字不疑。幼而聰晤，嬰情典籍。十歲能屬文，加以厚重宏博，未嘗狎小兒曹。十九舉進士，未第，然不惰其志而怠於學。方謀再上，俄鍾家禍，哀毀聞於鄉曲。乾德間，拜章闕下，引家門故事，特敕授曲阜縣主簿。秩滿赴調，授黄州軍州推官。時方平吴，地扼江岳咽喉，乃至參預兵機，贊成時務，皆賴於宜焉。受代而歸，太宗召見，遷司農寺丞，監星子鎮税。江左始平，庶務不綱，星子實江湖之會要，貨殖之都聚，宜度其利害，請營之爲軍。朝議以爲户口少，且升爲縣，遂命就宰之。政成，考績有稱，轉運使王明奏以言忠行篤，不逾聖祖之規，守法奉公，可稱明王之用。伏望擢居朝列，委以事權，苟有疏違，臣甘連坐。尋入覲，乃執所著文賦。上覽之，甚嘉焉，顧問孔氏歷世之數，具以實對。上謂左右曰：「家世有如此者乎？」特遷贊善大夫，襲封文宣公。其誥略云：「朕以夫子之聖，其道猶天，眷彼裔孫，宜其嗣襲。况聞爾服勤素業，砥礪官常，乃諭善於東宫，俾增榮於闕里。勉遵家法，以荷國恩。」通判高密郡。是時，帝方命大將作恢敞儒宫，命内侍高品、殿直各一人，内品二人監督。功役告成，立碑於廟，以紀其事。宜上表進方物以稱謝。詔答曰：「素王之教，歷代所尊。當予治定之初，特展崇修之典。汝襲封闕里，就列周行，虔備貢輸，慶兹輪涣。省閲嘉奬，不忘於懷。」自高密歸闕，遷殿中丞。

遇北鄙不寧，王師問罪，宜因督轄饋運，臨含刃之急，固守朴忠，陷於邊境，歲實雍熙三年也。年四十六。宜自爲政臨民，不喜刑法，故綽綽有善人之譽。復友愛於兄弟，至於飲膳不偕坐則未嘗悅懌。訓導諸子，必委順而言之，喜怒不形於色，閨門之内，雍雍如也。優游翰墨，其所著述，多播誦人口。有子三人：長曰延世；次曰延澤，咸平三年，進士登科；次曰延渥，因東封駕幸儒廟，賜同學究出身。

四十五代延世，字茂先。魁梧有大度，博學，善於吟咏。雍熙三年，因父没邊境，特賜同學究出身，授曲阜縣主簿。秩滿，授福州閩縣令，後參調授許州長葛縣令。至道三年閏七月五日，真宗諭宰臣曰：「先聖及十哲七十二賢，宜令重加彩繪。」仍咨訪宣聖有何子孫。吕端奏曰：「有嫡孫延世，見任許州長葛縣令。」詔與除曲阜一官，使主祭祀。是年九月戊寅，以長葛縣令孔延世爲曲阜縣令，襲封文宣公，并賜「九經」、太宗御書、祭器加銀帛而遣之。詔本路轉運使、本州長史待文宣公以賓禮，仍留三年。十一月内，又准尚書札子，抽赴闕，召上殿，訪以家門故事，授曲阜令，封文宣公，面賜束帛、中金、器物及賜太宗御書并「九經」書，乃重給祭器。後卒於任所，年三十八。生聖佑。《長編家譜》所載月日先後不同，故兩存之。

四十六代聖佑，年十一，景德四年八月十九日，賜同學究出身。大中祥符元年八月五日，詔封祀日，賜令衣緑，次京官陪位。□注初，上謂宰相王旦等曰：宣尼孫聖佑止有出身，未霑命服，難列班次，故特命焉。授奉禮郎，尋知曲阜縣令。四年，以聖□□大理評事，掌本縣錢穀出納之務，後爲光禄寺丞【一〇】。天禧五年二月，襲封文宣公，知仙源縣事，遷贊善大夫。卒於家，無嗣，以親堂弟宗愿繼世。

宗愿，字子莊，贈諫議大夫延澤之子。睦族和孝，潔誠於祭祀。寶元二年九月，爲國子監主簿，襲封文宣公，知仙源縣事，兼管勾文宣王廟。仁宗至和二年三月丁卯，詔封孔子後衍聖公。初，太常博士祖無擇言：文宣王四十六代孫宗愿襲封文宣公。按前史，「孔子之後襲封者，在漢魏曰褒成、褒亭、崇聖，在晉宋曰奉聖，後魏曰崇聖，北齊曰恭聖，後周及隋并封以鄒國，唐初曰褒聖，開元初追謚孔子爲文宣王，又以其後爲文宣公」。然祖謚不可加後嗣。乞詔有司更定美號，仍下兩制更封宗愿，而令世襲焉。其制曰：「孔子之後，以爵號褒顯，世世不絶，其來遠矣。自漢元帝封爵爲褒成君，以奉其祀，至平帝時，均爲褒成侯，始追謚孔子爲褒成宣尼公。褒成，其國也；宣尼，其謚也；公侯，其爵也。後之子孫，雖更改而不一，而不失其義。至唐開元中，始追謚孔子爲文宣，而尊以王爵，封其嗣褒聖侯，爲嗣文宣公。孔氏子孫去國名而襲謚號，禮之失也，蓋由此始。朕稽考前訓，博采群議，皆謂宜去漢之舊，革唐之失，稽古正名【一一】，於義爲當。朕念先帝崇尚儒術，親祠闕里，而始加至聖之號，務極尊顯之意。肆朕纂臨，繼奉先志，尊儒重道，不敢失墜，而正其後裔嗣襲之號，不其重歟！宜改至聖文宣王四十六代孫宗愿爲衍聖公。」

【一〇】後爲光禄寺丞　「寺丞」二字原缺，據《弇山堂别集》卷三九補。

【一一】稽古正名　「古」「名」二字原缺，據《東家雜記》卷上、《雞肋編》卷中、《闕里志》卷七、《新安文獻志》卷一等補。

生若蒙。

四十七代若蒙，字公明。授仙源縣主簿，襲封衍聖公。熙寧元年二月四日，以若蒙爲沂州新太縣主簿，襲封奉聖公。生端友、端操。

四十八代端友，字子交。白身授朝奉郎，直秘書閣，襲封衍聖公，管勾祀事。誥曰：「至聖文宣王四十八代孫端友，自書契以還，爵於朝者多矣，未有傳世四十有八而不絶者也。惟爾文宣王之後，次當承襲，宜錫文階，并示寵渥。往加恪慎，務保厥榮。」宣和三年十一月，特轉通直郎，除直秘閣，賜緋章服，仍許就任闕陞，以示崇奬。誥曰：「先聖，古今之師也。由百世之後，等百世之王，殆未有能違之者。朕既法其言，尊其道，舉以爲治。猶以爲未也，又録其後裔，以褒大之。爾先聖之系，效官東魯，積有年矣，通籍金閨，陞芸華閣【一二】，以示崇奬。汝尚勉哉！」

四十九代璠，字文老，端友弟端操之子。廢齊阜昌二年，補迪功郎，權襲封管勾祀事。天眷三年卒，年三十八，葬祖墓西南。生拯及揔，贈榮禄大夫。

五十代拯，字元濟，璠之長子也。

金熙宗皇統二年三月，行省咨：「文宣王四十九代孫璠已襲封，未施行間身故。令長男孔拯次當襲封，照依天眷官制，合除文林郎，合封衍聖公。自古襲封，不限年齒。奏奉敕旨，准奏行。」時年七歲，補文林郎，襲封衍聖公，管勾祀事，終承直郎。大定元年

【一二】陞芸華閣　據《東家雜記》卷上、《闕里志》卷七、《北海集》卷四等，「芸華」疑爲「華芸」之誤。

卒，年二十六，在祖墓西南。無嗣，弟摠繼世。

摠，字元會。大定三年七月，補文林郎，襲封衍聖公，管勾祀事。至二十一年十一月，世宗召赴闕下，欲留任用，力辭，請專祀事，於是特授曲阜縣令。襲爵之後，嚴緊祭祀，敦睦親族。一日即仰瞻廟庭，私自言曰：「生爲子孫而繆當嗣職，坐觀隘陋，寧不愧乎？」乃親率佃户之東山，采伐良材，增崇林廟、尼山、防山殿當廊廡五十餘楹。明昌元年卒，五十三。贈光禄大夫。葬祖墓西南。碑見碑文卷後。昔年歷四十，雖得數子，不育。一日，夜夢異人，衣冠偉然，告曰：「今此非爾後，丑年庚月丁日所生，則真是爾子矣。當名元措。」後如其言，遂以所告名之。次子元紘。

五十一代元措，字夢得，摠之長子，年十一，章宗明昌二年四月，補文林郎，襲封衍聖公，管勾祀事。特旨令視四品。其誥云：「聖謨之大，遺範百王，德祚所傳，垂光千祀。蓋立道以經世，宜承家之有人。文宣公五十一代孫元措，秀阜衍祥，清洙流潤。芝蘭異稟，蔚爲宗黨之英；詩禮舊聞，蚤服父兄之訓。語年雖妙，論德已成，肆疏世爵之封，仍換身章之數。非獨增華於爾族，固將振耀於斯文。勉嗣前修，用光新命。」

三年四月，奉特旨襲封衍聖公孔元措。然已令視四品，其散官係八品，仰超授中議大夫。已後襲封，并准此例。明年，超授中議大夫，仍賜四品勛封。其誥：「夫子既没千八百年，後人相承五十一世，自近古以公其爵，顧散階如彼其卑。必也正名，難於仍舊。是以興百世之曠典，峻五品之華資。以爾有成人之風，繼將聖之後，當余定格，會爾疏封。噫！廟貌存焉，克謹歲時之祀；家聲久矣，無忘詩禮之傳。學有餘師，善將終譽。」

明昌二年十一月二十三日，章宗親行郊禮，召赴闕侍祠，位在終獻之次。承安二年二月，敕襲封衍聖公。年及十七，兼曲阜縣令，仍世襲，不得别行差占。於是世襲曲阜令。

宣宗貞祐二年，車駕巡幸汴京。七月趨赴闕下，時方丁母憂，三年七月起復，遥授東平府判官。初，有旨授東平府判，俟來春，令尚書省奏，若擬正授是職，緣目今多事之際，未赴間，恐曠廢本職事務，有無姑且遥授，至春乃正授，令往管勾祀事。兼元措見丁母憂，有無特恩起復。於是遥授，仍起復焉。十月二十五日，上曰：「東平府判元措，與隨朝除授。」平章高琪奏曰：「可。」有旨：「初與這職事時，我曾尋思，待與隨朝職事來，爲衆多得勝奏。孔聖墳塋，見在河北，若與本人隨朝，恐廢祭祀。可與附近州府職事，以此不得已與了東平府判。我思目今土寇未寧，若謂廢祭祀與河北職事，儻因而被害，却是絶了聖人之後，永廢了祭祀也。如今與隨朝職事者。」遂授太常博士。其年實十一月二十九日也。興定三年秋滿復任。四年七月二十三日，改行太常丞。元光元年十一月，授同知集賢院兼行太常丞。正大二年三月秋，知集賢院兼行太常丞。四年秩滿復任。六年十二月，又任前職。至天興元年八月，通歷三考。九月一日，改除遥授太定軍節度使，兖州管内觀察使，兼行太常少卿。天興二年正月，遷光禄大夫事，改太常卿。

卷第二

歷代崇奉詔文

魏文帝黄初元年春正月詔備見碑文。

宋文帝元嘉十九年十二月丙申，詔曰：胄子雖集，學業方興。自微言泯絶，逝將千載，感事思人，意有慨然。奉聖之胤，可速議繼襲。於先廟地，特爲營建，依舊給祠直，令四時饗祀。闕里往經寇亂，黌學殘毁，并下魯郡復修學舍，采召生徒。昔之賢哲及一介之善，猶或衛其丘壠，禁其芻牧，况尼父德表生民，功被百代，而墳塋荒蕪，荆棘弗翦。可蠲墓側數户，以掌灑掃。魯郡上民孔景等五户居近孔子墓側，其課役以給灑掃，并種松柏六百株。

世祖孝武皇帝孝建元年冬十月戊寅，詔曰：仲尼體天降德，維周興漢，經緯三極，冠冕百王。爰自前代，咸加褒述，典司失人，用闕宗祀。先朝遠存遺範，有詔繕立，世故妨道，事未克就。國難頻深，忠勇奮厲，實憑聖義，大教所敦。永惟兼懷，無忘待旦。可開建廟制，同諸侯之禮，詳擇爽塏，厚給祭秩。

南齊世祖永明七年二月己丑，詔曰：宣尼誕敷文德，峻極自天，發輝七代，陶鈞萬品。英風獨舉，素王誰匹？功隱於當年，道深於日月。感麟厭世，緬邈千祀，川竭谷虚，陵夷淵塞。非但洙泗湮淪，至乃饗嘗乏主。前王敬仰，崇修寢廟，歲月亟流，鞠爲茂草。今學斅興立，實稟洪規，撫事懷人，彌增欽屬。可改築宗祊，務在爽塏，量給祭秩，禮同諸侯，奉聖之爵，以時繼紹。

明帝永泰元年三月戊申，詔曰：仲尼明聖在躬，允光上哲，弘厥雅道，大訓生民。師範百王，軌儀千載。世人斯仰，忠孝攸出，玄功潛被，至德彌闡。雖反袂遐曠，而祧薦靡闕，時祭舊品，秩比諸侯。頃歲以來，祀典陵替，俎豆寂寥，牲奠莫舉，豈所以克昭大烈，永隆風教者哉？式循舊典，詳復祭秩，使牢餼備禮，欽饗兼申。

梁敬皇帝太平二年春正月壬寅，詔曰：夫子降靈體哲，經仁緯義，允光素王，載闡玄功。仰之者彌高，誨之者不倦。立忠立孝，德被烝民；制禮作樂，道冠群后。雖泰山頹峻，一簣不遺；而泗水餘瀾，千載猶在。自國圖屯阻，祧薦不修，奉聖之門，胤嗣殲滅，敬神之寢，簠簋寂寥。永言聲烈，實兼欽愴外，可搜舉魯國之族，以爲奉聖後，并繕廟堂，祗備祀典，四時薦秩，一皆遵舊。

東魏高祖孝文皇帝延興二年春二月乙巳，詔曰：尼父稟達聖之姿，體生知之量，窮理盡性，道光四海。頃者淮徐未賓，廟隔非所，致令祠典頓寢，禮章殄滅。遂使女巫妖覡，淫進非禮，殺生鼓舞，倡優媟狎，豈所以尊明神，敬聖道者也？自今已後，有祭孔子廟，制用酒脯而已，不聽婦女合雜，以祈非望之福。犯者以違制論。其公家有事如常，犧牲粢盛，務盡豐潔，臨事致敬，令肅如也。

周宣皇帝大象二年二月丁亥，詔曰：大德之後，是稱不絶，功施於民，義昭祀典。孔子德惟藏往，道實生知，以大聖之才，屬大聖之運，載弘儒業，式次彝倫。至如幽贊天人之理，裁成禮樂之務，故作範百王，垂風萬葉。朕欽承寶曆，服膺教義，眷言洙泗，懷道滋深。而褒成啓號，雖彰故實，旌崇聖績，猶有闕如。可追封爲鄒國公，邑數准舊，并立後承襲。別於京師置廟，以時祭享。

陳後主至德三年十一月己未，詔曰：宣尼誕膺上哲，體資至道。祖述憲章之典，并天地而合德；樂正雅頌之奥，與日月而偕明。垂後昆之制範，開生民之耳目。梁季湮微，靈寢忘處，鞠爲茂草三十餘年。敬仰如在，永惟愾息。今雅道和熙，由庚得所，斷琴故履，零落不追。閲笥開書，無因循復，外可詳之禮典，改築舊廟，藥房榱棟，咸使惟新。芳蘩潔潦，以時饗奠。

隋煬帝大業四年冬十月丙午，詔曰：先師尼父，聖德在躬。誕發天縱之姿，憲章文武之道。命世膺期，藴兹素王。而頽山之嘆，忽逾於千祀；至德之美，不存於百代。永惟懿範，宜有褒崇。可立孔子後爲紹聖侯。有司求其苗裔，録以申上。

唐高祖武德二年六月一日，詔曰：大德必祀，義在方册。達人命世，流慶後昆。爰始姬旦，奧若宣尼，天姿睿哲，四科之教，歷代不刊。三千之徒，風流無歇。惟兹二聖，道濟生人，尊禮不修，孰明褒尚？宜令有司於國子學立周公、孔子廟各一所，四時致祭。仍博求其後，具以名聞，詳考所宜，當加爵土。

高宗乾封元年，封禪還，途經曲阜，親祠廟贈先聖爲太師。制。備見碑文。

玄宗開元二十七年八月二十三日，詔曰：弘我王化，在乎儒術，能發此道，啓迪含靈，則生人以來，未有如孔子者也。所謂自天攸縱，將聖多能，德配乾坤，身揭日月。故能立天下之大本，成天下之大經，美政教，移風俗，君君臣臣、父父子子，人到于今受其賜，不其偉歟【一】！嗚戲！楚王莫封，魯公不用，俾夫大聖，才列陪臣，栖遲旅人，固可知矣。年祀寖遠，光靈益彰，雖代有褒稱【二】，而未爲崇峻，不副於實，人其謂何？夫子既稱先聖，可追謚爲文宣王，令三公持節，册命其後嗣褒聖侯，改封嗣文宣公。昔周公南面，夫子西面坐，今位既有殊，豈宜依舊？宜補其墜典，永作成式。其兩京國子監及天下諸州，夫子南面坐，十哲等東西行列侍坐。門人三千，見稱十哲，包夫衆美，實越等夷。暢玄聖之風規，發人倫之耳目，并宜褒贈，以寵賢明。

宋真宗大中祥符元年十月，賜中書門下詔曰：王者順考古道，懋建大猷，崇四術以化民，昭宣教本，總百王而致治，丕變人文。方啓迪於素風，思丕揚於鴻烈。先聖文宣王，

【一】不其偉歟　「偉」原作「猗」，據《闕里志》卷七、《東家雜記》卷上改。

【二】雖代有褒稱　「代」字原缺，據《闕里志》卷七、《東家雜記》卷上補。

道膺上聖，體自生知。以天縱之多能，實人倫之先覺。玄功侔乎簡易，景鑠配乎貞明。惟列辟以尊崇，爲億載之師表。肆朕寡昧，欽承命曆，曷嘗不遵守彝訓，保乂中區？屬以祇若元符，告成喬岳，觀風廣魯之地，飭駕數仞之墻。躬謁遠祠，緬懷遐躅，仰明靈之如在，肅奠獻以惟寅。是用徵簡册之文，昭聰睿之德，聿舉追榮之禮，庶申嚴奉之心。備物典章，垂之不朽。誕告多士，昭示朕意【三】。宜追謚曰玄聖文宣王。

是月二十七日，詔曰：朕以紀號岱宗，觀風廣魯，載懷先聖，實主斯文。矧仲尼毓粹之區，光靈可挹；而曲阜奉祠之地，廟貌攸存。將申款謁之儀，用表欽崇之至。宜取十一月朔幸曲阜縣，備禮躬謁。

十一月二日，封文宣王父叔梁爲齊國公，母顔氏爲魯國太夫人。制曰：「朕以祇陟岱宗，親巡魯甸，永懷先聖之德，躬造闕里之庭。奠獻周旋，欽崇備至。唯降靈之所自，亦錫羨之有初。像設具存，名稱斯闕，宜加追命，以焕典章。叔梁宜追封齊國公，顔氏宜進封魯國太夫人。遣都管員外郎王勵精虔祭告。又伯魚母并官氏追封鄆國夫人。」制曰：「朕時行魯郡，躬謁孔堂，顧風教之所尊，舉典章而既渥。眷惟令淑，作合聖靈，載稽簡册之文，尚闕封崇之數。屬兹咸秩，特示追榮，垂厥方來，式昭遺範。并官氏宜追封鄆國夫人，仍令兖州遣官詣曲阜廟祭告。」

二年，敕曰：國家尊崇師道，啓迪化源。眷惟鄒魯之邦，是曰詩書之國。尼山在望，

【三】昭示朕意　「意」原作「志」，據《闕里志》卷七、《東家雜記》卷上改。

靈宇增嚴。朕登岱告成，回鑾款謁。期清風之益振，舉縟禮以有加。式咨誨誘之方，更盡闡揚之旨。宜以所賜太宗皇帝御製書與「九經」書，并正義釋文及器物等，并置於廟中書樓上收掌，委本州長吏職官與本縣令佐等同共檢校。如有講説釋奠，并須以時出納，勿令損污。此敕文仍仰刊之于石，昭示無窮。

是年五月一日，詔：朕乃者封山禪社，昭列聖之鴻休；崇德報功，廣百王之彝制。洎言還於闕里，遂躬謁於魯堂。瞻河海之姿，粹容穆若；出洙泗之上，高風凛然。舉茂典之有加，期斯文之益振。由是推恩世胄，并賜其寵榮；祗事祠庭，廣增其奉邑。復念性與天道，德冠生民，議兹先聖之名，冀廣嚴師之禮，兼朕親爲製贊，以奉崇儒，至於四科鉅賢，并超五等。七十達者，俱贈列侯。仍命寀寮，分紀遺烈，式盡褒揚之旨，庶資善誘之方。宜令中書門下、樞密院、三司使、兩制、尚書丞郎、待制、直館閣校理，分撰贊以聞。

卷第三

崇奉雜事

魯哀公十七年，立廟於舊宅，守陵廟百户即闕里先聖之故宅，而先聖立廟自此始也。

前漢元帝初元中，下詔太師褒成君霸以所食邑八百户祀先聖。

後漢靈帝光和元年二月，始置鴻都門學，畫先聖及七十二弟子像。

魏文帝黄初元年，令魯郡修起舊廟，置吏卒百户以守衛之。又於其外廣爲室宇，以居學者。

宋孝武皇帝孝建元年十月，詔建仲尼廟，制同諸侯之禮。

梁武帝天監四年六月，立先聖廟。

元帝初爲荆州刺史，起州學宣尼廟，置儒林參軍一人、勸學從事二人，生三十人，加廩餼。帝工書善畫，自圖畫聖像，爲之贊而書之，時人謂之「三絶」。

後魏高祖太和十三年，立先聖廟於京師。

陳後主至德三年十一月，詔修復先聖廟。

唐高祖武德二年，立先聖廟於國子監。

太宗貞觀二年，房玄齡建言：周公、仲尼皆聖人，然釋奠於學，以夫子也【一】。大業以前，皆以孔子爲先聖，以顏子爲先師。乃別祀周公【二】，尊孔子爲先聖，以顏子爲配。

高宗顯慶二年七月十一日，太尉長孫無忌等議曰：案新禮，孔子爲先聖，顏子爲先師。又准貞觀二十一年，以孔子爲先聖，更以左氏等二十一人與顏子俱配尼父於太學，并爲先師。今據永徽令文，改用周公爲先聖，遂黜孔子爲先師，顏子、左氏爲從祀。據漢魏以來，取舍各異，顏子、夫子互作先師，宣父、周公迭爲先聖。求其節文，遞有得失。所以貞觀之末，親降綸言，依《禮記》之明文，酌成康之奧説，正夫子爲先聖，加衆儒爲先師。永垂制於後昆，革往代之紕繆。仲尼生衰周之末，拯文喪之弊，祖述唐舜，憲章文武，弘至教於六經，闡儒風於千世。自漢以降，奕葉封侯，崇奉其聖，迄於今日。胡可降兹上哲，俯入先師？今請改令從詔，於義爲允。其周公仍依別禮，配享武王。詔從之。

乾封元年，皇太子弘請立宣聖碑，進表。備見碑文。

睿宗太極元年，親製先聖贊曰：「猗歟夫子，實有聖德。其道可尊，其儀不忒。删《詩》定禮，百王取則。吾豈匏瓜，東西南北。」命刻于石。

玄宗開元二十七年，詔追謚孔子爲文宣王，仍内出王者衮冕之服以衣之。嘗作詩云：「夫子何爲者，栖栖一代中。地鄰鄒氏宅，住近魯王宫。嘆鳳嗟時否，傷麟怨道窮。

【一】以夫子也　「也」字原缺，據《新唐書》卷十五《禮樂志》補。

【二】乃別祀周公　「乃」字原缺，據《新唐書》卷十五《禮樂志》補。

今看兩楹奠，當與夢相同。」

宣宗大中五年，國子祭酒馮審奏：文宣王廟，始太宗立之【三】，睿宗書額。武后竊政之日，題「大周」二字，請削去。從之。

宣宗置右宮城承慶門，其内曰承慶殿。百福殿之西，有内孔子廟。

宋太祖建隆三年，詔：文宣王廟宜准儀制令，立戟一十六枝。撰宣聖贊曰：「王澤下衰，文武將墜。尼父挺生，河海標異。祖述唐舜，有德無位。哲人其萎，鳳鳥不至。」

四年四月，駕幸文宣王廟，閲土木之功。

太宗太平興國八年御便殿，顧謂近侍曰：朕嗣位以來，咸秩無文，遍修群祀，惟魯之夫子廟堂未加營葺，闕孰甚焉！乃詔大將作恢敞儒宫，命内侍高品、殿直各一人，内品二人，監督工役告成，以紀其事。

大中祥符元年十一月，遣吏部尚書張齊賢以太牢祭文宣王及十哲、七十二賢，鄒邑孔大夫、宣尼母顔氏、諸從祀先儒。又賜御製書贊：若夫撿玉尼山，回輿闕里，緬懷于先聖，躬謁于嚴祠。以爲易俗化民，既仰師于彝訓；宗儒重道，宜益峻於徽章。增薦崇名，聿陳明祀，思形容於聖德，爰刻鏤於斯文。贊曰：「立言不朽，垂教無疆。昭然令德，偉哉素王！人倫之表，帝道之綱。厥功實懋，其用允臧。升中既畢，茂典載揚。洪名有赫，懿範彌彰。」命御書院模勒刻石。及賜兖州曲阜縣廟「九經」書疏、釋文，三史各一部，令本

【三】始太宗立之　「太」字原缺，據《舊唐書》卷十八《宣宗本紀》補。

州選儒生講説。又賜太宗御製書百五十卷及銀器八百兩，仍以經傳賜兖州。

二年，遣入内内侍省殿頭張文質，賫敕太宗皇帝御製書百五十七軸，并内降金鍍器物，「九經」「三史」及疏、釋文，及昨赴文宣王廟祭祀器物，金鍍銀香爐、香盒并香藥，緋羅銷金帕，黄複等，其賜書，仍令本州選儒生講説。

二年，賜曲阜縣廟桓圭一。從上公之制，冕九旒，服九章。

三年六月，入内供奉官周懷政等言，曲阜縣廟碑并石壁磨礲就，望以御製贊并群臣所撰贊刻於壁。從之。

真宗天僖二年五月，敕委本州於本城内選差兵士四十人、員寮一名，於本廟巡宿守把，防護官物，并委轉運司於轄下州軍有衣甲器械處，約度合消分數，支與本廟。

五年，命轉運司支破官錢，差撥兵士、工匠修完本廟。及於夫子之後，選差朝官一人，監督工役。是時，傳大父中憲方任太常博士，被選，因乞封禪行闕餘材，皆橡樟梗梓之屬，自是殿宇益加洪麗。

仁宗初即位，首崇儒術。車駕幸國子監，奠謁先聖，退閲七十二賢贊，觀東序及禮器。

慶曆八年，四十五代孫彦輔爲曲阜宰，被旨監修祖廟，奉安齊國公像。尚循舊衣卿服，乞正公命九章之服。魯國太夫人與齊國公同殿，乞遷於後殿奉安。累賜三聖御製「九經」「三史」而無諸般書籍，乞賜全監書。并從之，仍命弟子以下禮數未備，并依禮圖改正，以稱崇儒之意。

嘉祐六年，賜御飛白書殿榜并金字篆廟牌，至廟日，設祭奉安。仍賜御製祭文曰：「維嘉祐六年，歲次辛丑，三月甲申朔，十九日壬寅，皇帝御名謹遣兖州通判田洵，敢昭薦於至聖文宣王。惟王淵聖難明，誠明易稟，敷厥雅道，大闡斯文，生民以來，至德莫二，教行萬世，儀比一王，闕里之居，祠宇惟焕，遐瞻墻仞，逖仰門扉，奮于飛染之蹤，新兹標榜之制。命工庀事，推策涓辰，敢議形容，蓋申崇奉。仰惟降格，遥冀鑒觀。尚饗。」帝初寫牌，巾櫛而書，其尊崇聖道如此。是時，傳先公文清先生宰鄉邑，因進詩百韻稱謝。轉運使秘閣校理張師中亦進《寶奎耀文歌》，降詔奬諭。

神宗元豐元年十月，詔兖州常以省錢修葺宣聖祠廟。先是，州縣憚於申請，廟久不修，榱棟傾落，人不堪憂。至是，始獲完葺，祠宇一新。以省錢修，遂爲定制。

五年十一月，賜度牒三十本，給兖州修先聖廟，及於本路差雜役兵士工匠。運司奏四十七代孫沂州新太縣令若升監修。

七年五月，詔自今春秋釋奠，以鄒國公孟子配食文宣王，設位於兖國公之次。荀况、揚雄、韓愈，以世次從祀於二十一賢之間，並封伯爵。

淮元祐元年十月十五日，敕中散大夫鴻臚卿孔宗翰奏：今有管見，雖干臣本家之事，上繫朝廷典禮，開陳如後。

一、臣伏見先臣孔子之後，世襲封爵一人，自西漢以來，有褒成侯之國；魏晉以降，又有奉聖、崇聖、恭聖之號。其名不一，皆有實封，或以百縑，奉祀聖朝。祖宗以來，益加崇奉。真宗東封禮畢，親謁儒廟，眷遇隆厚，恩禮備至，貴道之美，冠映古今。然名有未立，必待聖朝而正之。蓋襲封疏爵，本爲侍祠，今乃兼領他官，不在故郡。且承襲之人，皆取嫡長，父死子封，不必有德。朝廷既許居外，何能更戀祖堂？以至於法度不修，庭宇頹弊，恬不爲怪，魯人傷之。欲乞特下有司，講求古今典禮，議其所宜，今後不使襲封之人兼領他職，乃乞別立請俸，終身使在鄉里。如此，則知其不可輕去，必能嚴潔祭祀，敦睦親族，上以裨聖朝風化之美，下以爲衰宗家世之幸。

又臣寮上言，切以魯中孔子廟貌，國家之所常敬，然而錫田之數不足以賙族人，襲封雖存，未免事奔走，甚非所以尊崇之意也。方朝廷日新盛德，推奬名教。仰惟先聖，宜極尊崇。伏望聖慈明詔有司，講求典禮，增錫土田之數，別異世襲之人，使天下四方，知朝廷尊崇之意。而於聖化，豈小補哉？伏候敕旨。奉旨令禮部、太常寺同共詳定聞奏，付禮部施行。本部看詳，前代典故，自漢魏以來，莫不封孔子之後，優賜田邑，然未嘗明立制度，故承祀之禮，有時而盛衰。國家褒崇先聖，日益隆厚，真宗嘗賜經史於其家，使兖州擇儒生講授，有以見祀宗尊奉聖祀，度越前代。今衆官參議，合依所請，釐定典禮，命官以司其用度，立學以訓其子孫，則朝廷崇儒貴道之本厚矣！伏候敕旨。

一、合襲封人，與除已有料錢寄禄官，如已係幕職州縣官，即與改合入官。專以奉先聖祠事爲職。添支供給，隨本資考，每三年理爲一任，用本路及本州按察官薦舉，依吏部格關陞資任。如朝廷非次擢用，許依舊帶公爵出，令以次合襲封人權主祀事。

一、添賜田一百大頃，使其家依鄉原例，自召人户耕種，更不用職田制撥之法。

一、依舊法添差廟户五十人、看林户五人，并依役人法。

一、差剩員，每一番十人，充衍聖公白直。

一、賜田所入，除供祭祀外，修立則例，置籍出納，均贍族人。仍委本縣官一員與衍聖公同簽書管勾。

一、賜監書一本，置教授官一員，於舉到學官人内差，或委本路監司保舉有行義人充，令教諭本家子弟，内舉人依本州學生例與供給。如鄰近鄉人願從學，聽。

一、衍聖公每遇親祠大禮及冬正朝會，許赴闕陪位。

一、改衍聖公爲奉聖公，仍删定家祭冕服制度頒降，俾遵奉施行。

一、白身合襲封奉聖公者，與除承奉郎。

三省同奉旨，并依所奏施行。敕如右，牒到奉行。

崇寧二年五月朔，四十七代嗣孫，奉議郎專主奉先聖祠事，襲封奉聖公若虚謹續録。

叔祖父昔年編此既成，欲鏤板藏於祖庭，值建炎之事，廟宇與書籍俱爲灰燼。後二十餘年，或見於士大夫家，皆無完本，甚可惜。環宣和間，嘗預檢討，輒因公暇，考諸傳記，證以舊聞，重加編次，僅成完書。比之舊本，又取其事繫於先聖而非祖庭者，及以聖朝，皆纂集而附益之，遂鏤板流傳。非特成叔祖父之志，將使歷代尊師重道優異之典昭昭可見，不其韙歟！正隆元年丙子歲五月甲午初一日辛丑朔，四十九代孫環謹識。已上三款係舊文相續。

哲宗紹聖三年，敕轉運司支係省錢三千貫，修完本廟。奏委四十七代孫宣德郎襲封奉聖公若蒙監修。

崇寧四年八月，詔太常寺考正文宣王廟像冠服制度，用王冕十二旒，衮服九章。畫圖鏤板印賜，仍頒降天下州縣學，咸使依圖改正。歷代以先聖與門人同服衮冕，至是始服王者之服。從國子司業蔣靖之請也。

大觀元年十二月，詔立賞錢十貫，禁采折林木，許人告捉。

四年閏八月，詔兖州改定瑕縣、龔縣。舊瑕丘縣、龔丘縣，犯孔子名，故改焉。

政和元年，奉旨：至聖文宣王改執鎮圭，其廟舊立十六戟，今立二十四戟。又曾參等所封侯爵與宣聖名同，甚失弟子尊師之禮。改封者八人。又旨：孔子弟子河內公等贊文并所封名犯宣聖名處并行改撰及改封。又令運司於係省錢內，應副修完本廟，及於本路諸州軍差雜役兵士工匠，和雇百姓修造，委四十八代孫承奉郎襲封衍聖公端友監修。

四年，命後苑作、製造御前生活所造牌，御書曰「大成殿」頒降本廟，從四十七代孫文林郎舒州司户曹事若谷之請也。又太學、辟雍、先聖殿皆御書。又襲封衍聖公奏：朝廷稽考三代，制禮作樂。乞頒降大樂，許内外族人及縣學生咸使隸習，并乞降禮器，以備釋奠及家祭使用。至六年五月，差四十七代孫宣教郎若谷押賜堂上正聲大樂一副、禮器一副。

宣和四年，詔修太學宣聖殿。賜御製書贊云：太學教養多士，嚴奉先聖，殿室滋圮，作而新之。命駕奠謁，系之以贊曰：「厥初生民，自天有造。百世之師，立人之道。有彝有倫，垂世立教。爰集大成，千古允蹈。乃嚴斯所，乃瞻斯宫，瞻彼德容，云孰不崇。」命刻石於太學，昭示無窮！

金天會五年，睿宗爲右副元帥，駐燕京，雖戎馬未息，首建太學，修國子監。

七年，大軍入山東，兖州堅壁而守。是時睿宗爲都元帥，次城下，諭以禍福，戒軍士以夫子所生之地，不得剽奪。十八日，撫定退師。十九日，命曲阜知縣衡雄與縣吏等引詣宣聖廟。既至廟庭，以建炎群寇之火，皆爲灰燼，而殿火猶未息。元帥乃登杏壇，望殿火奠拜訖，詣聖林。時有軍人發掘二代泗水侯墓，方深六尺餘，又伐破四十六代孫宋刑部侍郎墓。元帥親見，遽命執縛，乃奠拜先聖陵下，周覽久之。以伐墓十二人隨行，至廟南十餘里，盡殺之。

熙宗皇統二年，禁官私占先聖廟者，載於制條，爲不刊之典。又敕行臺支撥錢一萬四千餘貫，修宣聖殿，仍委四十九代孫曲阜縣主簿璟監督工役。皆從權襲封端稟之請也。四年，行省支降錢一萬四千五百貫，筏南京八作司見材，修完本廟，創蓋大成殿。至正隆二年，以羨錢修兩廊及齊國公殿。

天德初，定禮儀，凡職官到任謁廟，先詣宣聖廟奠拜訖，方許詣以次神廟。於是著之甲令。

正隆五年二月一日，都省批：隨處宣聖廟宇多有損壞，官司不用心提點修完，致有如此。委隨路轉運司佐貳或幕官一員專一管勾，遇有損壞，即便檢修。

世宗大定十四年正月十六日，國子監起請孔子廟大成殿聖像冠十二旒，服十二章。兖國公像冠九旒，服九章。檢到唐郊祀録，開元二十七年八月，詔追謚孔子爲文宣王，仍内出王者衮冕之服以衣之。按周禮，王者之服衮冕十有二旒，其服十有二章，諸公之繅斿九就。今文宣王冠服已依典故，其兖國公、鄒國公，一體妝塑九章服。擬遷鄒國公像於宣聖之右，與兖國公相對，准上冠服妝塑。宋崇寧四年，賜孔子冠服，冠十二旒，服九章。故金所賜章數於禮爲備。

十八年，以皇統修廟羨錢付本廟修鄆國夫人殿。是年給降襲封衍聖公印。

二十一年，召襲封衍聖公揔赴闕。奉敕旨，特授曲阜縣令。

二十二年十二月十三日，奏立宣聖廟碑。

章宗明昌元年三月，奉特旨，比聞曲阜縣孔聖廟興蓋多年，門廡位次厄陋損壞，差彼處官提控修補，所用錢於東嶽香錢内支。如已後更有損壞，委本縣逐旋申部，支錢修補。續奉特旨，夫子廟以係省錢修蓋。又降到錢八萬三千貫有奇，修建樓殿廊廡等四百餘間，仍設廟學教授。六月十三日，有司以特旨修蓋宣聖廟宇，令本廟具隨代支給地土增損數目。本廟言，舊有賜田二百大頃，因值兵火，除見在外，不知下落四十八大頃八十六畝，已申上司。後承户部符，於徐州豐縣區村、張村、新村、潘村、李村、慕義六處貼撥數足，計准今時官畝一百二十三頃二畝一分五厘七毫。泰和六年五月二十四日，給到按察轉運司憑驗，所得物并入祭祀庫，衍聖公掌其出納。

是年七月，尚書省令置下馬牌於廟門首。

四年歲次癸丑，十一月十有一日，四十九代孫，省差權襲封管勾祀事璪謹續録。

是年，提刑司降到尚書禮部符，該奏行條理節文，刺史州已上無宣聖廟處，許依自來創行起蓋。舊有廟處，若有損壞，亦許修完。今緣隨處廟學，官司多不爲意，以致傾壞。兼照得明昌三年七月，再定奏行提刑司條理内，該委提刑司，勉勵學校，宣明教化，若廟宇傾頹，學舍弊壞，即生員何以勉勵，恐無以上副興崇學校之意。行下各路運司照驗，依應施行。如廟學有損壞去處，支贍學錢修完。如不足或全闕，據合用錢數，疾速行移本運司闕支省錢，應副修完，無得疏駁。

五年，修廟功畢，羨錢一萬四千有奇，申乞回納。奉特旨：别置事産，爲已久添修之用。置到地六十大頃、房屋四百餘間，俱隸曲阜，悉蠲税力。所收入縣倉庫，衍聖公與縣次官同掌出納。

是年，修廟功畢，兖州節判張穀以尼山先聖所生之地，廟宇頽毁幾盡，遂聞于上。於是出羨錢四千有奇，以曲阜簿劉燁、奉符丞郭仲容、奉符令劉格監修，逾年告成。惟正殿雖加修葺，而舊制卑陋，有所未稱。崇慶元年孟春，亦新作之，工畢於貞祐元年之季秋，其錢稱已費之數。

六年，敕翰林學士党懷英撰修廟碑文及書丹篆額。文見碑門。

是年，有司講定儀禮，檢舉《唐開元禮》，褒聖侯位於文官三品之下。《禮閣新編》，元祐間襲封奉聖公。《開寶禮》在寺監長官之下别作一班。今儀亦列於寺監長官之下。

七年十一月，承省部符，廟學生移籍太學，同品子例。

承安元年十二月一日，降襲封四品印記。

五年正月，奉特旨：襲封衍聖公兼世襲曲阜縣令，五年内祀事不闕，縣事修舉，特轉官一階。

泰和元年二月十日，有司以先聖廟東南泮宫地六十四畝一分二厘以充釋奠之費。

是年十一月二十四日，行山東路尚書六部申明條格云：襲封衍聖公止合管勾祭祀兼縣事，自餘軍儲等務，皆次官掌之。

大安元年十月八日，兖州下曲阜縣，襲封衍聖公，明有條理，管勾祀事兼縣事外，不得別行差占，亦不合巡捕螟蝗。若已後但有横泛差遣，有妨祀事，逐旋申覆。

宣宗興定四年十一月十七日，京師完中城，還立宣聖廟。尚書省委襲封衍聖公以董其役。未幾告成，廟宇、廊廡，講堂、學舍，焕然一新。導蔡水以圜其廟，取辟水之制云。

元光二年，襲封衍聖公元措時任同知集賢院事，申請詳定侍朝班次。禮官議，依前代典故，當視襲封衍聖公四品職，班寺監長官之下。

卷第四

林廟親祠

前漢高祖十二年十二月，自淮南還，過魯，以太牢祠孔子。諸侯卿相，至則先謁，然後從政。

後漢明帝永平十五年三月，幸孔子宅，祠孔子及七十二弟子，作六代樂。帝親御講堂，命皇太子、諸王説經。

孝章皇帝元和二年二月，東巡守，幸魯，以太牢祠孔子。

安帝延光三年三月戊戌，祀孔子及七十二弟子於闕里。

魏高祖孝文皇帝太和十九年夏四月庚申，幸魯城，親祀孔子廟，命兗州爲孔子起園柏，修飾墳壠，更建碑銘，褒揚聖德。

唐高宗乾封元年，封禪還京，途經曲阜，親幸祠廟。追封先聖爲太師。其廟宇制度卑陋，宜加修造，仍令三品一人以太牢致祭。

後周高祖廣順二年，親征慕容超。至兗州，城將破，夜半夢一人，狀甚魁異，被王者服，謂高祖曰：「陛下明日當得城。」及覺，天猶未曉，高祖私自喜曰：「夢兆如此，可不務乎？」因躬督將士戮力攻城，至午而城果陷。車駕既入，有司請從，王方鳴鞘而進，因取別巷，轉數曲，偶過夫子廟，帝意豁然，謂近侍曰：「寡人所夢，殆夫子乎？不然，何取路於此？」因駐蹕外堂，瞻禮聖像，一如夢中所見。高祖大喜，因叩頭再拜。近臣或謂天子不當拜異世陪臣，高祖曰：「夫子，聖人也！百王取則，而又以夢告寡人，得非夫子幽贊所及耶！安得不拜？」因幸闕里，復再拜，及留所奠酒器、銀爐等於廟。及幸孔林，又拜之，及敕兖州修葺祠廟，林禁樵采。

宋真宗大中祥符元年十月二十七日，敕告報皇帝封禪畢，駕至兖州曲阜縣，謁先聖廟。其文宣公伯叔兄弟子侄，并許陪位。取十一月一日，幸曲阜縣，備禮躬謁。是日，廟内外設黄麾仗，帝服靴袍，行酌獻之禮。宰臣親王而下，文武百官各立班於殿庭，孔氏家族并陪位。初，有司定儀，當肅揖，帝特再拜，以伸崇奉之意，百官皆拜。又幸叔梁大夫堂，命刑部尚書温仲舒等分奠七十二子先儒。帝斂衽北面，式瞻粹容，仍顧廟制度，嘉嘆久之。立殿之西次，召孔氏子孫，撫諭周至。復幸孔林，以樹木擁道，降輿乘馬，至文宣王墓奠拜。詔加謚曰玄聖文宣王，祝文進署，仍修葺祠宇，給近便十户奉塋廟。又詔以御香一合并爐及親奠祭器，留於廟中。翌日，又遣吏部尚書張齊賢等以太牢致祭，賜其家錢三十萬、帛三百匹。孔氏子孫賜官各有差，以四十六世孫同學究出身，及許造酒，以奉祭祀。

大中祥符二年八月，詔車駕幸曲阜縣謁文宣王廟日，扈從臣僚，并於廟内立石刻名。

學廟親祠 皇太子附

東晉元帝太興二年，皇太子講《論語通》，釋奠於先聖。

成帝咸康元年二月甲子，親釋奠。

穆帝升平元年，帝講《孝經通》，釋奠如故事，權以中堂爲太學。

孝武帝寧康三年十二月癸巳，帝釋奠於中堂，以顔子配。

前秦苻堅行禮於辟雍，祀先師孔子，其太子及公侯卿大夫之元子，皆束脩釋奠焉。

宋世祖孝武皇帝孝建元年冬十月戊寅，詔開建仲尼廟，同諸侯之禮，詳擇爽塏，厚給祭秩。

後魏太祖天興四年二月，命樂師入學習舞，釋奠於先聖先師。

世祖大武皇帝始光三年二月，起太學于城東，祀先聖，以顔子配。又太平真君十一年，車駕南伐，至鄒山，以太牢祀先聖。

孝明帝正光二年二月，幸國子學講《孝經》。三月，幸國子學祠孔子，以顔子配。

後周宣帝大象二年二月丁巳，帝幸露門學，行釋奠之禮。

二年三月丁亥，詔曰：見詔文門類。可追封孔子爲鄒國公，别於京師置廟，以時祭享。

陳宣帝太建三年秋八月辛丑，皇太子親釋奠於太學，祭酒以下賚帛各有差。

陳後主至德三年十一月辛丑，釋奠於先師。禮畢，設金石之樂，會宴王公卿士。

唐高祖武德三年六月一日，詔令有司於國子學立孔子廟一所，四時致祭。

七年二月十七日，幸國子學，親臨釋奠。

太宗貞觀十四年二月十日，釋奠於國子學，詔祭酒孔穎達講《孝經》，畢，上《釋奠頌》，有詔褒美。

二十年二月，詔皇太子於國學釋奠於先聖先師。皇太子爲初獻，國子祭酒張復胤爲亞獻，光州刺史攝司業趙弘智爲終獻。既而就講，弘智談《孝經》忠臣孝子之義，右庶子許敬宗上四言詩，以美其事。

玄宗開元二十八年二月五日，敕文宣王廟，春秋釋奠，宜令三公行禮，著之常式。二十日，國子祭酒劉瑗奏，准故事，釋奠之日，群官道俗皆合赴監觀禮。請依故事，著之常式。制可。

高宗總章元年二月二十九日，皇太子弘釋奠於太學。

永隆二年二月丙午，皇太子親行釋奠禮。

開曜元年二月十九日，皇太子釋奠於國學。

中宗景隆二年七月，皇太子親釋奠於國學。

睿宗太極元年二月二十八日，皇太子親釋奠，開講筵。

宋太宗端拱元年八月庚辰，車駕幸國子學，謁文宣王。禮畢，升輦將出西門，顧坐講左右博士李覺方聚徒講書，上即召覺，令對御講。曰：「陛下六飛在御，臣何敢輒陞高坐？」上因降輦，命有司張帟幕，設别坐，詔覺講《周易》之泰卦，從臣皆列坐。覺乃述天地感通、君臣相應之旨。上甚悦，賜帛百匹。

淳化元年十一月，幸國子監，奠謁先聖。

真宗咸平二年七月，幸國學，奠謁宣聖。

大中祥符七年五月，王旦言，請用先天節。禮畢，詣至聖文宣王廟行禮，望下禮官參酌儀制。

仁宗慶曆四年五月，幸國子學，謁先聖，特再拜。

天聖二年八月己卯，幸國子監，謁至聖文宣王。其後再幸。有司言，舊儀肅揖。而特再拜。

哲宗元祐元年，幸國子監謁至聖文宣王，行釋奠禮，一獻再拜。

宣和四年三月二日，車駕幸太學，奠謁。

金熙宗皇統元年二月戊午日，帝謁文宣王廟奠祭，北面再拜，謂儒臣曰：「爲善不可不勉。孔子雖無位，以其道可尊，使萬世高仰如此。」

章宗明昌四年八月丙午，諭旨宣徽院曰：「明日親釋奠，有司擬肅揖，朕以宣聖萬世帝王之師，恐汝等未諭。可備拜禮，朕將拜焉。」

丁未，上詣文宣王廟，行釋奠之禮，北面再拜，親王百僚及六學生員陪拜。詔從祀官分奠七十二弟子。

初議定，上親奠謁不宜用牲牢。既而禮官云：籩豆脯醢之數，既係中祀，若止用二籩、二豆，似太疏簡，禮體未稱，擬全用十籩、十豆。於是備數。

卷第五

歷代崇重

前漢元帝初元中，下詔太師褒成君霸，以所食邑八百户祀先聖。

後漢光武建武五年，破董憲還，幸魯，使大司空祀先聖。

桓帝元嘉三年二月，司徒吴雄等奏：請孔子廟置百户卒史一人，掌領禮器。春秋饗禮。出王家錢，給犬酒直，河南尹給牛羊豕各一，大司農給米，太常丞監祠。詔可其請。

《魏志·齊王傳》：正始二年，帝初通《論語》；五年，講《禮記》通【一】。各使太常以太牢祀先聖於辟雍，以顔子配。

西晉武帝泰始三年，詔太學及魯國四時備三牲，以祀先聖。

東晉明帝太寧三年，詔給奉聖侯孔嶷四時祀孔子，如泰始故事。

南齊明帝永泰元年，詔增仲尼祭秩。

後魏顯祖皇興二年，以青徐既平，遣中書令兼太常高元以太牢祀先聖。

後魏時，有懷州廟學碑，碑額刻太上皇巡狩祭宣聖文。碑中述宣聖迴車事迹，云是孔

校勘記

【一】五年講禮記通　考《三國志》卷四《魏書四·齊王紀》：「二年春二月，帝初通《論語》，使太常以太牢祭孔子於辟雍。」「（五年）五月癸巳，講《尚書》經通，使太常以太牢祀孔子於辟雍。」故而《禮記》疑爲《尚書》之誤。

安國立祠其處。按：迴車事，傳記不載，獨此碑見之。碑中記魏賜田於此州，以養孔氏子孫，比曲阜林廟。又載孔氏子孫名字。碑石頑礦，歲久頗缺落。宣政間，一刺史移此文於石，今在州西北二十里夫子陂廟基上，陂即賜田處也。意謂太上皇巡狩郡國時，必以河内如曲阜，有孔氏子孫，有賜田，故祭其廟歟？不然，何此文不見於他郡，而獨此州刻之也？姑記其略。

北齊文宣帝天保元年六月，令魯郡以時修葺先聖廟宇，又遣使致祭。

唐太宗貞觀十一年七月二十四日，修宣尼廟於兖州，給户二十，充享祀焉。

高宗乾封元年十二月，上遣司稼正卿扶餘隆，以太牢之奠致祭於先聖。

中宗神龍元年，以鄒魯百户爲隆道公采邑，以奉歲祀。又以三十四世孫崇基取鄒魯之邑百户，收其租税用爲享薦。

玄宗開元七年，皇太子齒胄子學，謁先聖，詔右散騎常侍褚無量講《孝經》《禮記·文王世子》篇。

十三年，封禪回，幸孔子宅，遣使以太牢祭其墓，令天下州縣立廟，因廣大本廟。

二十六年，詔諸道鄉貢舉人見訖，就國子監謁先聖先師，遂爲常禮。

二十七年，封文宣王，遣三公持節册命，令撰儀注。緣昔周公南面，夫子西面，今位既有殊，坐豈宜仍舊？補其墜典，永作常式。自今已後，夫子南面而坐，内出王者衮冕以衣之。二京之祭，牲太牢，樂宫縣，舞八佾。州縣之祭，牲少牢而無樂。

二十八年，詔春秋二仲上丁，以三公攝事，辭稱「皇帝謹遣」。

肅宗上元元年，以歲旱罷中祀、小祀，而文宣王然爲中祀，至仲秋猶祀之於太學。

代宗永泰二年八月，修國子學祠堂成，釋奠，命宰相及常參官、六軍將軍就觀焉。

德宗正元二年二月，釋奠，自宰臣以下畢集於國學。

正元間，每年春秋釋奠，祝版御署訖，北面而揖。

宣宗大中元年，有事于南郊，文宣王後與一子官，復封百縑，充春秋享奠。

遼太祖神册三年戊寅五月，建孔子廟、佛寺、道觀。四年八月，帝謁孔子廟，命皇后、太子分謁寺觀。

宋太祖建隆元年正月，幸國子監。二月，又幸。詔加修飾祠宇，乃塑繪先聖先師先儒之像，親撰先聖贊。有司請改樂章，竇儼上十二樂曲，祭文宣王用《永安之曲》。

景德四年四月甲戌，户部員外郎直集賢院判太常禮院李維言：天下祭社稷，釋奠，長吏多不親行事，及闕三獻之禮，甚非爲民祈福、尊師設教之意也。望令禮官申明舊典，詔付有司。且言按《五禮精義》，州縣春秋二仲月上丁釋奠，并刺史、縣令爲初獻，上佐、縣丞爲亞獻，州博士、縣簿尉爲終獻。若有故，以次官通攝。又云：祭社稷與釋奠同，牲用少牢，致齋三日。今請悉如故事。詔從之。

真宗大中祥符元年五月，敕每日破乳香一分付本廟，於先聖殿上焚燒。

是年十一月一日，幸曲阜，備禮躬謁。又幸叔梁大夫堂，又加謚先聖爲玄聖文宣王，祝文特進名，并詔修飾祠廟。其廟内制度未合典禮，因兹改正。又詔：廟内常用祭器或壞，可盡易之，仍着官以太牢致祭。其文曰：「維大中祥符元年，歲次戊申，十一月戊午朔，四日辛酉，崇文廣武聖明仁孝皇帝御名，謹遣推誠保德功臣，光禄大夫、吏部尚書、上柱國、清河郡開國公、食邑五千户、食實封一千八百户張齊賢，致祭于玄聖文宣王。朕以有事岱宗，畢告成之盛禮，緬懷闕里，欽設教之素風。躬奠謁於嚴祠，特褒崇于懿號。仍令舊相，載達精誠，昭薦吉蠲，用遵典禮。以兖國公顔子等配。尚饗。」

三年二月，詔開封府諸縣祭玄聖文宣王廟，禮料并從官給。

是年六月丙辰，頒諸州釋奠儀注并祭器圖。

大觀六年五月，差四十七代孫宣教郎若谷押賜堂上正聲大樂一副、禮器一副。其名數，則罍一，洗一，勺全，帨巾二，篚全，壺尊二，龍勺冪各全，血盤一，象尊、犧尊、簠并蓋、簋并蓋、登瓦并蓋、箱篚并竹各二，鉶鼎三并蓋，柶三，籩十，冪全，豆十蓋全，胙案八，爵三，坫全，此禮器也。柷一，椎全，敔一，籈全，編鍾、編磬各一架，栒簴、崇牙、流酥等各全，搏拊鼓、篪、塤、笛、簫、巢笙、和笙、一弦琴、三弦琴、五弦琴、七弦琴、九弦琴、瑟各二，此大樂也。是時及祭告之日，甘露降于殿庭，簷牙欄楯，松檜花木，遍滿上下，凝結如珠，精瑩射目，累日不晞，即具祥異申奏。

政和間，賜祭服，四時遇仲月吉日祭先聖，則衍聖公前期排辦祭料名物，視州縣釋奠之數。祭之前一日，族中長幼應預祭者，各致齋。其日五更，請從上尊長二人，與衍聖公爲三獻，各服其服行禮。别請近上族人分奠十哲、七十二賢、二十六先儒、文中子。凡執事、作樂之人皆陪位。禮畢，焚幣，三獻官易常服。遲明，家長以下皆詣齊國公、魯國夫人、鄆國夫人、泗水侯、沂水侯殿，各具蔬果常羞，酌獻三奠訖，徹樂。

天下節鎮州縣學，皆賜堂上樂一副、正聲樂曲十二章。春秋上丁釋奠於先聖，則學生登歌作樂。

金世宗大定十四年正月六日，禮官議：國子監春秋仲月上丁日，釋奠於文宣王，依《唐開元禮》合用祭器。文宣王、兖國公、鄒國公每位籩、豆各十，犧尊一，象尊、簠、簋各二，俎二，祝板各一，皆設案。七十二賢、二十一先儒，每位各籩一，豆一，爵一，兩廡各設象尊二，總用籩、豆各一百二十三，簠、簋各六，俎六，犧尊三，象尊七，爵九十四，尊皆有坫。罍二，洗二，篚、勺各二，冪六。正位并從祀，籍尊、罍、俎、豆等席三十領。尊席用葦，俎豆席用莞。每祭，用羊三、豕三、酒二十瓶，及用登歌雅樂曲。迎神三奏送神同沽洗宮。初獻盥洗，沽洗宮。初獻外殿，降殿同，其曲與盥洗同。南吕宮。奠幣，沽洗宮。正配位酌獻與亞、終獻，通用沽洗宮。樂工三十九人，并於大樂署借用。獻官，祭酒、司業、博士充，時或以禮部、太常寺、國子監官攝。

大定二十三年二月，國學成，祀先聖於國子監之廟，以尚書右丞張汝弼攝太尉行事，稱上謹遣。直學士吕忠翰攝祭酒，充亞獻官。待制任倜攝司業，充終獻官。

章宗明昌二年五月二十一日，有司言典禮所載，州郡通祀宣聖廟。今隨州府雖亦循例於春秋仲月釋奠，然别無官破錢物，其所用牲幣酒醋等，往往滅裂。乞除刺郡已上無宣聖廟處，自來已許創行起蓋，其春秋釋奠無贍學公用錢處，并官爲應副。

是年六月，以國學釋奠祭器名數頒下曲阜廟，從兖州節度副使高鎮之請也。

三年四月，尚書省奏定國學釋奠，依典故，三獻官以祭酒、司業、博士充，祝辭稱「上謹遣」配位祝文稱尊號皇帝遣，登歌用太常樂工。其獻官并執事預享者并法服，陪位學官公服，學生儒服。

五年六月初四日，禮官議，曲阜縣夫子廟修蓋已畢，自來祭享行三獻之禮。其獻官衍聖公止用公服，親族二人各止儒服，及别無音樂。即目國學釋奠，依古禮用法服及登歌雅樂。宋政和間，曾賜本廟三獻官祭服及登歌之樂，令族人及學生閲習。方今尊崇聖道，度越前昔，其襲封衍聖公特授中議大夫，爵視四品，更新廟貌，所費巨萬，而三獻止用常服，及無雅樂，恐未相稱。緣係朝廷尊師重道特恩異禮，合取敕裁，下議有司。

六年四月八日，敕有司賜衍聖公以下三獻法服，亞、終獻以本族最長人充。仍給登歌樂一部，歌二，籥一，篪一，笛一，塤一，巢笙二，和笙二，簫一，編鍾一，編磬一，一弦琴一，三弦琴一，五弦琴一，七弦琴一，九弦琴一，瑟一，柷一，敔一，搏拊一，麾幡一。迎神，沽洗宮，《來寧之曲》，其詞云：「有功者祀，德厚流光。猗歟將聖，三綱五常。百代之師，久而愈芳。靈宮對越，神其鑒饗。」盥洗，沽洗宮，《净寧之曲》：「楚楚祀儀，昕徵奠綴。爰清其持，斞玄拉帨。非持之清，精誠是涚。神之來思，式歆嘉齊。」降升，南吕宮，《肅寧之曲》：「衣冠襲封，玄王之宗。春秋陳祀，玄王之宫。清洙或涸，東山或童。此封此祀，承承無窮。」奠幣，沽洗宫，《溥寧之曲》：「仰惟聖猷，宏賜尊顯。宿燎設懸，展誠致奠。旅幣申申，於粲洗腆。崇報孔明，不墜敬典。」酌獻先聖，沽洗宫，《德寧之曲》：「巍巍堂堂，道德孰儷。屈於一時，信平聲於萬世。王號尊崇，公封相繼。涓辰之良，潔嚴以祭。」酌獻兖國公，宫調同前：「好學潛心，簞瓢樂内。具體而微，人進我退。洙泗之鄉，神之所在。其從聖師，廟食作配。」酌獻鄒國公，宫調同前：「醇乎其醇，優入聖域。祖述唐虞，力排楊墨。思濟斯民，果行其德。祀爲上公，兹宜配食。」亞、終獻酌獻，宫調同前：「法施於人，修經式誨。如明開盲，如聲破聵。栖遲襄周，光華昭代。儼然南面，門人列配。」送神，沽洗宫，《歸寧之曲》：「籩豆威儀，孔將孔惠。三獻備成，四方所視。神保是饗，永光闕里。神之聿歸，貽厥孫子。」仍遣太常樂工教孔氏子弟，各執其藝，以備祭祀。

是年八月二十七日，命兗州節度使孫即康行一獻之禮，策祝告成，其文曰：「國家禮重儒術，道尊聖師，闕里廟貌，于以新之。雅樂具舉，法服彰施。庶幾鑒格，永集繁禧。」初，有司奏定二十三年修國子監宣聖廟畢，命右丞張汝弼祭奠。今乞差本處長官致祭，依釋奠禮。其祝板告以修崇廟宇，頒降法服、雅樂之意。從之，至是行禮。

是年，有司奏定衍聖公初獻法服依四品，用六梁冠；亞獻、終獻七品，用三梁冠；登歌用二十五人，將太常寺附餘鍾、磬、笙、竽等修整降下，令本廟親族子弟及學生等閱習。

明昌間，朝廷刊定釋奠先聖禮册，頒降州郡。元光初，京師先聖廟成，復妝飾先聖十哲塑像。其賢像欲圖之於壁，慮久而易壞，朝廷特命以素縑繪之，而各成以軸，遇祭懸展。

正大二年，詔改開封府學爲太學，增置儒生，奏定釋奠先聖三獻，以祭酒、司業、博士充，祝辭稱「上謹遣」，登歌用太常寺樂工。獻官及監祭、監禮并法服，執事、陪位官公服，學生儒服。次年行禮，始復舊制。禮樂器備。

大蒙古朝皇帝聖旨節文：據襲封孔元措奏告，燕京、南京等處尚有太常禮樂官及工人等，乞行拘刷事。准奏。若有前項人等并家屬，用鋪頭口起移，赴東平府地分住坐，分付孔元措收管。令本路課税所量給口糧養濟，就於本廟閲習，聽候朝廷不測用度。并自來有底禮册、詞章、樂器、鍾磬等物，盡行拘刷，見數申奏。

一、各處若有未見人數，逐旋拘刷。

扎魯火赤也可那演，胡都虎斡魯不衆，扎魯火赤那演言語，據襲封衍聖公孔元措來申，宣聖子孫，歷代并免賦役，見有一十五家，歷代舊有地土六百頃，免賦役供給祭祀。又看林廟户舊設百户，見有十户，不構灑掃等事。如文字到日，仰孔元措依舊襲封衍聖公，主奉先聖祀事，仍提領修完祖廟。據孔氏子孫一十五家，亞聖顔子後八家，鄒國公後二家，廟户依舊百户，計一百二十五户，奉上絲綫顔色税額軍役大小差發并行蠲免。上項户計盡行豁除，不屬州縣所管。

諸路曆日銀，一半修宣聖廟，益都、東平兩路盡數分付襲封孔元措，修完曲阜本廟。宣差東平路萬户嚴實，課税所長官張瑜，申稟朝省，丞相領省耶律楚才重道，出于特意。

古燕義士蕭元素與朝廷斷事官丞相耶律丑山爲師友，獨蕭公親詣，以爲先容，具道其所以然，儒教由此復興。

卷第六

族孫

滕，字子襄，鮒之弟也，長九尺六寸。漢高祖十二年，征黥布還，過魯，封爲奉嗣君。亦嘗爲孝惠帝博士，終於長沙王太傅。

襄，鮒第子也。爲孝惠帝博士，至長沙太傅。生忠。忠生武及安國、延年。

成，鮒子彦之子。歷位九卿，武帝時，遷御史大夫。辭曰：「臣世以經學爲本，傳世承家法。今俗儒繁説遠本，雜以妖妄，難可以訓。房第侍中安國，受詔纘集古義，臣乞爲太常，典臣家業，與安國編摩古訓，使永垂來嗣。」帝重違其意，遂拜太常，其禮物如三公焉。在位數年，著書十篇，爲賦二十四篇而卒。又作書與弟及戒子，皆有義焉。

安國，十一世孫也。治《尚書》，爲武帝博士。魯共王壞孔子舊宅，壁中得古文虞夏商周之書及傳、《論語》、《孝經》，悉還孔氏，故安國承制作《書傳》，又作《古文孝經傳》，亦作《論語訓解》。至臨淮太守。安國生卬，卬生驩吉。成帝詔世爲殷紹嘉公。子何齊。哀帝以殷紹嘉公爲宋公。

光，字子夏，十四世孫，霸之少子。年未二十，舉爲議郎，舉方正，爲諫大夫。成帝初即位，舉爲博士。奉使稱旨，上信任之，轉僕射尚書令。綏和中，拜丞相，受博山侯印綬。哀帝即位，益封光千户。平帝立，徙光爲帝太傅。明年，徙爲太師，歸老于第。光年七十，元始五年薨，太后使九卿策贈以太師博山侯印綬，謚曰簡烈侯。子放，嗣博山侯。

子建，僖之曾祖父也。少游長安，與崔篆友善。及篆仕王莽，爲建新大尹，嘗勸子建仕。對曰：「吾有布衣之心，子有衮冕之志，各從所好，請以此辭。」歸，終於家。

安，光武建武十三年，以殷紹嘉公爲宋公。

僖，字仲和。章帝初，拜蘭臺令史。元和二年春，帝祠孔子及七十二弟子，作六代之樂，大會孔氏男子二十以上者六十三人。命儒者講論，僖因自陳謝。帝曰：「今日之會，寧於卿宗有光榮乎？」對曰：「臣聞明王聖主，莫不尊師貴道。今陛下親屈萬乘，辱臨敝里，此乃崇禮先師，增輝聖德。至於光榮，非所敢承。」帝大笑曰：「非聖者子孫，焉有斯言乎？」遂拜僖郎中，詔從還京師，使校書東觀。後拜臨晉令。三年，卒。二子，長彦、季彦，好章句學。詳見《漢傳》。

季彦，守其家業，門徒數百。時人爲之語曰：「魯孔子，好讀經，兄弟弦誦略不停。學士必欲就聲名，不師孔氏焉能成？」延光二年，河西大雨雹，大者如斗，安帝召季彦，見於德陽殿，問其故。對曰：「此皆陰乘陽之徵也。今貴臣擅權，母后黨熾，陛下宜修聖德，慮此二者。」帝默然，左右皆惡之。季彦聞之，曰：「吾豈容媚勢臣而欺人君乎？」年四十九，終於家。

扶，字仲淵。後漢順帝陽嘉二年六月，由太常爲司空。

昱，字元世，七世祖霸，成帝時，歷九卿，封褒成侯，自霸至昱，爵位相係，其卿相牧守五十三人，列侯七人。昱少習家學，大將軍梁冀辟，不應。太尉舉方正，對策不合，乃辭病去，後遭黨事禁錮。靈帝即位，公車徵拜議郎，補洛陽令。以師喪弃官，卒于家。

震，字元上，十九世孫，爲博陵太守，終尚書侍中。

宙，字季將，十九世孫，仕至太山都尉。有碑文。

謙，字德讓，二十世孫，郡諸曹吏。

融，字文舉，二十世孫，宙之子也。河南守賀進辟融舉高第，爲侍御史。嘗爲北海相，立學校，表顯儒術，薦舉賢良，雖一介之善，莫不加禮焉。獻帝時，論者多欲復肉刑，融乃建議，朝廷善之，卒不改焉。歲餘，復拜太中大夫。卒年五十六。魏文帝深好融文辭，每嘆曰「揚、班之儔」，募天下有上融文章者，輒賞以金帛。所著詩、頌、碑、議論、六言、策文、表、檄、教令、書、記，凡二十五篇。備見《漢傳》。

衍，字舒元，二十二世孫也。少好學，年十二，能通詩書。弱冠，公府辟，本州舉異行直言，皆不就。避地江東，晉元帝引爲安東參軍，專掌記室。書殷積，而衍每以稱職見知。

中興初，與庾亮俱補中書郎。明帝之在東宮，領太子中庶子。於時庶事草創，衍經學深博，又練識舊典，朝儀軌制多取焉。於時，元、明二帝并親愛之。以太興三年卒于官，年五十三。凡所撰述百餘萬言。子啓，廬陵太守。備見《晉傳》。

惠雲，宋文帝元嘉二十八年，以爲奉聖侯。

邁，宋孝武帝大明二年，以爲奉聖侯。邁卒，子莽詡俱反嗣。

靈珍，二十八代孫。後魏文帝太和十九年，改封爲崇聖侯。

長，北齊顯祖文宣皇帝天保元年六月辛巳，詔改封崇聖侯爲恭聖侯，邑一百户以奉祀。

英哲，陳廢帝光大元年十二月庚寅，以兼從事中郎爲奉聖侯奉祀。

巢父，字弱翁，三十七世孫。廣德中，爲左衛兵曹參軍，累拜湖南觀察使。未行，會普王爲荆襄副元帥，署行軍司馬。俄而德宗狩奉天，行在權給事中，爲河中陝華招討使。累上破賊方略，帝嘉納。未幾，兼御史大夫，爲魏溥宣慰使。卒，贈尚書左僕射，謚曰忠。詔具禮收葬，賜其家粟帛，存恤之。從子戣、戡、戢。備見《唐傳》。

惟昉，三十八代孫。唐憲宗元和四年二月，以爲兖州參軍。

戣，字君嚴。擢進士第，鄭滑盧群辟爲判官，入爲侍御史，累擢諫議大夫。條上四事，憲宗異其言。俄兼太子侍讀，改給事中。再遷尚書左丞，論罷蚶菜，即拜嶺南節度使。穆宗立，以吏部侍郎召，改散騎常侍，還爲左丞，以老自乞，後以禮部尚書致仕。卒年七十二。贈兵部尚書，謚曰貞。子遵孺、温裕。温裕，天平軍節度使。遵孺子緯。備見《唐傳》。

戡，字君勝。進士及第，補修武尉，以疾歸洛陽。未幾，李吉甫鎮揚州，表置幕府，後詔以衛尉丞分司東都。自貞元後，帥鎮劾奏僚佐，不驗輒斥。至是，給事中吕元膺執不可，憲宗遣使諭曰：「朕非不知戡，行用之矣。」未幾，卒，年五十七，追贈司勛員外郎。子温質，爲太子少保。備見《唐傳》。

戢，字方舉。擢明經，書判高等，爲校書郎，陽翟尉，累遷湖南觀察使，召授右散騎常侍，京兆令。歲旱，文宗憂甚，戢躬祠曲江池，一夕大澍，帝悦，詔兼御史大夫。卒，贈工部尚書。子温業、温諒，俱進士第。備見《唐傳》。

温業，字遜志。擢進士第。大中時，爲吏部侍郎。求外遷，宰相白敏中顧同列曰：「吾等可少警，孔吏部不樂居朝矣。」後爲太子賓客。

榮，三十八代孫。唐武宗會昌二年，爲國子監丞，襲文宣公。

緯，字化文。擢進士第，累遷尚書左僕射，賜號持危啓運保乂功臣，鐵券恕十死，兼京畿營田使。昭宗進司空，以太學焚殘，乃兼國子祭酒，完治之。加司徒，封魯國公，又進兼太保，後擢吏部尚書。以司空門下侍郎輔政，疾，乞歸田里。帝動容，詔使者送緯至堂視事，會天子出次石門，從至莎城，以病還都。家人召醫視，緯曰：「天下方亂，何久求生？」不肯服藥。卒，贈太尉。子崇弼，亦登進士第，仕至散騎常侍。備見《唐傳》。

憲，仁玉次子，宋建隆初，任尚書工部員外郎，河東轉運使，終於開封浚儀知縣。

世基，太平興國二年，賜同本科出身。

冕，兖州參軍，大中祥符元年，詔爲安州應城縣主簿。

謂，大中祥符元年十一月一日，詔進士謂同三傳出身。

延祐，大中祥符元年十一月一日，詔習學究延祐同學究出身。

延魯，大中祥符元年十一月一日，詔習學究延魯同學究出身。

延齡，大中祥符元年十一月一日，詔習學究延齡同學究出身。

延渥，隰州清化縣令。

延之，擢進士第，殿中丞。

勗，字自牧，仁玉少子【二】。舉進士第，博學，有長者之譽。大中祥符二年正月，以殿中丞知兖州曲阜縣，兼檢校先聖廟，賜緋魚袋。辭曰：「賜絹及衣，月給如通判例。」東封謁廟，求孔氏子孫，令主看廟宇。勗，時通判廣州經度制置使。寶元二年九月二十六日，以秘書監分司南京，管勾兖州仙源縣文宣王廟事，爲尚書工部侍郎致仕。歷官五十年，仁愛于其民，孝友于其家。卒年八十九，累贈吏部尚書。五子：長道輔，贈太尉；次延濟、延範，皆不仕，無子；次良輔，太子中舍；次彦輔，國子博士。良輔二子：長宗壽，

【二】仁玉少子　「少」原作「次」，據《闕里志》卷二改。

曹州節度推官；次宗質，不仕。彥輔一子，宗瑴，不仕。

道輔，字原魯，勗之長子。祥符五年登進士第，嘗爲龍圖閣直學士，復召爲中丞。道輔直道獨立，朝廷尊嚴。嘗知諫院，上書請章獻明肅太后歸政天子，而廷奏樞密使曹利用上御藥羅崇勛罪狀。後帝廢后，乃極諫，黜知兖州。及再入爲中丞，勘宦者馮元士事，盡法不徇。景祐初，以龍圖閣直學士給事中知鄉縣，後知鄆州，中路得疾，卒，年五十四。葬祖墓西南。後詔追郭皇后位號，而近臣有爲帝言道輔明肅太后時事者，帝亦記其生平所爲，贈尚書工部侍郎，累贈太尉，開府儀同三司。二子：長舜亮，爲中散大夫；次宗翰，爲朝散大夫，知兖州，奉祖祀。道輔不好鬼神禨祥事，初在寧州，道士治真武像，有蛇穿其前，數出以近人，衆傳以爲神，以聞於朝。刺史率其屬往拜之。蛇果出，道輔舉笏擊殺之。自州將以下皆大驚，曰：「神蛇尚殺之，不可犯也！」後徂來山石介作《擊蛇笏銘》云。文見碑文卷末。

金入仕

端肅，字肅之，四十八代孫。篤志好學，不樂進仕。翰林侍講党懷英舉端肅閑居鄉里，年德俱高，雖不習科舉，其讀書養道，該通古學，堪任國子小學教授。明昌四年三月十二日，召赴闕，特賜進士及第，補將仕郎，以年老乞歸。

瑭，字德純，四十九代孫。博學才優，尤工翰墨，常爲廟學正。貞祐二年，以四舉終場，賜同進士第，萊州招遠縣主簿。

擢，字用之，五十代孫。通貫經術，性質純古，登大定二十二年進士第，待闕萊州掖縣令。章宗皇帝以聖人後，特授太學助教。俄丁内難，服除，補省掾。秩滿，授右三部司正，終於刑部主事。

世系别録

樹，九代，生子聚。

聚，字子彦，十代，封蓼侯。

臧，十一代，文帝時爲太常，嗣蓼夷侯。

琳，十二代，嗣蓼侯，位至諸史。

茂，十三代，關内侯。

黄，十三代，豫州從事方之曾祖。

宣，十四代，漢宣帝元康四年，封長安公。

捷，十四代，列校尉。

喜，十四代，列校尉諸曹。

永，十五代，漢末大司馬，封宇侯。

壽，十五代，王莽時，封合意侯。

立，十五代。

奇，字子異，十六代，字侯永之子也。

元，十六代，爲校書郎。

尚，十六代，爲距太守。

嘉，十七代，城門校尉。

方，字廣平，十七代，豫州從事。

疇，字元矩，十七代，爲陳相。

澍，字君德【二】，十八代，魯從事。

仁，十八代，以文學爲議郎，遷博士，南海太守。

旭，字延壽，十九代，中爲相史。

訢，字定伯，十九代，魯户曹。

誧，字仲叻，十九代，爲魯相史。

術，字子佑，十九代，爲魯史。

翊，十九代，舉孝廉，拜御史，遷樂陽令。

豐，十九代，爲御史，兼門下侍郎。

【二】澍字君德　「澍」疑爲「樹」之誤，《禮器碑》今存，碑陰「從事魯孔樹君德」可證之。

乂，字元雋，二十代，魏諫大夫。

淮，二十代，爲功曹吏。

□，二十代，桓帝時魯都督。

承，字伯序【三】，二十代，魯都督。

綱，二十代，靈帝建寧中，爲魯掾。

暢，二十一代，靈帝建寧中，爲魯掾。

恂，字士信，二十一代，晉東平將軍衛尉。

郁，二十一代，後漢冀州刺史。

演，字舒光，二十二代，中書郎。

揚，二十二代，下傅亭侯。

啓，二十三代，廣陵太守。

惔，二十四代，宋祠部郎中。

默之，二十六代，廣州刺史。

景進，二十八代，魏功曹掾。

白烏，二十九代，魏興和三年鄒丞。

靈龜，二十九代，後魏國子博士。

【三】承字伯序　「承」字原缺，據《闕里文獻考》卷九十八補。

碩，三十代，治書侍御史。

安，三十一代，北齊青州法曹參軍。

穎達，字仲達，三十二代，國子祭酒，曲阜憲公。本傳不該族屬，世系有之，故載於此。

志玄，三十三代，國子司業。

志幻，三十三代，禮部郎中。

志亮，三十三代，中書舍人。

惠玄，三十四代，國子司業，洪州都督。

琮，三十四代，洪州都督。

立言，三十五代，禮部郎中。

慎言，三十五代，黄州刺史。

務本，三十五代，滄州崇光縣令。

如珪，三十六代，海州司户參軍，贈工部郎中。

岑父，三十七代，著作佐郎，贈尚書左僕射。

惟時，三十八代，兖州都督參軍。

載，三十八代，擢進士第。

温質，三十九代，四門博士。

遵憲，三十九代，舉明經。
温裕，三十九代，天平軍節度使。
温資，三十九代，太子少保。
温諒，三十九代，擢進士第。
絢，字延休，四十代，晉成帝咸通二年登進士第。
綸，字司言，四十代，登第，殿中侍御。
繐，字徽夫，四十代，晉成帝咸通十四年狀元。
絳，字受之，四十代，明經及第。
昌弼，字佐化，四十代，登進士第，散騎常侍。
照，四十代，晉成帝咸通十一年登第。
昌序，字昭舉，散騎常侍。
昌明，字昭儀，四十代，唐光化二年登第。
晁，四十四代，參軍。
宗簡，四十六代，太子中舍。
宗翰，四十六代，中散大夫鴻臚卿。
舜亮，字君亮，四十六代，登第，中散大夫贈特進。

旼，四十六代。仁宗慶曆七年八月丁未，賜汝州龍興縣處士粟帛，隱居縣之龍山强陽城。性孤潔，喜讀書，里田數百畝，遇歲飢，分所餘周不足者，未嘗計有無。聞人之善，若出於己，動止必依禮法。人皆愛慕之，見旼于路，輒斂衽以避。葬其父，廬墓三年，卧破棺中，日食米一溢。壁間生紫芝數十本，州以行義聞，故有是賜。又給復其家。盗嘗入旼家，發其廩粟，旼避之，縱其所取。嘗逢羸弱者爲盗，掠奪其資，旼追盗與語，責之以義，解金畀之，使歸所掠。居山未嘗逢毒蛇、虎豹，或謂之曰：「子毋夜行，此亦可畏。」旼曰：「無心則無所畏。」

若虚，字公實，四十七代。登進士第，奉議郎，襲封奉聖公。事詳崇奉雜録。

若拙，字公智，四十七代。進士出身，金州司理。

若𥗉，四十七代，迪功郎，濟陰簿。

恢，字宏之，四十七代，奉直大夫。

惇，字厚之，四十七代，朝散大夫。

忱，字誠之，四十七代，儒林郎。

恂，四十七代，奉議郎。

端朝，四十七代，太學博士。

傳，四十七代，朝散大夫，知郊州軍州事。

若初，字公慎，四十七代，登第。

琰，字粹老，四十九代。中順大夫，忻州同知。金初，從事太師梁王麾下，以功補官。王以聖人後，特授文資。

璦，四十九代，承事郎，行開封府祥符簿。

瑀，字湯光，四十九代，承直郎。

摭，字伯順，五十代，廟學録。

摯，字莘夫，五十代，廟學正。

元順，字存之，五十一代，廟學録。

卷第七

澤及子孫

後漢光武建武三十二年正月，幸魯，遣宗室諸劉及孔氏，瑕丘丁民上壽受賜【一】，皆詣孔氏宅，賜酒肉。其宿奉高，命褒成侯助祭，列在東后。

明帝永平十五年，賜褒成侯損并孔氏男女錢帛。

章帝元和二年，賜褒成侯及諸孔氏男女帛。

孝安帝延光三年，幸闕里，自魯相令丞尉及孔氏親屬婦女悉會，褒成侯以下賜帛各有差。

桓帝永壽二年，復顏氏聖舅并官氏聖妃繇發。詳見碑文。

魏文帝黃初二年，魯郡孔子廟外廣爲室宇，以居學者。

後魏文帝太和十九年四月，幸魯，詔拜孔氏四人、顏氏二人爲官，選諸孔宗子一人，封崇聖侯，邑一百户以奉祀。

南齊世祖永明七年，詔奉聖之爵，以時繼紹。

校勘記

【一】瑕丘丁民上壽受賜　「丘」原作「斤」，據《後漢書》卷九十七《祭祀志》、《玉海》卷九十八《郊祀》改。

梁敬帝太平二年，詔搜舉魯國之族，以爲奉聖侯【二】。

後周宣帝大象二年，立後承襲。

唐太宗貞觀十一年，命褒聖侯祭先聖，皆服玄冕，朝會位同三品。

高宗乾封元年，詔孔氏子孫并免賦役，闔門勿事。

中宗神龍元年，命孔氏子孫世襲褒聖侯。

玄宗開元十三年，幸孔子宅。詔每代長子一人承襲，兼賜一子官。二十七年，命文宣公任兗州長史，代代勿絶。

肅宗上元間，詔凡大祀，其褒聖侯在朝，位於文官二品之下。

憲宗元和十五年，詔文宣王家與一子官。

武宗會昌五年，有事于南郊，文宣王後與一子出身。

宣宗大中元年，有事于南郊，文宣王後與一子官，復封百縑，充春秋享奠。

僖宗乾符二年，有事于南郊，文宣王後與一子官。

宋太宗太平興國二年十月，詔免兗州曲阜縣文宣公家租税。先是，歷代以聖人之後不預庸調，顯德中，遣使均田，遂抑爲編户。至是孔氏訴于州以聞，帝特命免之。

真宗大中祥符元年十一月，賜孔氏銀二百兩、帛三百匹，俵散諸房田一百頃。又詔近屬授官及賜出身者六人。

【二】以爲奉聖侯　「侯」原作「後」，據《琳琅秘室叢書》本改。

二年春，賜文宣公家祭冕服。

仁宗即位之初，謂輔臣曰：「孔子廟自祖先以來，皆以子孫世知縣事，奉祠祭。今乃不然，非所以崇儒術、尊先聖之意。」其詔自今仙源縣，復選孔氏子弟爲之。

皇祐三年七月八日，詔兖州仙源縣：國朝以來，世以孔子子孫知縣事，使奉承廟祀。近歲廢而不行，非所以尊先聖也。自今宜復于孔氏子弟中選充。

哲宗元祐元年十月，敕白身合襲封人與除承奉郎，專以主奉先聖祠事爲職【三】，添支供給，隨本資次。每三年理爲一任，用本路及本州按察官薦舉，依吏部格闕陞資任。如朝廷非次擢用，許依舊帶公爵出，令以次合襲封人權主祀事。每遇親祠大禮，冬正朝會，許衍聖公赴闕陪位。又命別差兵士，每一番一十人，充衍聖公白直。删定家祭冕服制度頒降，又添賜田一百大頃，其所入除給祭祀外，修立則均贍族人。仍委本縣官一員，與衍聖公同簽書管勾。又賜經史等書一監，建學舍廟之東南隅，置教授官一員，令教諭本家子弟。内舉人依本州學生例優與供給。

八年三月十六日，敕將舊賜田一百頃均給族人外，有新賜田一百頃，除朝廷已有旨揮撥二十頃充廟學供贍生員外，有八十頃，内撥二十頃充歲時祭祀支用，十頃置買殿庭簾幕什物外，五十頃歲收穀粟等貯縣倉，依時出糶。置曆收管錢物，遇修補廟宇支用。本州逐季郡官與奉聖公點檢。

【三】專以主奉先聖祠事爲職 「主」原作「王」，據《東家雜記》卷上改。

崇寧三年十一月六日，敕文宣王之後，常聽一人注兗州仙源縣官。崇寧三年十一月十四日旨，至聖文宣王之後，特與親屬一名判司候，縣令孔若虛是時爲襲封具名聞奏。今後事故即最長承襲。尋保明四十六代孫宗哲係本家白身，最長，遂除興仁府乘氏縣主簿。誥曰：「進士孔宗哲，朕欽崇先聖，廣其世恩。爰俾若虛，以名來上。錫汝一命，往其欽承。」

政和間，賜家祭冕服，三獻官各一副，單夾全。

金熙宗皇統二年四月一日，敕免孔子子孫賦役。初，尚書省奏：權襲封孔端立言：孔子子孫，漢唐以來并免賦役身丁等事。與其餘免丁之家不同，謂自古免充軍役。臣等參詳，孔子之後，舉天下止有一家，他人難以攀例，有無依前代體例施行。從之，故有是命。

五年，准行臺尚書户部符，兗州申孔子廟宅，賜田二百大頃，自宋時不曾輸納稅役。至廢齊阜昌五年，斷勒拘摧二稅并役錢【四】。

故金天眷元年，孔若鑑等陳狀，乞將本廟賜田蠲免稅役。後來孔端立等陳狀，又該宋承唐後，亦免本家賦役。尚書省奏：奉敕旨，依前代體例施行。本部看詳，孔子廟宅賜田，合依前代體例施行。

章宗明昌元年三月，敕旨：夫子廟以係省錢修蓋，仍設教授一員，於四舉、五舉終場進士出身人內，選博通經史衆所推服者充。生員許孔宅子孫，不限人數，年十三已上，願

【四】斷勒拘摧二稅并役錢　「摧稅」爲征稅之意，遂疑「摧」爲「榷」之誤。

習業者皆聽就學。已習詞賦、經義準備應試人，依州府養士例，每人每月支官錢二貫、米三升，小生減半支給。如兖州管下進士欲從學者聽。曾得府薦者試補，終場舉人免試入學，仍限二十人爲額。庶孔宅生員等有講授養育，成就人材，委是有益於治。并給賜監書各一部，合用人力，於兖州射糧軍内選差，常令數足，不摘差打減。所須什物，并依太學例，官爲應副。仍令本縣官以時點檢，若有闕少損壞，晝時申移本州添修。委本州進士出身官提控學校事，據所屬應副生員請給人力所須等物，委提刑官點檢有無奉行滅裂。

卷第八

姓譜

昔契以佐禹治水有功，封於商，而賜姓子氏。至周成王時，以商之帝乙長子微子啓國於宋。啓卒，立其弟微仲衍。微仲衍生宋公稽，宋公稽生丁公申，丁公申生湣公共，或作閔公恭，及煬公熙。湣公共生弗父何，弗父何生宋父周，宋父周生世子勝，世子勝生正考父，正考父生孔父嘉。孔父者，其字也，而先儒以謂當時所賜號者，誤矣。孔父嘉生木金父，木金父生祁父，或曰睪夷，五世親盡，别爲公族。祁父因以王父字爲孔氏而生子孔防叔，避宋華督之難，奔魯爲大夫，因家於魯。防叔生伯夏，伯夏生鄹大夫叔梁名紇。大夫長子曰孟皮，或曰伯皮，有疾，不任繼嗣。次子則先聖是也。自先聖没，子孫世爲魯人，同居祖廟。先公文清先生嘗推原世譜，以謂本姓本於子姓者是，姬姓者非。如鄭有孔張，衛有孔達，姓氏同而族異，又皆出於姬姓，實在子姓之先，皆非先聖之後。

先聖誕辰諱日

周靈王二十一年庚戌歲，即魯襄公二十二年，當襄公二十二年冬十月庚子日，先聖生。十月庚子，即今之八月二十七日。是夕，有二龍繞室，五老降庭。五老者，五星之精也。又顏氏之房，聞奏鈞天之樂，空中有聲云：「感生聖子，故降以和樂笙鏞之音。」

周敬王四十一年壬戌歲即魯哀公十六年也，當哀公十六年夏四月乙丑日，先聖薨。四月乙丑，即今之二月十八日，先儒以謂己丑者，誤矣。蓋四月有癸丑、乙丑，無己丑。五月十二日，乃有己丑，以「乙」爲「己」字之誤也。方先聖未生時，有麟吐玉書於闕里，其文曰：「水精之子，係衰周而素王。」顏氏異之，以繡紱繫麟角，信宿而麟去。至哀公十四年，西狩大野，叔孫氏車子鉏商獲獸，以爲不祥。先聖視之曰：「麟也，胡爲來哉？」反袂拭面，泣涕沾衿。叔孫聞之，然後取之，繫角之紱尚存。麟見而天告先聖將亡之證也。先聖晨作，負手曳杖，逍遥於門而歌曰：「泰山頹乎！梁木壞乎！哲人萎乎！」因以涕下。既歌而入，當户而坐。子貢聞之曰：「泰山其頹，則吾將安仰？梁木其壞，則吾將安放？夫子殆將病也。」遂趨而入。嘆曰：「賜，汝何來遲？夫明王之不興，則天下其孰能宗予？夏人殯於東階，周人於西階，殷人於兩楹間。昨暮，予夢坐奠於兩楹之間，予殆殷人也。」後七日而終，時年七十三。逮宣和六年甲辰，一千六百有一年矣。

母顔氏

叔梁大夫雖有九女，而無子，其妾生孟皮，有足疾，乃求婚於顔氏。顔氏有三女，其父問曰：「鄹大夫雖父祖爲卿士，然其先，聖王之裔。今其人身長十尺，武力絶倫，吾甚貪之。雖年長性嚴，不足爲疑。三子孰能爲之妻？」二子莫對，其幼徵在進曰：「從父所制，將何問焉？」父曰：「即爾能矣。」遂以妻之。

娶并官氏

先聖年十九，娶於宋之并官氏。

先聖小影

《家譜》云：先聖長九尺六寸，腰大十圍，凡四十九表。反首洼面，月角日準，手握天文，足履度字，或作王字。坐如龍蹲，立如鳳峙，望之如仆，就之如升。耳垂珠庭，龜脊，龍形，虎掌，胼脇，參膺，河目海口，山臍林背，翼臂斗唇，注頭隆鼻，阜胦堤眉，地足谷竅，雷聲澤腹，昌顔均頤，輔喉駢齒。眉有一十二采，目有六十四理。其頭似陶唐，其顙似虞舜，其項類皋陶，其肩類子産。自腰以下，不及禹三寸。胸有文，曰：「制作定，世符運。」

今家廟所藏畫像，衣燕居服，顔子從行者，謂之小影，於聖像爲最真。近世所傳，乃以先聖執玉麈，據曲几而坐，或侍以十哲，而有侍棕蓋、捧玉磬者。或列以七十二子，而操弓矢披卷軸者。又有十哲從行而乘車圖，皆後又追寫，殆非先聖之真像。

給灑掃廟户

魯哀公十七年，因立廟於舊宅，置守陵廟百户。

後漢靈帝建寧中，給守廟百户。

魏文帝黄初元年，詔置吏卒百户，以守衛之。

宋文帝元嘉十九年，詔可蠲墓側數户，以掌灑掃。魯郡上民孔景等五户居近孔子墓側，蠲其課役，以給灑掃。

後魏孝文帝延興三年，給十户以充灑掃。

唐太宗貞觀十一年，給先聖廟户二十，以奉饗祀。

睿宗太極元年，以兖州隆道公祠户二十供灑掃。

玄宗開元十三年，東封回，幸孔子宅，給復近墓五户。令天下州縣立廟，賜百户灑掃。二十七年，詔賜百户灑掃，百縑充春秋享奠。

憲宗元和十三年，復置灑掃五十户。

懿宗咸通四年，給灑掃陵廟五十户。

後周高祖廣順二年，幸林廟，以廟側數十家爲灑掃户，及敕兗州修葺祠廟，禁孔林樵采。

宋真宗景德四年，詔兗州舊以七户守孔子墳，宜增至五十户。

大中祥符元年，東封回，幸林廟。奉旨給近便十户，以奉塋域。

是年十一月，修葺祠宇，給近便十户，奉塋廟。

仁宗慶曆四年三月，敕於本縣中等人户内差廟户五十，充本廟灑掃諸般祗應。

哲宗元祐元年十月五日，敕依舊法，差灑掃户五十人、看林户五人，并依役人法。先是，四十六代孫宗翰奏家門事，論廟户，以謂熙寧中，朝廷裁減役人，議者欲役錢寬剩，而不知王者崇儒貴道之本，遂減作三十人，其看林户止有三人。竊緣夫子墳林一千六百餘年，子孫皆葬於其間，周圍十餘里，喬木參天，近年以來，多爲盜賊斫伐。州縣既不留意，看林户又以減省，洙泗之上，識者傷嗟。方當朝廷全盛之時，天下被其惠澤。鄒魯聖師之舊地，衰歇如此。臣昔在慶曆中，年雖稚齒，曾記一事，梁適知兗州日，乞以廂兵代廟户，又裁減人數。方是時，章得象爲宰相，范仲淹爲參知政事，執政欲從梁適之請，獨仲淹云：「此事與尋常利害不同，自是朝廷崇奉先師之事。仁義可息，而此人可減。吾輩雖行，他人必復之。」如此，執政遂已。尋有中書札子，令差足人數。當時天下無賢不肖，莫不稱之，故有是命。金廟户食直，官爲應副。

卷第九

鄉官

孔氏鄉官，其來遠矣。考於傳記，驗以譜系并林廟碑刻，始自東漢桓帝，以十八代孫樹爲魯從事，厥後逐代有之。終漢世十有一人，後魏迄唐有八人焉，或任兖州郡守，或爲曲阜縣令。開元二十七年，以三十五代璲之任兖州長史，詔代代勿絶。宋初迄建炎，則鄉官尤多。太宗淳化四年，除四十五代延世爲曲阜縣令，制曰：「叔敖陰德，尚繼絶於楚邦；臧孫立言，猶有後於魯國。豈聖人之後，可獨遠於陵廟乎？許州長葛縣令孔延世，鍾裔孫之慶，仕文理之朝，能敦素風，甚有政術，宜任桑梓之地，以奉烝嘗之儀，可特授曲阜縣令。」仁宗即位，詔自今仙源縣選孔氏子弟爲之。崇寧間，敕吏部，文宣王之後，常聽一人注兖州仙源縣官。於是孔氏鄉官不絶，至於父子叔侄兄弟更相爲代。漢至五代，不見鄉官歷任年月，無復備録，姑以唐宋至故金任鄉官者，詳列於後。

唯昉，唐元和四年，爲兖州參軍。見《族孫》門。

璲之，兖州長史。見《世次》。

萱，兖州泗水縣令。同上。

齊卿，兖州功曹參軍。同上。

唯晊，兖州參軍。同上。

策，曲阜縣尉。同上。

昭儉，兖州司馬，累宰曲阜。同上。

光嗣，兖州泗水縣令。同上。

仁玉，周廣順三年，任曲阜縣令。同上。

宜，雍熙三年，任曲阜縣令，襲封文宣公。同上。

延世，至道三年任曲阜縣令。同上。

冕，祥符元年爲兖州參軍。見《族孫》。

勗，字自牧。祥符六年，知仙源縣事。請創立學舍，從之。同上。

道輔，祥符九年，知仙源縣事。同上。

聖佑，天聖三年，知仙源縣。見《世次》。

良輔，天聖五年，任仙源縣主簿。同上。

彦輔，天聖八年，任仙源縣主簿，替親兄良輔。慶曆八年，以衛尉寺丞知仙源縣，替親任宗禎。未滿間，奉敕差修祖廟。

宗愿，康定元年，知仙源縣。慶曆三年，以大理寺丞再任。見《世次》。

宗禎，慶曆五年，以將作監丞知仙源縣。

宗翰，嘉祐元年，以秘書省著作佐郎知仙源縣。熙寧三年，以尚書屯田郎中提點京東路刑獄公事。十年，以尚書都官郎中提點京東路刑獄公事。元祐元年，以朝議大夫知兖州。

淘，嘉祐四年，以屯田員外郎知仙源縣。

宗壽，治平四年，任仙源縣主簿。紹聖元年，以右宣德郎知仙源縣。

若蒙，熙寧三年，以襲封衍聖公任仙源縣主簿。見《世次》。

若升，元豐元年，任仙源縣主簿。又五年，以新太縣令監修祖廟。贈朝請。

若古，元祐四年，任仙源縣主簿。後更名傳。

若谷，大觀二年，以文林郎任仙源縣丞。

宗哲，大觀二年，以從事郎任兖州觀察推官。

宗一，政和三年，任仙源縣丞。

傳，政和五年，以朝奉郎任京東路轉運司，管勾文字。

端節，宣和元年，以宣教郎任京東路轉運司，句當公事。中大夫直和閣。

壎，宣和五年，以通奉郎任仙源縣丞。

端問，宣和七年，以迪功郎任仙源縣丞。

松，建炎二年，以宣校郎簽書泰寧軍節度判官廳公事。

金鄉官

若鑑，天會八年，以迪功郎任仙源縣主簿。

瑀，皇統二年，以登仕郎任曲阜縣主簿。

瓌，皇統五年，以將仕郎任曲阜縣主簿。

淵，天德二年，以承直郎任兖州司法參軍。

玖，天德二年，以忠勇校尉任曲阜縣尉。

摠，大定二十一年，授曲阜縣令。見《世次》。

元措，承安二年二月，敕襲封衍聖公兼曲阜縣令，仍令世襲。同上。

廟中古迹

先聖廟，在魯城西南隅，去城二百餘步，東至舊曲阜縣二里，即先聖舊居之宅，實魯哀公所立。歷代東封告成，行幸儒廟，皆駐蹕於此。自漢唐以來，雖巨寇擾攘，不敢暴犯。如赤眉過魯，亦解甲燒香，再拜而去。

手植檜三株。兩株在贊德殿前，高六丈餘，圍一丈四尺。其文，左者左紐，右者右紐。

一株在杏壇東南隅，高五丈餘，圍一丈三尺，其枝盤屈如龍形，世謂之再生檜。晉永嘉三年枯死，至隋義寧元年復生。唐乾封二年，又枯死，至宋康定元年復生。

手植檜贊：「煒東皇，養白日。御元氣，照道一。動化機，此檜植。矯龍怪，挺雄質。二千年，敵金石。糺治亂，如一昔。百代公，蔭圭璧。」太常博士米芾撰。

貞祐甲戌春正月，兵火及曲阜，焚我祖廟，延及三檜。幸收灰燼之餘，携至闕下，分遺妻弟省知除開封李世能，乃命工刻爲先聖容暨從祀賢像。召元措瞻仰，追悼之極，再拜以識其歲月云。正大甲申仲秋望日，五十一代嗣孫，太常博士衍聖公元措謹述。

天地否而復泰，日月晦而復明，聖人之道厄而復亨。六籍厄於秦，至漢而復興。正道厄於晉宋齊梁陳隋之間，至唐而復興。此自然之理也。貞祐初，兵革擾曲阜，焚孔庭檜。聖道之廢興，固不係於一木之存亡。新宫火，三日哭，重先祖之居也，况聖師之手植乎？衍聖公收其煨燼之餘，李侯刻而像之，知尊事矣。若夫茂其德，封而植之，是聖道常在也，豈特一木哉？三年六月晦，門弟子趙秉文謹記。

鄆國夫人并官氏殿，昔爲先聖宴居之堂。按《論衡》及魯人相傳云：孔子將亡，遺秘書曰：「後世一男子，自稱秦始皇，上我堂，踞我床，顛倒我衣裳，至沙丘而亡。」始皇至魯，觀孔子宅，至沙丘而崩。又按《世家》，孔子卒，諸儒講鄉飲酒大射於孔子家，其所居堂，魯哀公十七年因立爲廟。後世即其廟，藏先聖衣冠琴瑟車書，至漢二百餘年不絶。

昔太史公嘗適魯，觀先聖廟堂車服禮樂，諸生習禮於其家，以至低回留之不能去。漢景帝時，魯共王好治宮室，壞先聖舊宅，以廣其宮。聞金石絲竹之聲，乃不敢壞，於其壁中得古文經書，此其地也。

杏壇，在先聖殿前，即先聖教授堂之遺址也。昔漢鍾離意爲魯相，出私錢萬三千，付户曹孔訢，修夫子車，身入廟，拭几席劍履。男子張伯除堂下草，得玉璧七枚，伯懷其一，以六枚白意。意令主簿安置几前。其堂下床首有懸甕，意召訢問，答云：「夫子甕也。」背有丹書，人莫敢發。意曰：「夫子所以遺甕欲以垂示後人。」因發之，得素書，文曰：「後世修吾書，董仲舒；護吾車，拭吾履，發吾笥，會稽鍾離意。璧有七，張伯懷其一。」意即召問，伯果服焉。漢明帝東巡，幸先聖宅，亦嘗御此，命皇太子諸王説經於堂上，後世嘗以爲殿。宋天聖二年，傳大父中憲監修祖廟，增廣殿庭，因移大殿於後。講堂舊基，不欲毁折，即以瓴甓爲壇，環植以杏，魯人因名曰「杏壇」。

先聖舊廟有松、柏、檜，歷周、漢、晉，榮茂如雲。至金大安三年季冬，入東蒙移松一千株。

廟外古迹魯之古迹至多，今止以事係於先聖者載之。

防山，在廟東三十里，周圍八里，高二里。直山之北三里餘，乃齊國公墓。先聖生二歲，而齊國公卒，葬於防山。先聖母逝，殯於五父之衢。郰人輓父之母告先聖父墓，子曰：「古者不祔葬焉，爲不忍先死者之復見也。《詩》云：『死則同穴。』自周公以來祔葬矣，故衛人之祔也，離之，有以聞焉；魯人之祔也，合之，美夫。吾從魯。」遂合葬於防。曰：「吾聞之，墓而不墳。今某也東西南北之人，不可以弗識也。吾見封之若斧形者矣，吾從斧者焉。」於是封之，崇四尺。今墓前有齊國公廟，廊廡祭亭凡二十餘間，每歲時子孫祭饗焉。

尼丘山，在廟東南五十里，周圍一十里，即齊國公與顏氏禱於此而生先聖者也。先聖生，而首上圩頂，如尼丘山頂之圩。宋皇祐二年，封山神爲毓聖侯，制曰：「元聖肇興，誕自東魯，雖天之生德，蓋云默定；而岳之降神，實應精禱。兖州泗水縣尼丘山，崇岡秀阜，雲雨所出。儲丕祐於商後，孕全氣於孔族。挺毓睿哲，爲萬世師。當崇五等之封，俾均四瀆之秩，列於祀典，以永神休。攸司奉書，往申昭告。宜特封毓聖侯，仍令本州差官往彼祭告，破係省錢，增葺祠廟，及造廟牌安掛，春秋差官致祭。」真廟東封，王欽若言：祭文宣王尼丘山，山上有紫雲氣，長八九丈。詔遣入内殿頭楊懷玉祭謝。今尼丘山五峰下，有齊國公先聖并毓聖侯廟在焉。

顏母山，在廟東南五十五里，周圍一十里，高三里，乃齊國公與顏氏禱於尼丘山，嘗游此而休息焉。山去尼丘山五里。魏地形志亦言，魯縣有顏母祠堂，迄今在焉。

魯城之西南隅即先聖之舊宅也。昔魯人泛海而失津，至於亶州遇先聖七十子游於海上，特以歸途使告魯公，築城以備寇。魯人歸，且以告魯侯，侯以爲誕。俄而群鵲數萬，銜土培城，侯始信，乃城曲阜。訖而齊寇果至。事載《十六國春秋》，其説神異，雖先聖之所不語，然魯人尚能言之，所謂疑傳疑者，於是亦綴而不遺。

廟東南二里，魯城有門曰「高門」。昔齊人選女子衣文衣而舞康樂，文馬三十駟，遺魯君，陳於高門外。季桓子微服往觀，受其樂，三日不聽政，郊又不致膰俎於大夫，先聖遂適衛。《史記》云「高門」，《詩》云「皋門」，《魯國圖》云「稷門」。

魯宮城雉門之外曰「兩觀」，《春秋・定公二年》杜預注：「雉門，公宫之南門，兩觀闕也。」昔先聖爲魯司寇，攝行相事，於是朝政七日，而誅亂政大夫少正卯於兩觀之下者是也。

五父衢，在廟東南五里，昔先聖母殯於五父之衢者，此其地也。

先聖學堂，在廟北五里，泗水纏其北，洙水由其南。《皇覽》云：諸弟子房舍井瓮猶在。周敬王三十六年，先聖自衛返魯，於此删《詩》序《書》，定禮樂，繫《周易》。至三十九年，因魯人西狩獲麟，而《春秋》絶筆。因曾參孝行，而作《孝經》。二經既成，先聖齋戒於此堂下，面北斗而拜，告備於天，紫微於是降此堂。又有赤虹自上而下，化爲黄玉，有刻文，先聖跪而讀之。其辭曰：「孔提命，作應法。」《魯記》所載孔子講堂者，即此堂也。昔漢光武東巡過魯，坐孔子講堂，顧指子路室，謂左右曰：「此吾太僕之室也。」今學已廢，遺址存焉。

矍相圃，在廟西南一百二十步，周圍二里，高一丈。昔先聖射於矍相之圃，觀者如堵焉。《晉太康志》曰：「矍相圃在魯城内縣西南，近孔子宅是也。今圃中猶存舊井，皆石爲之。」

廟西南二百步，魯城有門曰「歸德」，世傳四方諸侯慕先聖之德而至者，多入此門，故魯人因以名之。

廟東南魯城有門曰「端門」。先聖將殁，謂子貢曰：「端門當有血書。」子貢往候之，果有血書，云：「趨作法，孔聖殁。周姬亡，慧東出。秦人滅，胡亥術。書既散，孔不滅。」子貢以告，先聖趨往而觀之，化爲赤烏飛去。

廟南十里，魯縣有二石闕，曰「闕里」，蓋里門也。後漢董憲裨將屯兵於魯，侵害百姓。光武乃拜鮑永爲魯郡太守【二】，永到，大破之。惟別帥彭豐不肯下。頃之，孔子闕里無故荊棘自除，從講堂至里門。永異之，謂魯令及府丞曰：「方今危急，而闕里自開，豈夫子欲令太守行禮，助吾誅無道也。」乃命人衆修鄉射之禮，請豐等共觀視，欲因此擒之。豐等亦欲圖永，乃持牛酒勞饗，而潛挾兵器。永覺，手格殺豐。《圖經》載：「闕里在孔子廟東南二里，有門闕廢址，雙立舊城，因名曰『闕里』。」

【二】光武乃拜鮑永爲魯郡太守 「乃」原作「及」，據《東家雜記》卷下、《闕里志》卷四改。

廟東三里有廢井，圍五丈三尺，深八十尺，石爲之。按《史記》云：「季桓子穿井得缶，中若羊，問先聖云『得狗』。先聖曰：『以某所聞，羊也。木石之怪夔罔魎，水之怪龍罔象，土之怪羵羊也。』」

陋巷，在廟東北三百餘步，巷之北有井，世傳爲顏井。顏子在陋巷，人不堪其憂，而顏子不改其樂，先聖屢賢之。此蓋顏子所居之地也。熙寧間，嘗構亭井之北，命曰「顏樂亭」。士大夫聞之，如司馬温公、二蘇輩二十餘人，或以詩，或以文，或以歌頌，皆揭以牌。

林中古迹

先聖没，公西赤爲之識，及掌其殯葬焉，唅以疏米三貝，襲衣一十有一稱，加朝服一，章甫之冠，珮象環徑五寸，而綦組綬。桐棺四寸，柏棺五寸，及以告備於天所受黄玉，葬于魯城北一里泗水上。藏入地不及泉，而封爲偃斧之形，高四尺，泗水爲之却流。既葬，有自燕來觀者，舍於子夏氏。子貢謂之曰：「吾亦人之葬聖人，非聖人之葬人，子奚觀焉？昔夫子言曰：『吾見封有若夏屋者，見若斧矣。若從斧者也，馬鬣封之謂也。』今徒一日三斬板而封，尚行夫子之志而已，何觀乎哉？」《皇覽》曰：「孔子冢去城一里，冢塋百畝，南北廣十步，東西三十步，高一丈二尺。」如烏卵馬鬣。今增周圍五十餘步，高一丈五尺。塋中不生荆棘刺人草，樹以百數，皆遠方徒弟各持鄉土異種所植。魯人世世無能名者，惟楷木爲多，其餘則《皇覽》所載：「柞枌、雒離、女貞、五味、㲑檀之木也。」群弟子三年喪畢，或去或留，唯子貢廬於墓六年。自後群弟子及魯人從冢而家者百有餘室，因名其居曰「孔里」，世世相傳，歲時奉祠不絶。真宗東封，王欽若言：祭文宣王，詣墳致奠，得芝五本。詔遣入内殿頭楊懷玉祭謝，復得芝五本。

先聖墳北有虚墓五間，皆石爲之。先聖没，戒門弟子爲虚墓，後果遭秦始皇發冢。有白兔出於中，始皇逐之，至曲阜西北十八里溝而没，魯人因名其溝曰「白兔溝」。

祠壇，昔先聖没，弟子於冢前以瓴甓爲壇，方六尺。至後漢永嘉元年，魯相韓叔節始易之以石。至唐，以封禪石壇易之。今四面皆歷代題名，歲久漫滅，字不可讀。

先聖墳東十步，曰「二代伯魚墓」。又南少東十步，曰「三代子思墓」。商人尚右故也。真宗幸孔林，顧問二冢，子孫對以伯魚、子思墓。帝太息躊躕而退。

駐蹕亭，在先聖二代兩墳之間。真宗東封回，駕幸闕里，顧問先聖墳何在。子孫引導鑾輿躬至孔聖林，奠謁畢，坐於亭上，宣兩府及兩制賜茶。亭有古碑，字多殘缺，帝命詞臣拂蘚辨認，盤桓久之。

輦路，真宗幸聖林，以林木擁道，降輿乘馬，至先聖墳，釋奠，再拜。今自林前石橋直趨駐蹕亭，有輦路，皆甃以石。

楷木，《廣誌》云：「夫子没，弟子各持其鄉土所宜木，人植一本於墓而去。冢上特多楷木，楷木出南海。今林中楷木最茂，間有因風摧折者，人或得之，以爲手板。」

舊廟宅

至聖文宣王廟外三門榜，即宋仁宗御篆也。三門之後曰「書樓」，藏賜書之樓也。樓後御路東西有二亭，其東宋朝修廟碑，其西唐碑。次儀門，門内曰「御贊殿」。乾興年，傳大父監修廟，奏立此殿。次後曰「杏壇」，杏壇之後即正殿，殿榜乃仁宗御飛白也。其後鄆國夫人殿，殿東廡泗水侯殿，西廡沂水侯殿。祖殿廊西門外齊國公殿，其後魯國太夫人殿，殿後五賢堂。祖殿廊東門外曰「齋廳」，即真宗東封回，幸儒廟駐蹕之殿，奠謁待次之所也。回鑾次兖州，詔去其鴟，許本家爲廳，族人遇仲祭，致齋於此，遂名曰「齋廳」。廳廊之東門外，其南客館，其北客位。齋廳之後齋堂，堂後宅廳，孔氏接見賓客之所。由客位東一門直北，曰「襲封視事廳」。廳後恩慶堂，堂乃中丞典鄉郡日，侍致政尚書公會孔氏内外親族之所，徂徠先生石介有碑，以紀其事。恩慶堂之西曰「家廟」，堂之東北隅曰「雙桂堂」，先公仲父舊讀書於此堂。皇祐元年，同賜弟，故以名之。諸位皆列居於祖殿之後并恩慶堂之東西，自祖廟并諸位所居，舊皆敕修。後以諸位屋宇日廣，皆自營葺矣。除諸位外，祖廟殿庭廊廡等共三百一十六間。

仙人脚，明昌元年，有異人履玄白舄，瞻拜先聖於廟門外，竚立石上，甚有喜色。既去，其石足迹存焉，有文曰「仙人脚」。次年，奉敕修廟。此亦金朝崇奉先聖修廟之應也。

泰和八年八月二十七日，以先聖降誕之辰前期一日，率闔族敬詣尼山廟祭奠。日方午刻，俄聆殿上當空有樂振作，比金石絲竹之聲，凡在一舍間，皆聞之而駭然。蓋朝廷崇奉德感所致也。

金修廟制度

正殿廊廡、大中門、大成門、鄆國夫人殿，自皇統大定以來建之，其制猶質素。至明昌初，增後位城殿，殿廡皆以碧瓦爲緣，外柱以石，刻龍爲文，其藻栱之飾，塗以青碧。每位皆有閣，至於欄檻簾櫳，并朱漆之。齊國公位僅與正位同，又創二代、三代祖殿，毓聖侯殿，五賢堂，奎文閣之屬，焕然一新，與夫廳堂覺舍門廡，凡四百餘楹。方之前古，於此爲備。

貞祐二年正月二十四日，兵灾及本廟，殿堂廊廡灰燼什五，祖檜三株亦遭厄數。適有四十九世孫廟學正瑭洎族人避於其間，俄有五色雲覆其上，中有群鶴翔鳴，良久而去。田夫野老，無不見之。

卷第十

廟中古碑

後漢碑四

孔廟置守廟百石孔龢碑【一】

司徒臣雄、司空臣戒稽首言：「魯前相瑛書言，詔書崇聖道，勉六藝【二】。孔子作《春秋》，制《孝經》，刪述『五經』【三】，演《易·繫辭》，經緯天地，幽贊神明，故特立廟。褒成侯四時來祠，事已即去。廟有禮器，無常人掌領，請置百石卒史一人【四】，典主守廟。春秋饗禮，財出王家錢，給犬酒直【五】，須報。謹問太常祠曹掾馮牟、史郭玄，辭對：故事，辟雍禮未行【六】，祠先聖師。侍祠者，孔子子孫，太宰、太祝令各一人，皆備爵。太常丞監祠，河南尹給牛羊豕雞各一【七】，大司農給米祠。臣愚以爲如瑛言，夫子大聖，則象乾坤，爲漢制作，先世所尊，祠用衆牲，長吏備爵，今欲加寵子孫【八】，敬恭明祀，傳于罔極。可許臣請魯相爲孔子廟置百石卒史一人，掌領禮器，出王家錢，給犬酒直，他如故事。臣雄、臣戒愚戇，誠惶誠恐，頓首頓首，死罪死罪，臣稽首以聞。」制曰：「可。」

校勘記

【一】原無標題，據《隸釋》補。書法史上，一般簡稱爲《乙瑛碑》。

【二】勉六藝　「六」字原缺，後有小字夾注「上一字磨滅」，今據《五禮通考》卷一百二十一、《金石存》卷六補出。

【三】刪述五經　「刪述」二字原缺，據《五禮通考》卷一百二十一補。

【四】請置百石卒史一人　此碑「百石」原皆訛作「百户」，現據原碑改回，下文徑改，不出校。

【五】給犬酒直　此碑「犬酒」皆訛作「大酒」，現據原碑改回，下文徑改，不出校。

元嘉三年三月二十七日壬寅，奏雒陽宫。元嘉三年三月丙子朔，二十七日壬寅，司徒雄、司空戒下魯相，承書從事下當用者，選其年四十以上【九】，經通一藝，雜試通利，能奉弘先聖之禮，爲宗所歸者，如詔書。書到，言：永興元年六月甲辰朔，十八日辛酉，魯相平，行長史事卞守長擅，叩頭死罪，敢言之磨滅不知幾字司徒司空府。壬寅詔書，爲孔子廟置百石卒史一人，掌主禮器，選年四十以上，經通一藝，雜試，能奉弘先聖之禮，爲宗所歸者。平叩頭叩頭，死罪死罪。謹案：文書守文學掾魯孔龢、師孔憲、户曹史孔覽等雜試【一〇】，龢修《春秋嚴氏經》，通，高第，事親至孝，能奉先聖之禮，爲宗所歸，除龢補名狀如牒。平惶恐叩頭死罪，上司空府。贊曰：「巍巍大聖，赫赫彌章。」相乙瑛，字少卿，平原高唐人。令鮑疊，字文公，上黨屯留人。政教稽古，若重規矩。乙君察舉守宅除吏孔子十九世孫麟廉，請置百石卒史一人，鮑君造作百石吏舍，功垂無窮，於是始□。

後漢鐘太尉書。

永壽二年魯相顔敕復顔氏并官氏繇發碑【一一】

惟永壽二年，青龍在涒嘆，霜月之靈，皇極之日，魯相河南京韓君，追惟太古，華胥生皇雄，顔誕育至寶，俱制元道【一二】，百王不改。孔子近聖，爲漢定道，自天王以下，至于初學，莫不瞻思，嘆卬師鏡。顔氏聖舅，家居魯親里，并官聖妃，在安樂里。聖族之親，禮所宜異。復顔氏并官氏邑中繇發，以尊孔心。念聖歷世，禮樂陵遲，秦項作亂，不尊圖書，

【六】辟雍禮未行　「未」原作「夫」，據《五禮通考》卷一百二十一、《闕里文獻考》卷三十三、《金石存》卷六等改。

【七】河南尹給牛羊豕雞各一　「雞」字原缺，據《五禮通考》卷一百二十一、《金石存》卷六補。

【八】長史備爵今欲加寵子孫　「爵」「今」原缺，據《五禮通考》卷一百二十一補。

【九】選其年四十以上　「其」字原缺，據《闕里志》卷九、《金石萃編》卷八、《金石存》卷六等補。

【一〇】户曹史孔覽等雜試　「覽」字原缺，據《隸釋》卷一、《闕里文獻考》卷三十三補。

【一一】標題中第一个「顔」字據碑當作「韓」。

【一二】顔誕育至寶俱制元道　「誕」「至」「俱」原缺，據《東漢文紀》卷二十八補。

倍道畔德，離敗聖興食糧，亡于沙丘。君於是造立禮器，樂之音符，鐘磬瑟鼓，雷洗觴觚，爵鹿俎梪，籩柉禁壺【一三】，修飾宅廟。更作二輿，朝車威熹。宣抒玄污，以注水沶。法舊不煩，備而不奢，上合紫臺，稽之中和，下合聖制，事得禮儀。於是四方士仁，聞君風耀，敬咏其德，尊其大人之意，逴彌之思，乃共立表石，紀傳億載。其文曰：「皇戲統華胥【一四】，承天畫卦。顔育空桑，孔制元孝【一五】。俱祖紫宮，太一所授。前闓九頭，以升言教。後制百王，獲麟未吐。制不空作，承天之語。乾元以來，三九之載。八皇三代，至孔乃備。聖人不世，期五百載【一六】。三陽吐圖，二陰出讖。制作之義，以俟知奧。於穆韓君，獨見天意。復聖二族【一七】，逴越紀思。修造禮樂，瑚璉器用。存古舊宇，殷勤宅廟。朝車威熹，出誠造更【一八】。漆不水解【一九】，工不爭賈。深除玄污，水通流注【二〇】。禮器升堂，天雨降澍。百姓訢和，舉國蒙慶。神靈祐誠，竭敬之報。天與厥福，永享牟壽【二一】。上極華紫【二二】，旁及皇代。刊石表銘，與乾輝耀。長期蕩蕩，於盛復授。赫赫罔窮，聲垂億載。」

建寧元年相河南史君碑

魯相孔晨奏出王家穀祀夫子碑【二三】

建寧二年三月癸卯朔，七日己酉【二四】，魯相臣晨，長史臣謙，頓首死罪上尚書。臣晨頓首頓首，死罪死罪。臣蒙厚恩，受任符守，得在奎婁，周孔舊寓，不能闡弘德政，恢崇

【一三】籩柉禁壺　「壺」字原缺，據《金薤琳琅》卷三、《闕里文獻考》卷三十三補。缺字《闕里志》卷九作「遘」。

【一四】皇戲統華胥　「皇戲」原作「虧」，據《闕里文獻考》卷三十三、《全上古三代秦漢三國六朝文·全後漢文》卷九十九改。

【一五】孔制元孝　「制」字原缺，據《闕里志》卷九、《東漢文紀》卷二十八補。

【一六】期五百載　「百」原作「日」，據原碑改。

【一七】復聖二族　「二」原作「之」，據原碑改。

【一八】出誠造更　「更」字原缺，據《金石存》卷六補。

【一九】漆不水解　「漆」字原缺，據《金薤琳琅》卷三補。

壹變，夙夜憂怖，累息屏營。臣晨頓首頓首，死罪死罪。臣以建寧元年到官，行秋享，飲酒泮宮，畢，復禮孔子宅，拜謁神坐，仰瞻榱桷，俯視几筵，靈所馮依，肅肅猶存，而無公出酒脯之祠。臣即自以奉錢，修上案食醊具，以叙小節，不敢空謁。臣伏念孔子，乾坤所挺，西狩獲麟，爲漢制作。故《孝經援神契》曰：「玄丘制命帝卯行。」又《尚書考靈燿》曰：「丘生倉際，觸期稽度，爲赤制。」故作《春秋》，以明文命，綴紀撰書，修定禮儀。臣以爲素王稽古，德亞皇代，雖有褒成世享之封，四時來祭，畢即歸國。臣伏見臨辟雍日，祠孔子以太牢，長吏備爵，所以尊先師重教化也。夫封土爲社，立稷而祀，皆爲百姓興利除害，以祈豐穰。《月令》：祀百辟卿士有益於民。矧乃孔子，玄德焕炳，光于上下，而本國舊居，復禮之日，闕而不祀，誠朝廷聖恩所宜特加。臣寢息耿耿，情所思惟，臣輒依社稷出王家穀，春秋行禮，以共禋祀，餘胙賜先生執事【二五】。臣晨頓首頓首，死罪死罪。臣盡力思惟，庶政報稱，爲效增異，輒上。臣晨誠惶誠恐，頓首頓首，死罪死罪，上尚書。時副言太傅、太尉、司徒、司空、大司農府，治所部從事府。昔在仲尼，汁光之精。大帝所挺，顔母毓靈。承弊遭衰，黑不代倉，轗環應聘【二六】，嘆鳳不臻。自衛反魯，養徒三千。獲麟趣作，端門見徵。血書著紀，黄玉響應。主爲漢制，道審可行。乃作《春秋》，復演《孝經》。删定六藝，象與天談。鈎《河》擿《洛》，却揆未然。魏魏蕩蕩，與乾比崇。

【二〇】水通流注　「流」字原缺，據《闕里志》卷九、《東漢文紀》卷二十八補。

【二一】永享秊壽　「秊」原作「年」，據原碑改。

【二二】上極華紫　「華紫」二字原缺，據《東漢文紀》卷二十八補。

【二三】標題中「孔」字據碑當作「史」。

【二四】七日己酉　「七」原作「二十」，據原碑改。

【二五】餘胙賜先生執事　「胙」字原缺，據《闕里文獻考》卷三十三、《東漢文紀》卷二十九補。

【二六】轗環應聘　「轗」字原缺，「環」原作「不」，據《東漢文紀》卷二十九改。

魏碑二

魏黄初元年制命二十一世孫羡爲崇聖侯奉家祀碑【二七】

維黄初元年，大魏受命，胤軒轅之高蹤，紹虞氏之遐統。應歷數以改物，揚仁風以作教。於是輯五瑞，班宗彝，鈞衡石，同度量，秩群祀於無文，順天時以布化。既乃緝熙聖緒，昭顯上世，追存二代三恪之禮，兼紹宣尼褒成之後【二八】。以魯縣百户，命孔子二十一世孫奉議郎孔羡爲崇聖侯，以奉孔子之祀。制詔三公曰：「昔仲尼負大聖之才【二九】，懷帝王之器，當衰周之末，而無受命之運。在魯衛之朝，教化乎洙泗之上，栖栖焉，皇皇焉，欲屈己以存道，貶身以救世。於是王公終莫能用，乃退考五代之禮，修素王之事，因魯史而制《春秋》，就太師而正《雅》《頌》。俾千載之後，莫不宗其文以述作，仰其聖以成謀。咨！可謂命世大聖，億載之師表者已。遭天下大亂，百祀墮壞。舊居之廟，毁而不修；褒成之後，絶而莫繼。闕里不聞講誦之聲，四時不睹蒸嘗之位。斯豈所謂崇化報功，盛德百世必祀者哉？嗟乎！朕甚閔焉。其以奉議郎孔羡爲崇聖侯，邑百户，奉孔子之祀。令魯郡修起舊廟，置百户吏卒以守衛之。又於其外，廣爲屋宇，以居學者。」於是魯之父老、諸生、遊士，睹廟堂之始復，觀俎豆之初設，嘉聖靈於仿佛，想真祥之來集，乃慨然而嘆曰：大道衰廢，禮學滅絶，三十餘年。皇上懷仁聖之懿德，兼二儀之化育，廣大包於無方，淵深淪於不測【三〇】。故自受命以來，天人咸和，神氣烟熅。嘉瑞踵武，休徵屢臻。殊俗

【二七】據後文「乃建宗聖」句，標題中「崇聖侯」當作「宗聖侯」，後文皆如此。

【二八】兼紹宣尼褒成之後　「褒成」原缺，據《闕里文獻考》卷三十三、《全上古三代秦漢三國六朝文·全三國文》卷十七補。

【二九】昔仲尼負大聖之才　「負」原作「姿」，據嘉靖《山東通志》卷三十八改。

【三〇】淵深淪於不測　「淵深」二字原缺，據《闕里志》卷九、嘉靖《山東通志》卷三十八補。

【三一】允神明之所福祚　「允」原作「况」，「祚」原作「作」，據《隸釋》卷十九改。

解編髮而慕義，遐夷越險阻而來賓。雖大皓游龍以君世，虞氏儀鳳以臨民，伯禹命玄宮而爲夏后，西伯由歧社而爲周文，尚何足稱於大魏哉？若乃紹繼微絶，興修廢官，疇咨稽古，崇配乾坤。允神明之所福祚【三一】，宇内之所歡欣也【三二】，豈徒魯邦而已哉？爾乃感殷人路寢之義，嘉先民泮宫之事，以爲高宗、僖公，蓋嗣世之王，諸侯之國耳，猶著德於三頌【三三】，騰聲於千載。況今聖皇肇造區夏，創業垂統。受命之日，曾未下輿，而褒美大聖，隆化如此，能無頌乎？乃作頌曰：「煌煌大魏，受命溥將。繼體黄虞，含夏包商。降鑒下土，廓清三光【三四】，群祀咸秩，靡事不綱。嘉彼玄聖，有邈其靈，遭世霿亂，莫顯其榮。褒成既絶【三五】，寢廟斯傾。闕里蕭條，靡歆靡馨。我皇悼之，尋其世武，乃建宗聖，以紹厥後。修復舊堂，豐其甍宇，莘莘學徒，爰居爰處。王教既新，群小遄沮，魯道以興，永作憲矩。洪聲豈假，神祇來和，休徵雜遝，瑞我邦家。内光區域，外被荒遐，殊方重譯【三六】，搏拊揚歌。於赫四聖，運世應期，仲尼既没，文亦在兹。彬彬我后，越而五之，垂于億載【三七】，如山之基！」

魏陳思王曹植詞，梁鵠書。

東魏興和二年兗州刺史李珽修孔子廟碑【三八】

粤若稽古，睿后欽明文思，衡宰邁德丕顯，九功咸事，故能庸勛親賢，官方式叙。惟大魏徙鄴之五載，皇帝興和之元年，天官次咨【三九】，寅賓出日，實惟濟岱。宣風敷化，義屬

【三二】宇内之所歡欣也　「歡」原作「觀」，「也」原作「色」，據《隸釋》卷十九改。

【三三】猶著德於三頌　「三」字原缺，據嘉靖《山東通志》卷三十八補。缺字《隸釋》卷十九作「名」。

【三四】廓清三光　「廓」字原缺，據《闕里志》卷九、嘉靖《山東通志》卷三十八補。

【三五】褒成既絶　「既」字原缺，據《闕里志》卷九、嘉靖《山東通志》卷三十八補。

【三六】殊方重譯　「重譯」原缺，據《隸釋》卷十九補。缺字嘉靖《山東通志》卷三十八作「慕義」。

【三七】垂于億載　「垂」字原缺，據嘉靖《山東通志》卷三十八補。

【三八】據文後落款及各家著録，標題中「興和二年」當作「興和三年」。

【三九】

皇帝興和之元年天官次咨　「帝」「官次」原缺，據《闕里志》卷九補。

【四〇】

剋振斯文乃制□詔册拜我郡公……諸軍事　「振斯文乃」四字原作小字夾注「磨滅四字」，「□詔册拜」四字原作小字夾注「磨滅四字」，據《全上古三代秦漢三國六朝文·全後魏文》卷五十八改。

【四一】

其先帝高陽之苗裔　「之苗裔」原缺，據《全上古三代秦漢三國六朝文·全後魏文》卷五十八補。

【四二】

左車之綿緒　「緒」字原作小字夾注「御名下字」，據《闕里文獻考》卷三十三、《全上古三代秦漢三國六朝文·全後魏文》卷五十八改。

【四三】

仍歷兖郡功曹　「歷兖郡功曹」五字原作小字夾注「磨滅五字」，據《闕里文獻考》卷三十三改。

英良。以君理思優敏，實惟舊德，昇朝收民，物望斯允。必能弦歌鄒魯，剋振斯文，乃制□詔册，拜我郡公使持節都督兖州諸軍事【四〇】、車騎大將軍、當州大都督、兖州刺史，姓李，諱珽，字仲琁，趙國柏仁人也。其先帝高陽之苗裔【四一】，柱史之胤，左車之綿緒【四二】，瑶光休彩，赫奕於上齡；若水嘉祥，葓蔬於季葉。君以資解褐奉朝請，俄除定州平北府法曹參軍，仍歷兖郡功曹【四三】，諮議參軍事，定、相、瀛三州長史，東郡、汲郡、恒農三郡太守，司徒左長史，中散太中大夫，營構都將，瀛、兖二州刺史。所在恩□，遺訓在民。夫椒桂易地而貞馥不移【四四】，君鳳舉雲翔，風期如一，斯實天懷直置，妙與神同。悒然不樂，思仁未深，刑平惠和，詎爲淳懿□崇階貴寵之榮，奕葉重光之貴【四五】，氣韻優峻之奇，政績緝熙之美。既備於史，傳與清頌，故不復詳載焉。君神懷疏爽，風度絶人，學業與淵源并深，趣操與寒松俱秀【四六】。故其隸兖部也，當未浹旬，言覲孔廟，肅恭致誠，敬神如在。遂軔車曲阜，飲馬沂流，周遊眺覽，尚想伊人。□□□然有磨滅四字意，乃命工人，修建容像。孔子曰：「從我於陳蔡者，皆不得及門也。」因歷叙其才，以爲四科之目，生既見從，没若之何？故顔氏庶幾，著繫於《易》辭【四七】。「起予者商」，紛淪於文誥。是則聖人之道，須輔佐而成。故曰：吾有由也，惡言不聞於耳。所以雕塑十子，侍於其側【四八】。令於設象聖容，仍奉進儒冠於諸徒【四九】，亦青矜青領。雖逝者如斯，風霜驟謝，而淪姿舊訓，曖似還新。至如廟宇凝静，靈姿嚴麗，世代之隔，以逾七百之遠，□不能出

【四四】所在恩□遺訓在民夫椒桂易地而貞馥不移　「遺」字原缺，「民夫椒桂」原作小字夾注「磨滅四字」，據《全上古三代秦漢三國六朝文·全後魏文》卷五十八改。

【四五】詎爲淳懿□崇階貴寵之榮奕葉重光之貴　「懿□崇階貴寵之榮奕」原作小字夾注「磨滅十字」，據雍正《山東通志》卷十一改。

【四六】學業與淵源并深趣操與寒松俱秀　「與淵」「與」原缺，據《闕里志》卷九補。

【四七】没若之何故顔氏庶幾著繫於易辭　「若之何故顔氏庶幾著繫」等字原作小字夾注「磨滅一十一字」，據雍正《山東通志》卷十一改。

【四八】所以雕塑十子侍於其側　「塑」原作「素」，「十子侍於」四字原作小字夾注「磨滅四字」，據雍正《山東通志》卷十一改。

【五〇】。夫道繫於人，人亡則道隱，斯大義以之而乖，微言以之而絶。今聖容肅穆，二五成行，丹素陸離，清光輝映，但覩其微笑而不言【五一】，左右若承顔而受業。是以觀之者莫不忻忻焉，有入室登堂之想，斯亦化行乎一隅也【五二】。天誕聖哲，作民師表，故休風流闕里【五三】，播洙泗。至於嘆鳳鳥之寂寥，傷《河圖》之莫出，屢應聘而不遇，知道德之不行，乃正雅、頌，修《春秋》，刊理六經，懸諸日月，載之册籍，莫不得其道以述作【五四】，服其訓以成身，兹可謂開闢之儒聖【五五】，無窮之文宗者矣。此地古號曲阜，是唯魯都。雖宫觀荒毁，臺池蕪没，然其廟庭也，蔚叢林於九冬【五六】，罩修柯於百仞。類神栝之侵漢，同梧宫之巨圍。至夫鴻隨秋下，則月秀霜枝；燕逐春來，而風開翠葉。既足以丕壯觀【五七】，亦足以安樂聖靈，是以無代不加修繕，譓億載以寧神。君清明在躬，精思入微，功被人神，德貫幽顯。豈唯營飾宣質。經創賢容，如虔修岱像【五八】，崇奉玄宗。敦素翦華，興存廢絶。視民如傷，躋之仁壽【五九】。體士懷以幽詢，任萬物以爲心。直靈津孤灑，虚光獨散者。夫一月之明【六〇】，可影百川；一人之鑒，縱横萬趣。爰自刺舉，未或斯同。然丹青所以圖盛迹，金石所以刊不朽，文章不鐫【六一】，珉瑶焉述？府州佐令士民等略序義目【六二】，樹碑廟庭，俾後來君子知功業之若斯焉。乃作頌曰：

二儀肇判，人倫攸舉，邈邈玄王，誕兹聖嗣。祖述堯舜【六三】，憲章文武，聲溢九天，化覃八宇。祖習儒光【六四】，窮神盡妙，化覃伊何？□□存教【六五】。□同麗景，搏天孤昭。無異岱宗，巖巖特峭。重山隱竇，深霞秘暉，在哀之葉，自衛言歸。德生於予，文實在茲。彝倫禮樂，剋叙書詩。獲麟驚異【六六】，灰管流氣。良木其頹【六七】，緬逾千祀。以存恕仁【六八】，允諸靈意，不有伊人，孰云修置。惟君體道，布政優優。白鳩巢室，赤雀栖樓。禮罔不備，智無不周。器冠後哲，風邁前修。既繕孔像，復立十賢，誠兼岱宇，勤盡重玄。仰聖儀之焕爛，嘉鴻業之嬋聯。長無絶兮終古，永萬億兮斯年！

興和三年十二月十一日訖功。

齊碑一

乾明元年隸書碑

磨滅不可讀。

隋碑一

大業七年曲阜縣令陳叔毅修廟記

若夫惟道惟德，或仁或義，既漸散於英華，遂崩淪於禮樂。天生大聖，是曰宣尼。雖有制作之才，而無帝王之位。膺期命世，塞厄補空，述萬代之典謨，爲百王之師表。始於漢魏，爰逮周齊，歷代追封，秉圭不絶。我大隋炎靈啓運，翼下降生，繼大庭之高蹤，紹唐帝之遐統。憲章古昔，禮樂惟新。偃伯修文，尊儒重學，以孔子三十二世孫前太子舍人吴郡主簿嗣哲，封紹聖侯。皇上萬機在慮，兆庶貽憂，妙簡才能，委之邑宰於此。周公餘化，

【四九】令於設象聖容仍奉進儒冠於諸徒　「設象聖容仍」五字原作小字夾注「磨滅四字」，據雍正《山東通志》卷十一改。

【五〇】世代之隔以逾七百之遠□不能出　「世代之隔」原作小字夾注「磨滅五字」，「百之遠□」原作小字夾注「磨滅四字」，據雍正《山東通志》卷十一改。

【五一】清光輝映但覩其微笑而不言　「清光輝映但覩其」原作小字夾注「磨滅七字」，「不」字原缺，據雍正《山東通志》卷十一改。

【五二】斯亦化行乎一隅也　「行乎」二字原缺，據雍正《山東通志》卷十一補。

【五三】作民師表故休風流闕里　「表故休風流」原作小字夾注「磨滅五字」，據雍正《山東通志》卷十一改。

惟待一變之期；夫子遺風，自爲百王之則。禮儀舊俗，餘何足云？用能奉天旨，敬先師，勸孔宗，修靈廟，即曲阜陳明府其人也。明府，名叔毅，字子嚴，潁川許昌人。昔堯之禪舜，實釐女於有虞；周室封陳，亦配姬於嬀汭。漢右丞相建六奇之深謀，魏大司空開九品之清議。明府即陳氏高祖武帝之孫，高宗孝宣帝之子。至如永嘉分國，代歷五朝，郭璞有言，年終三百。皇朝大統，天下一家，爲咸陽之布衣，實南國之王子。於是游情庭宇，削迹市朝，砥礪身心，揣摩道藝。策府蘭臺之秘籍，雕蟲刻鶴之文章，莫不成誦在心，借書於手，金科玉條之刑法【六九】，桐囚木吏之奸情，一見仍知，片言能折。所謂江珠匿曜，時虧滿月之明；越劍潛光，每動衝星之氣。爰降詔書，乃除曲阜縣令，風威遠至，禮教大行。政術始臨，奸豪屏息。抑强扶弱，分富恤貧，部内清和，民無疾苦。重以德之所感，霜雹無灾；化之所行，馬牛不繫。鯤魚夜放，早彰溉釜之篇；乳雉朝馴，自入鳴琴之曲。遠嗤龐統，不任百里之才；俯笑陶潛，忽輕五斗之俸。於是官曹無事，囹圄常空，接士迎賓，登臨游賞。覩泮水而思歌，尋靈光而想賦。加以祗虔聖道，敬致明神，粉壁椒塗，丹楹刻桷，可謂神之所至，無所不爲。振百代之嘉聲，作千城之稱首。敬鐫金石之文，永同天地之固。其詞曰：

皇非常道，帝實無爲。時澆俗薄，樸散淳離。世道交喪，仁義爭馳。《書》亡《詩》逸，禮壞樂虧。降生大聖，再修墳史。積善餘德，追崇不已。於穆大隋，明命天子。新開

【五四】載之册籍莫不得其道以述作　「册籍」「道」三字原缺，據雍正《山東通志》卷十一補。

【五五】兹可謂開闢之儒聖　「兹」原作「咨」，據雍正《山東通志》卷十一改。

【五六】蔚叢林於九冬　「叢」字原缺，據雍正《山東通志》卷十一補。

【五七】既足以丕壯觀　「足以丕壯觀」五字原作小字夾注「磨滅五字」，據雍正《山東通志》卷十一改。

【五八】經創賢容如虔修岱像　「賢容」二字原作小字夾注「磨滅七字」，「修」字原缺，據雍正《山東通志》卷十一改。

【五九】躋之仁壽　「躋」字原缺，據雍正《山東通志》卷十一補。

【六〇】夫一月之明　「夫」字原缺，據雍正《山東通志》卷十一補。

紹聖，重光闕里。伊我陳君，清德遠聞。温温玉潤，苾苾蘭芬。淵才亮美，拔類超群。時逢上聖，以我爲令。導之以德，行之以政。用此一心，能和百姓。子還名賈，兒多字鄭。奸雄竄伏，賦役平均。心居儉素，志守清貧。魚生入釜，雀瑞來臻。寢廟孔碩，靈祠赫弈。圓淵方井，綺窗畫壁。因頌成功，遂歌美績。共弊穹壤，永固金石。

大隋大業七年辛未歲七月甲申朔，二日乙酉，濟州秀才，前汝南郡主簿仲孝俊作文，孔子三十一世孫孔長名，三十四世孫孔子嘆□□□。

唐碑十四

大唐贈泰師魯國孔宣公碑

秘書少監通事舍人内供奉臣崔行功奉敕撰文。

奉敕直秘書行秘省書學博士臣孫師範書。

臣聞形氣肇分，宗匠之塗遂廣；性情已著，名教之理攸興。是故雕刻爲妙物之先，粉澤成真宰之用。若其聃語棄智，則聖非攘臂之端；莊寄齊諧，則禮必因心之範。雖九流争長，百家競逐，而宗旨所歸，典墳攸係【七〇】。夫軒犧已謝，子姒迭微；步驟殊方，質文異轍。及流獒起譟，箕服傳訞；憲章版蕩，風雅淪喪。然而千齡接聖，崇朝可期；五百見賢，伐柯未遠。粤惟上哲，降生圮運。理接化先，德充造物。財成教義，彌綸之迹已周；組織心靈，範圍之功且峻。利仁以濟幽顯，垂訓以霑動植。自嘆起臨川，道窮反袂。西峰

【六一】文章不鐫　「文章」二字原缺，據雍正《山東通志》卷十一補。

【六二】府州佐令士民等略序義目　「佐」字原作小字夾注「磨滅六字」，據雍正《山東通志》卷十一改。

【六三】誕兹聖嗣祖述堯舜　「嗣」原作小字夾注「御名下字」，「述」原作「習」，據雍正《山東通志》卷十一改。

【六四】祖習儒光　「儒光」二字原缺，據雍正《山東通志》卷十一補。

【六五】化覃伊何□□存教　「覃」字原缺，據雍正《山東通志》卷十一補；「教」字原缺，據《全上古三代秦漢三國六朝文·全後魏文》卷五十八補。

【六六】獲麟驚異　「獲麟驚異」四字原作小字夾注「磨滅四字」，據雍正《山東通志》卷十一改。

琰玉，幾爈蒼山；東野條桑，多塵碧海。屬混元再造，休明一期，雅頌之音復聞，郊禋之禮還緝。跨巢胥之逸軌，邁龍鳥之遐風。瞻白雲而升介丘，翼蒼螭而過沂上。而令千祀之外，典册遂隆；九泉之下，哀榮方縟。斯乃命爲罕説，道不預謀。豈如箕山之魂，空成寂寞；信陵之墓，徒復經過。將知龍蛇之蟄，潛契於天壤；聖智所游，高懸於日月。言之不可極，其唯孔泰師乎！泰師諱丘，字仲尼，魯國鄒人，有殷之苗裔也。分於宋，則孔父嘉爲大司馬。弗父何以國讓其弟厲公，正考父佐戴武宣，而受三命。居於魯，則有防叔、伯夏、叔梁紇。紇生泰師。若夫天命玄鳥，玉筐隆其濬哲；瑞啓白狼，瑶臺繁其錫類。武王覆夏，仍遷象物之金；有客在周，復奏桑林之樂。兹恭喻尸臣之鼎，高讓挹延吴之風，令緒昌源【七一】，焕乎已遠。至如象緯凝質，則傅説、巫咸；嵩華降神，而申伯、吉甫。在於郊臨巨迹，鬱符中野之祥；水帶丘阿，遥均反宇之慶。緼乾坤之精粹，陶陰陽之淑靈。度九圍十，河目海口。放勛、文命，有喻於儀形；子産、皋陶，微詳於具體。孟孫言其將聖，泰宰辯其多能。神關繫表，性與道合。時初冠屨【七二】，已訓魯卿；年未裘裳，先窺周室。猶且學期上達，業遵下問。龍如藏史，或訪禮經；碧淮萇弘，言諮易象。曲臺相圃，廣陳揖讓之容；師摯師襄，屢辯興亡之極。網羅六藝，經緯十倫。加以思入無方，情該至賾。陳庭矢集，懸驗遠飛；季井泉開，冥占幽怪。新萍泛日，能對於楚賓；舊骨淪風，旋訓於越使。藏往知來之際，微妙玄通之旨。不可以龜策求，不可以筌蹄得。及其轡聞曲阜，南

【六七】良木其頽　「頽」字原缺，據雍正《山東通志》卷十一補。

【六八】以存恕仁　「仁」原作「亡」，據雍正《山東通志》卷十一改。

【六九】金科玉條之刑法　「科」原作「作」，據《隋文紀》卷七、雍正《山東通志》卷十一改。

【七〇】典墳攸係　「攸係」原作「取俊」，據《闕里志》卷九、《全唐文》卷一百七十五改。

【七一】令緒昌源　「緒」原作小字夾注「御名下字」，據《闕里志》卷九、《全唐文》卷一百七十五改。

【七二】時初冠屨　「冠」原作「撰」，據雍正《山東通志》卷十一改。

宮展師資之敬；應務中都，西鄰化諸侯之法。冬官效職，五土得其攸宜；秋令克宣，兩觀展其刑政。溝疏墓道，且抑季桓；田歸汶陽，遂凌齊景。尊君卑臣之訓，自家刑國之術，每惆悵於興周，亦留連於韶管。然而高旻不惠，彼日浸微。起哀怨於王風，絶歸飛於鳴鳥。是邦可化，斯道欲行。暖席興憂，問津匪倦。俎豆嘗説，空及三軍之容；季孟有言，不接雙雞之膳。晏平推士，尚或相排；子西讓王，終成見拒。亦有宋朝司馬喬木難休，衛國匡人逆旅焚次。荷蕢微者，翻嗟擊磬之心；儀封細人，潛明木鐸之意。既而在斯興感，用輟栖遑，狂簡斐然，彌嗟穿鑿。旋駿舊館，掃筵闕里，杏壇居寂，緇林地幽。知十稽微，得二承妙，科斗所載，方閲舊文。雎鳩在篇，遍詳雅什。河漢鞉鼓，鏗鏘之響復傳；宗廟衣裳，升降之儀還序。博約無倦，誘喻多方。后稷躬耕，近關厲物；伯夷餒死，猶可激貪。周公其人，則神交於夢想；管仲小器，嘆微之於征伐。信立德立言，泰上謂之不朽；曰仁與義，前哲以之周旋。覆簣爲山，喻天階而不陟；讀《易》無過，假日蝕以鳴謙。茨嶺峒山，寄言於獨善；岐情風御，未涉於通莊。妙臻數極，作侔易簡。是知縫掖乃兼濟之塗，華衮非爲政之要。及其愚智齊泯，椿菌如一。南楚狂狷，舊辯鳳衰；東魯陪臣，奄成麟斃。晨興負杖，知命發於話言；夕寐奠楹，將萎傷其溘慮。崇山化谷，小天下而無由；殞石況星，架大梁而何有？門人議服，俱纏至極之哀；國史制詞，永錫憖遺之誄。及埏深夏屋，樹列遠方，五勝迭遷，六籍無准。席間初闃，已舛微言；入室且分，遄乖大義。秦人蛙沸，遺燼翳然；漢代龍驤，挾書未翦。元封有述，殘缺載陳，甘露嗣踪，搜揚復起。春陵受命，先訪於膠庠；譙郡膺符，多招於文學。逮江馬南度，泉鵝北飛，鴞入環林，鯨銜聖海。有隋交喪，中原翦覆。東序南雍，鞠爲茂草；六樂五禮，皆從煨室。欽若皇唐，肇膺明命，祖武宗文之業，天成地平之勛，圖書因樂推重，干戈由寧亂集。刳舟創浮，芹藻之詩先遠；戎衣初卷，羽籥之節旋興。皇上以聖敬而撫琁圖，文明而膺寶歷。夏啓挹其光兆，姬誦讓其惟清。化入龍沙，風移鯷海，金丘展賮，瓊田薦賝。潛馬飾黄芝之封，浮龜吐緑文之籙。虞庠殷塾，廣賓龙叟，蓬嶺石渠，朋延惇誨。垂衣裳而凝想，虛旒纊以永懷。至於大道浸微，小康遂往。嬴讖紫色【七三】，謬踐云阿，劉風白金，徒遵高里。黄初正始，時多間然；建武永平，業非盡善。而乃作樂崇德，殷薦之禮畢陳；有孚載顒，觀下之訓齊設。肆類群望，孝享之義益隆；歸功三后，尊祖之誠逾切。詔寰中而徵萬玉，譯荒外以召百靈。一茅分茹，雙鶼共羽，翠華遠昇，秸席虛位。上帝儲祉，泰壹有暉，山祇傳聲，海神會氣。九皇之況榮可嗣，三代之闕典還屬。乃使朱鳥翔日【七四】，蒼威戒路，七萃騰景，八鸞鏘風。過大庭以省方，掩洙上而觀藝。宴居莫辨，祠堂巋然。見馬鬣於荒墳，識槐檀於古燧。嘆重泉之可作，聞盛德而必祀。言敷典訓，廣命杍材，贈以泰師，式旌幽壤。改製神宇，是光令德。于時皇唐之御天下四十有九載，即乾封之元年也。攝提貞歲，句茫獻節。兗州都督霍王元軌大啓藩維，肅承綸誥，庀徒揆日，疏閑薙遠。接泮林之舊壝，削靈

【七三】嬴讖紫色　「色」字原缺，據雍正《山東通志》卷十一補。

【七四】乃使朱鳥翔日　「翔」原作「詳」，據雍正《山東通志》卷十一改。

光之前殿。徂來新甫，伐喬木而韻流嚶；岱畎泗濱，采怪石而喧浮磬。赬紫施絢，黝黛飛文。沓栱重櫨，春窗秋幌。陰櫚積霧，複閣懷煙，几仍度室，席遵函丈。壽宮詹然，晬容有穆。至如襄城有訪，七聖接其騑驂；汾水言游，四子冥其衡軛。將謂布衣黃屋，名器則殊，卷領素王，感召宜一。顏子侍側，似發農山之談；季路承間，如興浮海之説。西華東帶，尚以要賓；言偃裼裘，猶爲得禮。避席延其不敏，捨瑟眷其幽情。共列升堂，齊參睹奧，歲時蘋藻，復雜昌蒲。平日弦歌，還聞絲竹，皇儲一德，聿隆三善。博望邀裾，肅成講義。發揮鎔造，幽贊事業。而以周穆之觴王母，尚勤西弇；漢帝之展稷丘，因書東嶽。遂乃思建隆碣，上聞天扆，言由國本，理會沖情。副震宮之德聲，命芸閣以紬頌。玄堂闢兮神靈僾，揚教思兮兩儀配。煽皇綱兮融帝載，堯可履兮舜爲佩。晝而明兮夜而晦，于嗟業兮麗萬代。其詞曰：

赫赫上帝，悠悠天造。神集鴻名，聖居大寶。循性稱教，率性爲道。政若鎔金，化侔偃草。爻畫先起，律呂創陳。禮節天地，樂和人神。成期用簡，業尚日新。縡無聲臭，騭有彝倫。水火朝變，憲章時革。周廟傷禾，殷墟悲麥。褒艷紕雅，嬴荷淪賾。散亂記言，支離方册。自天生德，由縱成能。賓筵恪嗣，銘鼎家承。躋龍運舛，振鐸冥膺。闕典攸緝，斯文載興。廣訓三千，遍干七十。歷階東會，藏書西入。楚將分社，齊聞與邑。接輿自狂，長沮空執。在智伊妙，惟神乃幾。羊因魯觸，鳥向陳飛。那傳頌管，編照書韋。卜商承絢，顔子參微。堯則不追，昌亦遂往。名教潛發，心靈泛奬。德配乾坤，業暉辰象。麟悴遥泣，山隤夐仰。三統昌日，千齡聖期。禋宗有昊，展禮崇基。覲宣時邁，神緘孝思。絳螭承虵，翠鳳翻旗。上浮龜蒙，遥集鄒魯。翹勤真迹，惆悵今古。舊壁迷字，荒墳翳斧。綸賁宗師，詔緝靈宇。虹梁野構，翬翼林舒。雕櫳繡桷，圓井方疏。沂童浴早，泮鳥鳴初。俎豆蠲潔，丹青藹如。墨撿前踪，莊放遺轍。於昭遐訓，允歸聖烈。肅穆仁祠，陰况像設。隨四序以潛運，懸三光而不跌。

上碑陰，大唐武德九年十二月二十九日下太宗文武聖皇帝詔曰：「宣尼以大聖之德，天縱多能，王道藉以裁成，人倫資其教義，故孟軻稱『生人以來，一人而已』。自漢氏馭歷，魏室分區，爰及晉朝，暨于隋代，咸相崇尚，用存享祀。朕欽若前王，憲章故實，親師宗聖，是所庶幾。存亡繼絶，抑惟通典。可立孔子後爲褒聖侯，以隋故紹聖侯孔嗣哲嫡子德倫爲嗣，主者施行。」皇帝以乾封元年正月二十四日下詔曰：「朕聞德契機神，盛烈光于後代；化成天地，玄功被於庶物。魯大司寇宣尼父孔丘，資大聖之材，屬衰周之末，思欲屈己濟俗，弘道佐時，應聘周流，莫能見用。想乘桴以永嘆，因獲麟而興感。於是垂素王之雅則，正魯史之繁文。播鴻業於一時，昭景化於千祀。朕嗣膺寶歷，祗奉睿圖。憲章前王，規矩先聖。崇至公於海内，行大道於天下。遂得八表乂安，兩儀交泰，功成化洽，禮備樂和。展采東巡，回輿西土，塗經兹境，撫事興懷。駐蹕荒區，願爲師友。瞻望幽墓，思承格言。雖宴寢荒蕪，餘基尚在；靈廟虚寂，徽烈猶存。孟軻曰：自生民以來，未有若孔子者也！微禹之嘆既深，褒崇之道宜峻。可追贈太師。庶年代雖遠，式範令圖。景業惟新，儀刑茂實。其廟宇制度卑陋，宜更加修造，仍令三品一人，以少牢致祭。褒聖侯德倫，既承胤嗣，有異常流。其子孫并宜免賦役，主者施行。」右，皇太子弘表稱：「臣聞周師東邁，商閭延降軾之榮；漢蹕西旋，夷門致抱關之想。况泣麟曾躅，歌鳳遥芬，被縟禮於昌辰，飾殊榮於穹壤者？伏惟皇帝陛下，資靈統極，禀粹登樞。乃聖乃神，體陰陽而不宰；無爲無事，均雨露之莫私。六符薦而泰階平，百寶臻而天祚永。靈臺所以偃伯，延閣由其增絢【七五】。尚齒尊賢，邁鴻名於萬古；興亡繼絶，騰峻軌於千齡。大矣哉！茂實英聲，固無得而稱矣！日者封金岱畎，會玉梁陰，路指沂川，塗經闕里。迴鑾駐蹕，式監唐禹之姿，闕纊凝旒，載想温良之德。於是特紆宸涣，贈以太師，爰命重臣，申其奠醊。廟堂卑陋，重遺修營。褒聖侯德倫子孫，咸蠲賦役。臣恩均扈從，迹濫撫軍。舊烈遺塵，躬陪瞻眺；雩壇相圃，欣覿前聞。又昔歲承恩，齒胄膠塾。歷觀軒屏，具到門徒。想仁孝於顔曾，彌深景慕；采風猷於竹帛，冀啓顓蒙。所以輕敢陳聞，庶加褒贈。天慈下濟，無隔異時。咸登師保，式光泉夜，敢以前恩，重兹干請。竊謂宣尼之廟，重闡規摹，桂奠蘭羞，永傳終古。崇班峻禮，式賁幽埏，而翠琰莫題，言猷靡暢。訪諸故實，有所未周。且將聖自天，惟幾應物，拯人倫於已墜，甄禮樂於既傾。祖述勛華，三千勵其鑽仰；憲章文武，億兆

【七五】延閣由其增絢　「閣」原作「閤」，據《五禮通考》卷一百二十一、《全唐文》卷九十九改。

遵其藏用。豈可使汾川遺碣，獨擅於無慙；峴岫餘文，孤標於墮淚。伏見前件孔廟營構畢功，峻業曾徽，事資刊勒，敢希鴻澤，令樹一碑。但遼海清夷，久無徵發【七六】，山東豐稔，時逾恒歲。况鄒魯舊邦，儒教所起，刊勒之費，未足爲多。許其子來，不日便就。乞特矜照，遂此愚誠。臣識昧恒規，言慙通理，塵黷聽覽，追增悚戰。」敕旨依請。維乾封元年歲次景寅，二月戊戌朔，二日己亥，皇帝遣司稼正卿扶餘隆，以少牢之奠，致祭先聖孔宣父之靈。惟神玉鈎陳貺，靈開四肘之源；金鼐流禎，慶傳三命之範。神資越誕，授山岳以騰英；天縱攸高，蘊河海而標狀。折衷六藝【七七】，宣創九流，睿乃生知，靈非外奬。於是考三古，褒一言，刊典謨，定風什，莊敬之容畢備，鍾鼓之音載和。父子爰親，君臣以穆，蕩乎涣乎！樂正雅頌，各得其所，可不謂至聖矣夫！朕以寡德，嗣膺神器，式崇祇配，展義云亭。感周禮之尚存，悲素王之獨往。杼軸洙泗，如抱清瀾。留連舞雩，似開金奏。昌門曳練，徒有生芻之疑；漠曲移舟，非復祥萍之實。慨然不已，爰贈太師。堂宇卑陋，仍令修造。褒聖子孫，合門勿事。庶能不遺百代，助損益之可知；永鑑千年，同比肩而爲友。聿陳菲奠，用旌無朽。梅曙霞粱，松春月牖，德音暢而無斁，形神忽其將久。儻弗昧於生前，亦知榮於身後！尚饗。

儀鳳二年七月訖功。

【七六】但遼海清夷久無徵發　「但」原作「伹」，「久」字原缺，「徵」原作「致」，據《五禮通考》卷一百二十一改。

【七七】折衷六藝　「衷」原作「哀」，據《闕里志》卷八、《闕里文獻考》卷十七改。

卷第十一

開元七年孔子廟碑

嘗觀元化陰藏，上帝玄造。雖道遠不際，而運行有符。揚榷大柢，宣考神用，建人統之可復，補天秩之將頹，其揆一也。昔者蚩尤怙賊，厥弟驕兵，巨力多徒，合緒連禍，則黄帝與聖，首出群龍。推下濟以君人，儆勤略以戡亂。逮至横流方割，包山其沓，轉死爲魚，鮮食不粒，則堯禹并迹，扶振隱憂，道百川，康四國。粤若殷禮缺，周德微，宋公用鄫，楚子問鼎，則夫子卓立，燦然成章，闢邦家之正門，播今昔之彜憲。此天所以不言而成化，聖所以有開而必先，其若是也。故夫子之道，消息乎兩儀；夫子之德，經營乎三代。豈徒小説，蓋有異聞。夫亭之者莫如天，藉之者莫如地，教之者莫如夫子。且沐其亭而不識其道，則不如勿生，苟其藉而不由其德，則不如勿運，固曰消息乎兩儀者也。夫博之者莫如文，約之者莫如禮，行之者莫如夫子。且會其文而不揚其業，則不如勿傳；經其禮而不啓其致，則不如勿學。上代有以焯序，中代有以宗師，後代有以丕訓，固曰經營乎三代者也。意虞舜之美，不必至是，贊而大者，進聖君也；夏桀之惡不必至是，擠而毀者，激庸主也；伊尹之忠，不必至是，演而數者，勉誠節也；趙盾之逆，不必至是，抑而書者，誅賊臣也。

至若論慈廣孝，輔仁寵義，職此之由。於是君臣之位序，父子之道明，交朋之事興，夫婦之倫得。雖朗日開覺，膏雨潤黷，和風清扇，安足喻哉！借如九皇繼統而政醇，七聖同年而道合，雖事業廣運，偕理濟一時，未有薄游大夫，僻居下國，德敷既往，言滿方來。廟食列邦，不假手於後續；君長萬葉，畢歸心於素王。若此之盛。是以騰跨百辟，孤絶一人，曷成名可稱，取興爲大者已。我國家儒教浹宇，文思戾天，伸吏曹以追尊，逮禮官以崇祀。侯褒聖於人爵，尸奠享於國庠。是用大起學流，錫類孝行。敦悅施於方國，光復彌於胤宗。三十五代孫嗣褒成侯璲之，字藏暉，洎族賢元亨等，或專門碩儒，罔墜于緒；或餘波明準，克揚厥聲。乃相與合而謀曰：夫墟墓之地，禮曰自哀；聽訟之樹，詩云勿翦。一則遇事遺愛，一則感物允懷。矧乎大聖烈風，吾祖鴻美，故國封井，舊居川嶽歟！宜其悚神馳魄，膝行膜拜，陳齋祭，奠嚴祠【一】，樹繚垣以設防，刊豊石以爲表。兖州牧京兆韋君玄珪，王國周親【二】，人才懿德，明啓風績，休有名教。長史河南源晉賓，字光國，賢操孤興，清節特遠【三】，納人以禮，成俗於師。司馬天水狄光昭，字子亮，相門克開，雅道踵武，聞義必立，從事可行。録事參軍東海徐仲連，功曹咸陽蓋寡疑，倉曹太原王道淳、弘農楊萬石，户曹博陵崔少連、弘農楊履玄，兵曹太原王光超、范陽張博望，法曹安定皇甫佺、東海于光彦，主曹滎陽鄭璋，參軍事博陵崔調、扶風竇光訓、河東裴瓚、隴西李紹烈、雁門田公儀，博士南陽樊利貞，曲阜縣令雁門田思昭，丞河間劉思廉，主簿吴興施文尉、清河晏弘楷

【一】奠嚴祠　「奠」原作「首」，據《李北海集》卷三、《文苑英華》卷八百四十六改。

【二】王國周親　「王」字上原衍「字」字，據雍正《山東通志》卷十一删。

【三】清節特遠　「特」原作「相」，據《李北海集》卷三、雍正《山東通志》卷十一改。

等，官序通德，儒林秀士。升堂睹奥，游聖欽風。僉同演成，乃廓經始。其詞曰：

元天陰騭，大明虚鏡，神不利淫，物將與正。凡曰投艱，在此逢聖，呑沙荐虐，軒黄底定。襄陵兆灾，夏禹文命，周道失序，夫子應聘。删《詩》述史，盛禮張樂，雅頌穆清，訓詞昭灼。片言一字，勸美懲惡，誘進後人，啓明先覺。六順勃興，四維偕作，元功濟古，至道納來。首出列聖，席卷群才，大名震曜，廣學天開。蒸嘗不宇，誦習窮垓，帝念居室，以光壽宫。建侯于嗣，環封厥中，孫謀不泯，祖德斯崇。乃刊聖烈，克廣休風。

朝散大夫、使持節渝州諸軍事、守渝州刺史江夏李邕文，正議大夫、使持節宋州諸軍事、守宋州刺史、上柱國范陽張庭珪書。

大唐開元七年，歲在己未，十月乙酉朔，十五日己亥建。

開元二十八年文宣王廟碑

曲阜縣令張之宏撰，郝邕書。

天寶元年兖公頌

張之宏撰，包文該書。

貞元十四年任安謁夫子詩

長慶元年任畹謁先師題名

長慶三年崔濤謁先師言

太和五年李虞題名

太和七年兖州刺史李悦謁夫子文

會昌元年兖州刺史李玭題名

會昌六年兖州刺史高承恭題名

咸通十年兖海節度使曹翔題先聖廟記

咸通十年魯國公修廟記

右鄆曹濮等州觀察使孔温裕奏：「伏以禮樂儒學教化根本，百王取則，千古傳風。國朝弘闡文明，遵尚祀典，不違古制，大振皇猷。今曲阜縣乃魯國故都，文宣廟即素王舊宅，興儒之地，孕聖之邦，所宜廟宇精嚴，禮物具舉。近者以兖州頻年灾歉，都廢修營，徒瞻數仞之墻，纔識兩楹之位。雖春秋無闕於釋奠，而揖讓頗紊於彝章。遂使金石之音，靡聞於肸蠁；俎豆之設，嘗列於荒蕪。聖域儒門，豈宜堙墜？臣忝爲遠裔，叨領重藩。咫尺家鄉，拘限戎鎮。望闕里而無由展敬，瞻廟貌而有願興功。臣今差人賫持料錢，就兖州據廟宇傾毁處，悉令修葺。皆自支費，不擾州縣。所需獲遂幽懇【四】，克申私誠。伏緣兖州非臣本界，須有申奏，伏乞天恩，允臣所請，無任悃迫屏營之至。謹具如前。」中書門下牒：「鄆曹濮觀察使牒奉敕，鄒魯故鄉，俎豆遺教，文武之道，未墜於地。温裕雖持戎律，宛有家風，屬兵車之方殷，飾聖門以弘教。墻新數仞，廟設兩楹。盡出私財，不煩公用。

【四】所需獲遂幽懇 「需」字原缺，據《闕里志》卷十二、《闕里文獻考》卷十二補。

綽有餘裕，益見器能。已賜詔嘉獎，餘宜依□，仍付所司。」牒至准敕。故牒。

咸通十年九月二十八日牒，咸通十一年三月十日建。

新修曲阜縣文宣王廟記【五】

攝鄆曹濮等州館驛巡官鄉貢進士賈防撰。

皇帝御宇之十年，歲在己丑，夫子三十九代孫魯國公節鎮汶陽之三載，秋霜共凜，冬日均和，里閭無桴鼓之聲，耆艾有袴襦之咏，道已清矣，政已成矣。於是瞻故鄉以徘徊，想廟貌而怊悵。乃謂僚佐曰：「伊予聖祖，實號儒宗，英靈始謝於衰周，德教方隆於大漢。爰因舊宅，是構靈祠。粤自國朝，屢加崇飾。文榱繡桷，雖留藻繪之功；日往月來，頗有傾摧之勢。故老動凄凉之思，諸生興嗟嘆之音。今忝鎮東平，幸邇鄉里，雖無由展敬，而敢忘修營。」既而飛章上陳，請以私俸葺飾。由是命工庀事，飾舊加新，浹旬之間，其功乃就。門連歸德，先分數仞之形；殿接靈光，重見獨存之狀。晬容穆若，更表温恭，列侍儼然，如將請益。丹楹對聳，還疑夢奠之時；素壁高標，宛是藏書之後。槐影疏而市晚，杏枝暗而壇孤。不假大夫，幽蘭自滿；無煩太守，刺草全除。稷門之舊業俄興，闕里之清風再起。既可以傳芳萬古，亦可以作範一時。且開闢以來，霸王之道，言其德也，莫逾於湯武；語其功也，無尚於桓文。墳土未乾，而丘壠已平；子孫縱存，而蒸嘗悉絶。夫子無尺寸之地，微一旅之衆，修仁義者取爲規矩，肆强梁者莫不欽崇。生有厄於栖遲，歿居尊於南面。

【五】按此碑原刻，此文與前文當爲一，不應分列兩篇，且本篇賈防記文當在前，前一篇孔温裕牒在後。

而樵蘇莫采，廟貌長存，道德相承，簪裾不絶，則夫子之道，既可彰於積善；魯公之德，實無愧於聿修。防目睹靈踪，躬尋盛績，仰聖姿而如在，嘆休烈而難名。承命紀功，讓不獲已；刻諸貞石，深愧菲才。謹記。

景福二年滅黄巢紀功碑

宋碑十一

太平興國八年重修兖州文宣王廟碑銘并序

起復翰林學士、朝散大夫、尚書都官郎中、知制誥、柱國，賜紫金魚袋臣吕蒙正奉勑撰。

翰林待詔、朝散大夫、少府監丞臣白崇矩奉勑書并篆額。

聖人之興也，能成天下之務，能通天下之志，然亦不能免窮通否泰之數。是故有其位，則聖人之道泰；無其位，則聖人之道否。大哉堯舜禹湯，其有位之聖人乎？我先師夫子，其無位之聖人歟？昔者大道既隱，真風漸漓，有爲之迹雖彰，禪代之風未替。繇是堯舜禹湯苞至聖之德，有其位，故德澤及於兆民。逮乎周室衰微，諸侯强盛，干戈靡戢，黔首疇依？繇是仲尼有至聖之德，無其位，所以道屈於季孟。嗚呼！夫子以天生之德，智足以周乎萬物，道足以濟於天下，而栖遑列國，卒不見用。得非其道至大，而天下莫能容乎？復乃當時之生民不幸乎？向使有其位，用其道，又何止夾谷之會，沮彼齊侯；兩觀之下，誅其正卯？墳羊辯土木之襖，楛矢驗蠻夷之貢。必將恢聖人之道，功濟乎宇宙，澤及於黎庶矣。奚一中都宰，大司寇，可伸其聖道哉？嗟夫！文王没而斯文未喪，時命屯而吾道不行，可爲太息矣。洎乎《河圖》不出，鳳德云衰。爰困蔡以厄陳，遂自衛以返魯。于是删《詩》《書》，贊《易》《象》，因史記，作《春秋》，大旨尊王者而黜霸道，威亂臣而懼賊子。然後損益三代之禮樂，褒貶百王之善惡，蕪而穢者，芟而夷之；紊而亂者，綱而紀之。建末俗之郛郭，垂萬祀之楷則。遂使君臣父子，咸知揖讓之儀；貴賤親疏，皆識等夷之數。功均造物，德被生人，昭昭焉，蕩蕩焉，與日月高懸，天壤不朽者，夫子之道乎！故曰：自生民以來，未有如夫子者也。非夫道尊德貴，惟幾不測，孰能與於此乎！故天下奉其教，尊其像，祠廟相望者，豈徒然哉！自唐季而下，晉漢以還，中原俶擾，宇縣分裂。四郊多壘，鞠爲戰鬥之塲；五岳飛塵，竟以干戈爲務。周雖經營四方，日不暇給；故我素王之道，將墜於地。光闡儒風，屬在昌運。我應運統天睿文英武大聖至明廣孝皇帝纘寶位也，以狥齊之德，兼睿哲之明，揔攬英雄之心，苞括夷夏之地，皇明有赫，聖政日新。解網泣辜，示至仁於天下；侮亡取亂，清大憝於域中。復浙右之土疆，真王匍匐而聽命；伐并汾之堅壘，兇竪倒戈而係頸。戎車一駕，掃千里之襖氛；泰壇再陟，展三代之縟禮。拯亂則吊伐，非所以佳兵也；懲惡則止殺，蓋所以遵法也。然後修禮以撿民迹，播樂以和民心。禮修樂舉，刑清俗阜。尚猶日慎一日，躬決萬機。近甸絶禽荒之娛，後庭無游宴之溺。遂得群生亹亹，但樂於天時；萬彙熙熙，不知乎帝力。信可以高視千古，躪轢百王。謂皇道既以平，華夷又以寧。爾乃凝神太素，端拱穆清。闡希夷之風，詮真如之理。閑則披皇墳而稽帝典，奮睿藻以抒宸章，哲王之能事備矣，太平之鴻業成矣。居一日，乃御便殿，謂侍臣曰：朕嗣位以來，咸秩無文，遍修群祀。金田之列剎崇矣，神仙之靈宇修矣。惟魯之夫子廟堂，未加營葺，闕孰甚焉！况像設庳而不度，堂廡陋而毁頹。觸目荒凉，荆榛勿翦。階序有妨於函丈，屋壁不可以藏書。既非大壯之規，但有巋然之勢。傾圮寖久，民何所觀？上乃鼎新規，革舊制，遣使星而蒇事，募梓匠以僝功。經之營之，厥功告就。觀夫繚垣雲矗，飛簷翼張，重門呀其洞開，層闕鬱其特起。綺疏瞰野，朱檻凌虚，眈眈之邃宇來風，巘巘之雕甍拂漢。迴廊複殿，一變惟新。升其堂，則藻火黼黻昭其度也；登其筵，則豆籩簠簋潔其器也。春秋二仲，上丁佳辰。牢醴在庭，金石在列。侁侁衆賢，以配以侑。凛然生氣，瞻之如在。時或龜山雨霽，岱嶽雲斂。則重櫨疊栱，丹青晃日月之光；龍桷雲楣，金碧焜煙霞之色。輪奂之制，振古莫儔；營繕之功，于今爲盛。繇是公卿庶尹，鴻儒碩生，相與而言曰：凡明君之作事也，不爲無益害有益，必乃除千古之患，興萬世之利。然後納華夷於軌物，致黔首於仁壽。夫子無位立教，化人以文行忠信，敦俗以冠婚喪祭，爲民立防，與世垂範。是以上達君，下至民，用之則昌，不用則亡。我后膺千年而出震，奄六合以爲家。一之日，二之日，訪黎蒸之疾苦；三之日，四之日，辨官材之淑慝。

爾乃修武備，崇文教，輕徭薄賦，興廢繼絶，于是眷我先師，嚴其廟像，棟宇宏壯，僅罕倫比。遂使槐市杏壇之子，競鼓篋以知歸；褒衣博帶之儒，識横經之有所。矧乃不蠹民財，不耗民力，時以農隙，人以悦使。向謂興萬世之利者，斯之謂歟！夫秦修阿房，惟矜土木之麗；楚築章華，但營耳目之玩。何同年而語耶？將勒貞珉，合資鴻筆。臣詞慙體要，學謝大成。彤庭猥厠於英翹，内署繆司於綸誥。頌聖君之德業，雖效游揚；仰夫子之文章，誠慙狂簡。恭承睿旨，謹抒銘曰：「周室衰微兮，諸侯擅權。魯道有蕩兮，禮樂缺然。神降尼丘兮，德鍾于天。挺生夫子兮，喪亂之年。秀帝堯之姿兮，類子産之肩。苞聖人之德兮，稟生知之賢。删《詩》定禮兮，糺謬繩愆。智冥造化兮，功被陶甄。下學上達兮，仁命罕言。將聖多能兮，名事正焉。道比四瀆兮，日月高懸。仰之彌高兮，鑽之彌堅。歷聘諸國兮，陳蔡之間。時不見用兮，吾道迍邅。麟見非應兮，反袂漣漣。梁木其壞兮，嘆彼逝川。王爵疏封兮，衮冕聯翩。百世嗣襲兮，慶及賞延。明明我后兮，化浹無邊。崇彼廟貌兮，其功曲全。高門有閌兮，虚堂八筵。吉日釋菜兮，陳彼豆籩。雕甍盡栱兮，旦暮含煙。海日一照兮，金翠相鮮。帝將東封兮，求福上玄。千乘萬騎兮，轟轟闐闐。謁我新廟兮，周覽蹁蹮。肆覲群后兮，岱宗之前。」

景德三年敕修文宣王廟

中書門下牒京東轉運司，資政殿大學士、尚書兵部侍郎、知通進銀臺司兼門下封駁事王欽若奏：諸道州府軍監文宣王廟多是摧塌，及其中修蓋完葺者，被句當事官員使臣指射作磨勘司推勘院。伏以化俗之方，儒術爲本；訓民之道，庠序居先，況傑出生人，垂範經籍，百王取法，歷代攸宗。苟廟貌之不嚴，即典章而何貴？恭以睿明繼統，禮樂方興，咸秩無文，遍走群望。豈可泮宫遺烈，教父靈祠，頗闕修崇，久成廢業。仍令講誦之地，或爲置對之司。混捶撻於弦歌，亂桎梏於籩豆。殊非尚德，有類戲儒。方大振於素風，望俯頒於明制。欲乞特降敕命指揮，令諸道州府軍監文宣王廟摧毀處，量破倉庫頭子錢修葺。仍令曉示，今後不得占射充磨勘司推勘院，及不得令使臣官員等在廟内居止。所貴時文載耀，學校彌光，克彰鼓篋之聲，用洽舞雩之理。候敕旨牒，奉敕宜令逐路轉運司遍指揮轄下州府軍監，依王欽若所奏施行。牒至准敕，故牒。

景德三年二月十六日牒，刑部侍郎參知政事馮拯，尚書左丞參知政事王旦。

玄聖文宣王贊并引奉敕改謚曰至聖文宣王御製御書并篆額

若夫檢玉介丘，迴輿闕里，緬懷於先聖，躬謁於嚴祠。以爲易俗化民，既仰師於彝訓，宗儒尊道，宜益峻於徽章。增薦崇名，聿陳明祀，思形容於盛德，爰刻鏤於斯文。贊曰：「立言不朽，垂教無疆，昭然令德，偉哉素王！人倫之表，帝道之綱，厥功實茂，其用允臧。升中既畢，盛典載揚，洪名有赫，懿範彌彰。」東封幸林廟等，敕扈從臣寮名姓，并列于碑陰。

大中祥符元年十一月一日，御書院奉敕模勒刻石。

大中祥符二年賜太宗御書監書器物詔碑

兖州仙源縣至聖文宣王廟新建講學堂記

泰寧軍節度行軍司馬、朝散大夫、檢校左散騎常侍、騎都尉、賜紫金魚袋成昂撰。

昂志從師學，觀夫子道，庶幾識其門。因事贊言，當會歸仿佛，是生足矣。假天與幸於百歲，固心無吝於一日也。戊戌秋，迂帝恩允臺中郎就戎典午，卜老東蒙。庚子春，預從御禮，備員亞獻，陪祭于廟。屬中有工，度堂構始，思責新成，俟酬宿願。初，匠事云畢，幾造至極。比求乎一意，何權畜間年，而趨無所得，豈聖道藏密，不可見乎？將大權反合，難爲狀也？幸覽韓公愈《處州碑》曰：天下通祀，惟社稷與孔子焉。然以社稷壇而不屋，取異代佐享，豈如孔子巍然當坐，用王者禮，以門人爲配，自天子已下，北面拜跪，薦祭誠敬，禮如親弟子者。又以自古多有以功德得位而不得常祀，不得位而得常祀者，其祀事皆不如孔子之盛。所爲有生人以來，未有如夫子者，其賢過於堯舜遠者。韓以孟子言其效歟？昂適不得已，但廣明孟意，覬實賢過之言耳。夫道以無用，妙以神名；德涉有動，率以形累。聖人有以見其本、知其末，以無不可以無顯，必因有明；以有不自於有生，必待無造。然有以形爲局有極，無以神用運無窮，蓋神者無不應者也。應設至微，不可以有極測有者，有所係者也。係設至大，不得與無窮稱。若乃無有混融，短長之相取，處無窮以觀有極者窮，窮則理應生變，變則易故爲新，神行而理通。雖復堯舜之應曆有期，文武之卜世有數，將無窮也。居有極以計無窮，無窮者通。通則物或有矜，矜則轉得爲失。形滯而物窮，雖復天地以覆載能常，日月以運行能久，恐有極也。大哉我夫子！貫本末以研幾，持中正而應動，恍惚萬變，優游一致。物當崩壞，我得經緯於後先；理在會通，我得彌綸於終始。斷御群有，用出至無，豈固時來以必位叙，而後伸其道也夫？故以言乎見者莫窺，以言乎作者莫睹。争者見之不得奪，讓者見之不得與。高之者不知其然，抑之者不知其以。舉過不及者進退，賢不肖者跂俯。猗歟！知後之世，侯一方、子百里者，可祭而不可瀆；刑四海、化兆民者，可則而不可侮。爲師之善，盡垂百王；主善之慶，永貽萬古。老氏所云：「善建者不拔，善抱者不脱，子孫祭祀不輟。」斯言至矣，斯言至矣！杜牧亦嘗有言：「自古稱夫子之德，莫如孟子；稱夫子之尊，莫如韓吏部。」昂也愚，敢體神而明之，稱夫子道；乘變而文之，爲《講學堂記》。當耶，當耶！壯哉斯堂也，棟宇崇崇，户牖空空。師席斯正，學人斯同。淵乎玄旨，淡乎素風。云誰有極，極我無窮。

宋景祐四年七月八日重立，承奉郎守將作監主簿孔彦輔篆額。

朝賢送行詩碑

五賢堂記

龍圖閣直學士、給事中、知兖州兼勸農使、管勾景靈宫太極觀、提舉鄆濮等五州兵馬、

【六】非五賢之文不能成正道　「成」字原缺，據《闕里志》卷十五、《闕里文獻考》卷三十四補。

【七】則聖人建大中之道以開泰之　「以」字原缺，據《闕里文獻考》卷三十四補。

魯郡開國侯、賜紫金魚袋道輔撰并書姓孔。

五星所以緯天，五嶽所以鎮地，五賢所以輔聖。萬象雖列，非五星之運不能成歲功；衆山雖廣，非五嶽之大不能成厚德；諸子雖博，非五賢之文不能成正道【六】。繇是三才之理具，萬物之情得。故聖人與天地并，高卑設位，道在其中矣。所以尊君德，安國紀，治天物，立人極，皆斯道也。然天地有否閉，日月有薄食，聖人之道有屯塞。若天地否，則聖人建大中之道以開泰之【七】；苟聖人之道塞，則五賢迭起而輔導之。先聖没當戰伐世，法令、機祥、巫祝之弊亨，楊、墨之迂誕，莊、列之恢詭，窮聖汩常。三騶、孫、田術勝於時，則我聖人大道爲異端破之，不容於世也。而孟、荀繼作，乃述唐虞之業，序仁義道德之原，俾諸子變怪不軌之勢息，聖人之教復振，顧其功甚大矣。後至漢室圮缺，揚子惡諸子以知舛詆訾聖人，獨能懷二帝三王之迹，以譏時著書，以尊大聖。使古道昭昭不泯者，揚之力也。兩漢之後，皇綱弛紊；六代喪亂，文章散靡。妖狂之風，蕩然無革。文中子澄其源，兆興王之運；韓文公制其末，廣遵道之旨。致聖教益光顯，夷夏歸正道，雖諸子譊譟，情惑欲攘其法，戕其教，榛其塗，蕪其説，弗可得已。然賢者違世矯俗，能去難者蓋寡矣。孟不免齊梁之困，臧倉之毁；荀不免齊人之讒，楚國之廢；揚不免劉歆之侮，投閣之患；王不免隋氏之抑，群公之沮；韓不免潮陽之竄，皇甫之譖。其間或譏其作經，或短其修史。彼徒能毁之，弗顧己之弗逮也。達者以爵位爲虚器，太過者人猶嫉之；况抱道德，富仁義，立終古之名，寧無惡乎？天地雖否，無傷於體；日月雖食，無傷於明；聖賢雖困，無損於道。得其時則唐、舜、禹、湯之爲君，皋、夔、伊、呂之爲臣，功濟當世也；非其時則孔聖之無位，五賢之不遇，道行於後世矣。亦猶歲旱則澤之益甘，夕暗則燭之益明，亂則賢者益固，歷代以斯爲難也。孔聖之道否，而五賢振起之。今五賢堙蔽，振之者無聞焉。道輔道不及前哲，而以中正于帝皇，幸不見黜而與進，冀以賢者心，輔於時，躋於古，以兹爲勝矣。方事親，守故國，爲儒者榮。嘗謂伏生之徒，徒以傳訓功，像設於祖堂東西序，而五賢立言，排邪説，翊大道，非諸子能跂及，反不及配，闕孰甚焉！因建堂事，收五賢所著書，圖其儀，叙先儒之時薦，庶幾識者登是堂，觀是像，覽是書，肅然革容，知聖賢之道盡在此矣。

時景祐五年七月十五日重立。景祐元祀，道輔自海陵還守彭城。明年，更此郡，爲五賢建堂立石。今報政之餘，侍膳之暇，復得自書之爾。弟將仕郎將作監主簿彦輔篆額。

致政尚書公祭先聖文

恩慶堂記

創塑二代祖祭文

創塑三代祖祭文

手植檜贊文載《廟中古迹》

金碑四

重建鄆國夫人殿記

先聖之夫人曰并官氏，子孫祀於寢宫舊矣。宋祥符初，既封鄆國，始增大其殿像，季末毁焉。國家皇統九年，始以公錢修復正殿。後八年，又營兩廊，而積羡錢二百萬，將以爲鄆國殿之用，而未給也。大定間，天子留意儒術，建學養士，以風四方，舉遺禮，興廢墜，曠然欲以文致太平。襲封公揔躍然喜曰：「祖庭之復，此其時乎？」乃以殿之規模白有司【八】，而有司吝於出納，乃更破廣爲狹，刻崇爲卑，繇是才得故時羡錢爲殿費。襲封公蹴然曰：「是規模者，豈能稱前殿爲王寢乎？吾獨以奉祀事守林廟爲職，顧不得以專達。雖然，我其可不力？」乃與族祖端修親率廟丁，載斤斧，走東蒙，深入數百里，歷戲險，冒風雨，與役者同其勞，得貞松中椽橑者以千數。又與族兄播市材于費于丞，凡棼櫨、栱桷之屬【九】，皆取足焉。會祖林大槐數十，一旦皆槁死，適可爲楹棟之材，而二百萬者，止足以充瓦甓堊甃與夫梓匠傭直而已。時劉公瑋爲節度副使，實董其役，趙公天倪爲判官。二公廉直而幹，吏不敢撓以私，而襲封公得以盡其力。粤十九年冬，殿成。奉安之日，士庶咸會，顒首聚觀，邦人族戚更贊迭助，父老嗟嘆，至或感泣，以爲復見太平之舉也。於是襲封公以書走京師，屬懷英爲之記。懷英懶惰多故，未暇作也。居逾年，襲封公被召至闕下，未幾，得以舊爵宰鄉邑。將歸，固索鄙文，則叙其修殿本末，而爲之説曰：嗚呼！聖人

【八】乃以殿之規模白有司　「模」原作「橅」，據《闕里志》卷九、《闕里文獻考》卷三十四改，下文徑改，不出校。

【九】凡棼櫨栱桷之屬　「栱」原作「棋」，據《闕里志》卷九、《闕里文獻考》卷三十四改。

道極中和，而與天地并。有天地，而夫婦之道立。道立，而父子君臣之教達於天下。古先哲王，所以御家邦，風動教化，皆由此始。吾夫子出，著之六經，實綱而紀之，以垂憲百代。故後世推尊以爲人倫之首，而闕里舊宅，四方於是觀禮。然則所謂作合聖靈者，其奉事之禮，安可以不稱？今夫浮屠無夫婦，絶父子，廢人倫，其空言幻惑，且不足以爲教。然貪得而畏死者，奔走敬事，至傾其家貲。非有命令賦之也，而其雄樓傑閣，窮極侈靡，僭越制度，耗蠹齊民，有司者不以禁。而吾夫子之宫，教化所從出，而有司乃以爲不急，一殿之建，至於身履勤苦，然猶積年而僅成，何其難也！嗟乎！夫子萬世之師也。今休明之代，不患其不崇。吾獨惡夫悖人倫者，方起而害名教，故因是殿之役，有以發是言。君歸其并刻之，庶幾貪畏而惑於異端者，知所復焉。

二十一年春正月十有二日，承務郎、應奉翰林文字、同知制誥兼充國史院編修官、武騎尉、賜緋魚袋党懷英記并書。奉政大夫、中都路都轉運支度判官、驍騎尉、賜緋魚袋趙天倪篆額。五十代孫、承務郎、兖州曲阜縣令、襲封衍聖公、管勾先聖祀事、武騎尉、賜緋魚袋摠立石。

金重修至聖文宣王廟碑

翰林學士、朝散大夫、知制誥兼同修國史上護軍、馮翊郡開國侯、食邑一千户、食實封一百户、賜紫金魚袋臣党懷英奉敕撰并書丹篆額。

皇朝誕受天命，累聖相繼，平遼舉宋，合天下爲一家，深仁厚澤，以福斯民。粤自太祖，暨于世宗，撫養生息八十有餘年，庶且富矣，又將教化粹美之。主上紹休祖宗，以潤色洪業爲務。即位以來，留神政機，革其所當革，興其所當興。飭官厲俗，建學養士，詳刑法，議禮樂，舉遺修舊，新美百爲，期與萬方同歸文明之治。以爲興化致理，必本於尊師重道，於是奠謁先聖，以身先之。嘗謂侍臣曰：「昔者夫子立教於洙泗之上，有天下者所當取法。乃今遺祠久不加葺，且其隘陋，不足以稱聖師之居，其有以大作新之。」有司承詔，度材庀工，計所當費，爲錢七萬六千四百餘千。詔并賜之，仍命選擇幹臣，典領其役。役取於軍，匠傭於民。不責亟成，而責以可久。不期示侈，而期於有制。凡爲殿堂、廊廡、門亭、齋厨、黌舍，合三百六十餘楹。位叙有次，像設有儀。表以傑閣，周以崇垣。至于楃座欄楯簾櫎罘罳之屬，隨所宜設，莫不嚴具。三分其役，因舊以完葺者，才居其一，而增創者倍之。蓋經始於明昌二年春，逾年而土木基構成，越明年而髹漆彩繪成。先是，群弟子及先儒像盡於兩廡，既又以捏素易之。又明年而衆功皆畢，罔有遺制焉。上既加恩闕里，則又澤及嗣人，以其雖襲公爵，而官職未稱，與夫祭祀之儀不備，特命自五十一代孫元措首階中議大夫，職視四品，兼世宰曲阜。六年，又以祭服祭樂爲賜，遣使策祝以崇成之意告之。方役之興也，有芝生於林域及尼山廟與孔氏家園，凡九本。典役者采圖以聞，且言瑞芝之生，所以表聖德之致。廟成之日，宜有刊紀，敢請并書于石。又廟有層閣，以備庋書，願得賜名，揭諸其上，以觀示四方。詔以奎文名之，而命臣懷英記其事。臣魯人也，杏壇、舊宅，猶能想見其處。今幸以諸生備職藝苑，其可飾固陋之辭，絜楹計工，謹諸歲月而已乎？敢竊叙上之所以褒崇之實，備論而書之，而後系之以銘。臣嘗謂唐虞三代，致治之君，皆相授以道。至周末世，不得其傳，而夫子載六經，以俟後聖。降周訖漢，異端并起，儒墨道德，名法陰陽。分而名家，而以六藝爲經傳章句之學，歸之儒流。不知六藝者，夫子所以傳唐虞三代之道，衆流之所從出，而儒爲之源也。後世偏尚曲聽，沿其流而莫達其本，用其偏而不得其醇，自是歷代治績，常與時政高下。洪惟聖上以天縱之能，典學稽古，游心於唐虞三代之隆，故凡立功建事，必本六經爲正，而取信於夫子之言。夫惟信之者篤，則其尊奉之禮宜其厚歟！臣觀漢魏以來，雖奉祠有封，灑掃有户，給賜有田，禮則修矣，未有如今日之備也。初，廟傍得魯廢池，發取石甃，以爲柱礎扣砌之用。浚井得銅，以爲鋪首浮漚諸飾。繇是省所費錢以千計者，萬四千有奇。方復規畫，爲他日繕治無窮之利，然則非獨今日之新，蓋將愈久而無弊也。銘曰：

維古治時，以道相繼，不得其傳，粤自周季。天生將聖，遭世不綱，垂統六經，以俟後王。六經維何？爲世立道，有王者興，是惟治要。於鑠我皇，聖性自天，玩意稽古，傳所不傳。建學弘文，崇明儒雅，躬禮聖師，率先天下。乃眷闕里，祠宇弗治，矧其舊制，既隘且卑。乃詔有司，乃疏泉府，掄材庀工，衆役具舉。梓人獻技，役夫效功，隘者以閎，卑者以崇。崇焉有制，閎焉惟法，即舊以新，增其十八。植植其正，翼翼其嚴，魯人來思，嘆息仰瞻。魯人有言，惟今非昔，豈伊魯人，四方是式。瞻彼尼山，及其林園，有芝煌煌，表我聖恩。聖恩之隆，施于世嗣，顯秩峻階，視舊加異。廟樂以雅，祭服有章，錫爾奉祠，名教是光。有貞斯石，有銘斯勒，揚厲鴻休，以詔無極。

祝文

維明昌六年歲次乙卯，八月癸丑朔，二十七日己卯，上以謹遣朝列大夫、知泰定軍節度使兼兖州管内觀察使、提舉學校常平倉事、護軍、富春郡開國侯、食邑一千户、食實封一百户、賜紫金魚袋孫即康，敢昭告于至聖文宣王。今重儒術，益尊聖師，闕里廟貌，于以新之。雅樂具舉，法服章施，庶幾鑒格，永集繁禧。尚饗。

前同云云。敢昭告于兖國公。宅廟告成，神之式燕。肆頒樂服，以焕聲明。殊别上儀，表章崇教。儼惟亞聖，作配先師。春秋二時，祀祭百世。

鄒國公祭文國家思弘文治，崇禮聖師，乃詔有司，一新祠廟。祀以法服，奏以雅音，惟公侑食，是用昭告。

孔聖杏壇二字碑

承旨學士党懷英篆。

銘

開州刺史高德裔撰。

周室下衰，王綱解紐。非大聖人，狂瀾莫救。天挺夫子，生民未有。立言範世，木舌金口。三千之徒，義由此受。我瞻遺壇，實爲教首。萬代護持，天長地久。

林中碑

斷碑一

磨滅不可讀，二代墓前。

前漢碑二

居攝二年墳壇記二

各爲龕，徑直三寸，深半寸。一曰上谷府卿，一曰祝其卿，各十餘字在龕内。

後漢碑十一

延平元年孔翊碑

永興二年婺州從事孔君德碑

永興二年都尉君元子孔謙碑

在先聖祠壇前。

永壽三年韓敕修孔子墓碑【一〇】

皇漢帝元永壽三年，青龍建酉孟秋之旬，□布□德，帝拜□臣，曾曾玄玄，魯相河南京

【一〇】爲閲讀方便，將原先位於文後的標題移前。

韓君，追惟磨滅六字聖素王受象乾坤，至于周衡。吴□□文，德參耀□，□應皇神。□勿救孝，升出天□，徵符洞虛，論□道磨滅五字落復□，天若闓門。□□□豈，精歷星宫，雷動玄□，聲□□震。《春秋》既成，效以獲麟。功定道著，磨滅四字冥精皇□□河雒猶慮教□□二百□□經元德浸潭孝□滋□秦漢制作，萬世□力赤誦受命以天意流磨滅五字徒三千，素王以下，至于□□聞名□耳□若見非天挺三五□九□□德磨滅四字修磨滅不知幾字賢磨滅四字以□顯□以無□韓君□氏憤□□思惟□之嘆念□圖□爲世敦磨滅不知幾字廟并墓□□曾玄□□魯宅□神廟堂□□舊域庫室磨滅不知幾字一興朝□□□歷□父長承法，而制以遵古，常崇聖磨滅不知幾字唯深且□宅廟悉備。敬□莪磨滅不知幾字之情和其以□□墓以磨滅不知幾字君於磨滅不知幾字有制度國□以□壇法不磨滅不知幾字作大井□□□方磨滅不知幾字以和磨滅不知幾字韓君德政磨滅不知幾字蘭芳青雲磨滅不知幾字及孔弱惠閔□窮磨滅四字飢寒磨滅不知幾字望著茂行顛□豫□獨□景□□□表石勒銘磨滅四字漢磨滅四字子子孫孫磨滅四字石府君諱敕，字叔節，□□□字仲則，弟□字子臺，長史李亮，字□□河南磨滅不知幾字長磨滅不知幾字東海□□謙，字季松，河東臨汾人。□□府卿任城磨滅四字字□□，左尉趙福，字□□，北海尉磨滅四字字子雅，漢中鄭人。丞駱景，字子磨滅四字右尉□□□子輿，九江人。

延熹七年太山都尉孔宙碑

建寧二年博陵太守孔震碑

建寧四年河東太守孔宏碑
建寧四年博陵孔彪碑
孔子十九世孫孔扶仲淵碑
博士孔君諱志碑
孔乘字敬山碑

卷第十二

族孫碑銘

有漢泰山都尉孔君之碑

君諱宙，字季將，孔子十九世之孫也。天姿醇嘏，齊聖達道。少習庭訓，治《嚴氏春秋》，緝熙之業既就，而閭閻之行允恭。德音孔昭，遂舉孝廉，除郎中都昌長【一】，祇傳五教，尊賢養老，躬忠恕以及人，兼禹湯之罪己，故能興樸素於彫弊【二】，濟弘功於易簡。三載考績，遷元城令。是時，東嶽縣首猾夏不共【三】，釁鼓戢兵，遺畔未寧，乃擢君典戎【四】，以文修之。旬月之間，莫不解甲服罪，載芟載耨【五】。田畯喜于荒圃，商旅交乎險路。會鹿鳴於樂崩，復長幼於酬酢。□□□稔，會遭篤病，告困致休【六】，得從所好。年六十一，延熹六年正月乙未，遂卒【七】。貴速朽之反真，慕寧儉之遺制。窀夕不華，明器不設，凡百邛高，德音靡述【八】。於是故吏門人，乃共陟名山，采嘉石，勒銘示後，俾有彝式【九】。其辭曰：

於顯我君，懿德惟光。紹聖作儒，身立名彰。貢登王室，閻闇是更【一〇】。夙夜匪

校勘記

【一】除郎中都昌長　「都」字原缺，據《闕里志》卷十三、《闕里文獻考》卷八十九補。

【二】故能興樸素於彫敝　「樸素於」原缺，據雍正《山東通志》卷三十五補。

【三】東嶽縣首猾夏不共　「共」原缺，據雍正《山東通志》卷三十五補。

【四】釁鼓戢兵遺畔未寧乃擢君典戎　「釁鼓戢兵」原作「□□祠侯」，「畔」字原缺，「戎」原作「戈」，據雍正《山東通志》卷三十五改。

【五】莫不解甲服罪載芟載耨　「罪載芟載」四字原缺，據雍正《山東通志》卷三十五補。

【六】告困致休　「致休」二字原缺，據雍正《山東通志》卷三十五補。

【七】遂卒　「遂卒」原作「□□□疾」，據雍正《山東通志》卷三十五改。

【八】凡百邛高德音靡述　「邛」「德音靡」四字原缺，據雍正《山東通志》卷三十五補。

【九】采嘉石勒銘示後俾有彝式　「嘉」原作「要」，「俾」原作「但」，據《闕里志》卷十三、《闕里文獻考》卷八十九改。

【一〇】闇闇是更　「闇」原作「閟」，據雍正《山東通志》卷三十五改。

【一一】夙夜匪懈　「匪懈」原作「在公」，據雍正《山東通志》卷三十五改。

【一二】乃綏二縣黎儀以康　「乃」原作「及」，「二」「黎」原缺，據雍正《山東通志》卷三十五改。

懈【一一】，在公明明。乃綏二縣，黎儀以康【一二】。於天時雍【一三】，撫茲岱方【一四】。剪彼凶覆【一五】，□□□□。南畝孔饁【一六】，山有夷行。豐年多稌，稱彼兕觥。帝賴其勛，民斯是皇。疾疢不復【一七】，乃委其榮。忠告殷勤，屢省乃聽【一八】。恭儉自終，簠簋不陳【一九】。生播高譽，歿垂令名【二〇】。永矢不刊【二一】，億載揚聲。碑陰有門生故吏名。

延熹七年正月庚□□。

漢故博陵太守孔府君碑

君諱彪【二二】，字元上，孔子十九世之孫，潁川君之元子也。君少履天姿，□然以正，帥禮不爽，好惡不愆。考衷度衷，修身踐言【二三】，龍德而學，不至於穀，浮游塵埃之外，皭焉氾而不俗【二四】。郡將嘉其所履，前後聘召，蓋不得已【二五】，乃翻爾束帶。弘論窮理，直道事人。仁必有勇，可以託六，授命如毛，諾則不宿，美之至也【二六】，莫不歸服。舉孝廉，除郎中，博昌長【二七】。疾病留宿，□遷□京府丞【二八】。未出京師，遭大君憂，泣逾皋魚【二九】，喪致乎哀。謹畏舊章【三〇】，服竟還署，試拜尚書侍郎【三一】。無偏無黨，遵王之素，薦可黜否，出□□度【三二】。日恪位佇，所在祗肅。拜治書御史，膺皋陶之□恕磨滅九字逮□用既平，□博陵太守。郡阻山□□□以饑饉【三三】，斯多草竊，罔不以敗。劉寧、張丙等，白日攻剽，□家不命。君下車之初，磨滅六字削四凶以勝殘。乃□□□，爰尚桓桓【三四】，折馬蠲害，醜類已殫。路不拾遺，斯民以□【三五】，發號施憲，每合天心。

□之所惡，不以强人。義之所欲，不以禁人。百姓樂政而歸于德，望如父母，順如流水。遷下邳相河東太守【三六】，舉此□孔君子風也。未怒而懼【三七】，不令而從，雲行雨施，□□大和。海内歸公卿之任矣【三八】。勞而不伐，有實若虚，固執謙懦。以病辭官去位。閑□以孝竭□餘暇□□。彈琴擊磬，□□□之味，而不改其静。上帝棐諶，天秩未究，將據師輔之紀之綱而疾彌流【三九】，乃殯乃□，□卌九，建寧四年七月辛未【四〇】，□□□哀哉。魂神超邁，窈兮冥冥，遺孤忉絶，于嗟想形。□□哀遠，念不欲生【四一】。群臣號咷，靡所復逞【四二】。夫逝往不可追兮，功□□□識【四三】。惟君之軌迹兮【四四】，如列宿之錯置。《易》建八卦，揆肴《繫辭》【四五】。述而不作，彭祖賦詩。皆贊所見【四六】，于時頌□，□是故吏崔□、□□、王沛等，伏信好古【四七】，敢咏顯□。乃刊斯石，欽銘洪基【四八】。昭示後昆【四九】，申錫鑒思。其辭曰：

穆穆孔君，大聖之冑。惇懿允元，睿其玄秀。維嶽降精，誕生忠良，奉應郡貢【五〇】，亮彼我□，克明王道【五一】，辯物居方，周□□□，□也匹名【五二】。朝無秕政【五三】，直哉惟清。出統華夏，化以典成【五四】。奸猾殄迸【五五】，賢倚□庭。帝重乃勛，自□□征。所臨如神，□□□□，□□之翰【五六】，先民是程【五七】。宜乎三事，金鉉利貞，而潔白駒，俾世憤惻【五八】。當享眉耇【五九】，莫匪爾極，大□□□【六〇】，邈矣不意。于嗟悲兮，□□□息【六一】。漫漫庶幾，復焉所力，咨乎不朽【六二】，没而德存。伊尹□□之休，格于

【一三】於天時雍　「天」字原缺，據雍正《山東通志》卷三十五補。

【一四】撫兹岱方　「撫」「岱」二字原缺，據雍正《山東通志》卷三十五補。

【一五】剪彼凶覆　「剪」原作「帥」，「覆」原作「人」，據雍正《山東通志》卷三十五改。

【一六】南畝孔饁　「畝」原作「敏」，據雍正《山東通志》卷三十五改。

【一七】疾疢不復　「疾疢不復」四字原缺，據雍正《山東通志》卷三十五補。

【一八】屢省乃聽　「聽」原作「德」，據雍正《山東通志》卷三十五改。

【一九】恭儉自終簠簋不陳　「自」字原缺，「陳」原作「敕」，據雍正《山東通志》卷三十五改。

【二〇】殁垂令名　「垂令名」三字原缺，據雍正《山東通志》卷三十五補。

【一一】永矢不刊　「矢」字原缺，據雍正《山東通志》卷三十五補。

【一二】君諱彪　「彪」原作「震」，據《闕里志》卷十三、《闕里文獻考》卷三十五改。

【一三】考衷度衷修身踐言　「考衷度衷」原作「□裒□□」，「言」字原缺，據《闕里志》卷十三改。

【一四】嶠焉汜而不俗　「嶠焉汜」三字原缺，據《闕里志》卷十三補。

【一五】郡將嘉其所履前後聘召蓋不得已　「嘉」「聘」「已」三字原缺，據《闕里志》卷十三補。

【一六】美之至也　「美」原缺，據《闕里志》卷十三補。

【一七】博昌長　「博」字原缺，據《闕里志》卷十三補。

【一八】□遷□京府丞　「遷」原作「還」，「京」字原缺，據《闕里志》卷十三改。

皇天。惟我君積，表于丹書。永永無沂【六三】，與日月并，于嗟□□，于以慰靈【六四】。以下不復能辨。

擊蛇笏銘

天地至大，有邪氣干於其間，爲凶暴，爲殘賊，聽其肆行，如天地卵育之而莫禦也。人生最靈，或類出於其表，爲妖怪，信其異端，如人蔽覆之而莫露也。祥符年，寧州天慶觀有蛇妖，極怪異，郡刺史日兩至於其庭朝焉。人以爲龍，舉州人内外遠近，罔不駿奔於門以覲，恭莊肅祇，無敢怠者。今龍圖待制孔公，時佐幕在是邦，亦隨郡刺史於其庭。公曰：「明則有禮樂，幽則有鬼神，是蛇不以誣乎？惑吾民，亂吾俗，殺無赦。」以手板擊其首，遂斃於前，則蛇無異焉。郡刺史暨州内外遠近庶民昭然若發蒙，見青天，睹白日，故不能肆其凶殘而成其妖惑。《易》曰：「是故知鬼神之情狀。」公之謂乎？夫天地間有純剛至正之氣，或鍾於物，或鍾於人。人有死，物有盡，此氣不滅，烈烈然彌亘億萬世而長在。在堯時爲指佞草，在魯則爲孔子誅少正卯刑，在齊在晉爲董史筆，在漢武帝朝爲東方朔戟，在成帝朝爲朱雲劍，在東漢爲張綱輪，在唐爲韓愈《論佛骨表》《逐鱷魚文》，爲段太尉擊朱泚笏，今爲公擊蛇笏。故佞人去，堯德聰；少正卯戮，孔法舉；罪趙盾，晉人懼；辟崔子，齊刑明；距董偃，折張禹，剗梁冀，漢室乂；佛老微，聖德行；鱷魚徙，潮患息；朱泚傷，唐朝振；怪蛇死，妖氣散。噫！天地鍾純剛至正之氣，在公之笏，豈徒斃一蛇而已？軒陛之下，有罔上欺民先意順旨者，公以此笏指之；廟堂之上，有蔽賢蒙惡違法亂紀者，公以此笏麾之；朝廷之内，有諛容佞色附邪背正者，公以此笏擊之。夫如是，則軒陛之下不仁者去，廟堂之上無奸臣，朝廷之内無佞人，則笏之功也，豈止在一蛇。公以笏爲任，笏得公而用。公方爲朝廷正人，笏方爲公之良器。敢稱德於公，作笏銘曰：「至正之氣，天地則有。笏惟靈物，笏乃能受。笏之爲物，純剛正直。公惟正人，公乃能得。笏之在公，能破淫妖。公之在朝，讒人乃消。靈氣未竭，斯笏不折。正道未亡，斯笏不藏。惟公寶之，烈烈其光。」

金故贈正奉大夫襲封衍聖公孔公墓表

至聖文宣王五十代孫諱揔，字元會。曾祖諱若蒙，襲封奉聖公，贈朝奉郎。伯祖諱端友，朝奉郎，直秘閣，襲封衍聖公。宋建炎二年冬，祀大禮，赴揚州陪位，值兵火隔絶，其弟端操之子璠，已襲封訖。長子拯，皇統二年三月補文林郎，襲封衍聖公，無嗣。其弟揔，大定三年七月，補文林郎，襲封衍聖公，管勾先聖祀事。公三歲而孤，幼稚警悟。及長，力學自强，通《春秋左氏》，尤喜韓愈詩文，談論簡尺，多引二書，先輩多稱譽之。公職在嚴奉，林廟草木，居人無敢輒犯。宗族之間，少長有禮，人敬其勤，復畏且愛。一日，顧瞻鄆國夫人殿，私自言曰：「生爲子孫，而謬當其職，使之隘陋如此，寧不愧於心乎？」乃親率佃户携斤斧之具，東之蒙山，躬親指畫，采伐中椽桷者旬有餘日，連車接軫以歸。起西

【二九】遭大君憂泣逾皋魚　「憂」「泣」「魚」原缺，據《闕里志》卷十三補。

【三〇】謹畏舊章　「舊章」二字原缺，據《闕里志》卷十三補。

【三一】試拜尚書侍郎　「試」字原缺，據《闕里志》卷十三補。

【三二】薦可黜否出□□度　「薦」原作「法」，「否」「出」二字原缺，據《闕里志》卷十三補。

【三三】郡阻山□□□以饑饉　「山」字原缺，據《闕里志》卷十三補。

【三四】爰尚桓桓　「尚」字原缺，據《闕里志》卷十三補。

【三五】斯民以□　「斯」字原缺，據《闕里志》卷十三補。

【三六】遷下邳相河東太守　「遷」原作「還」，「太守」原作「大□」，據《闕里志》卷十三改。

廟、尼山兩處鄆國夫人殿，及大中門、家廟、齋廳、祭祀庫，計五十餘楹，彩飾圖繪畢備。

朝廷聞公名，召赴闕，欲留隨朝任用。公力辭，職專祠事，不宜妨職任之不專，則特授曲阜縣令。未到任，歲大旱，既到任，甘雨三日而止，稼穡益茂，歲仍大熟。公精勤吏事，縣署至所居往返十五餘里，及曉治縣，無一日稍闕。差科甚勻，訴訟無滯，親族有訟，即移佐官，無少看向意。諸村當首人，舊驗物力差當，公預令定奪相次，明以公文告示。比至，其人已自承認交替，不復更至庭下。每歲夏絹，凡丈尺小户，舊例合并全匹輸納，隨村首目，皆自斂掠。公止令依市價積算和買，使并起納，盡革舊弊。縣城摧壞，官計工修築，公戒董役者曰：「慎毋坼廬舍，壞冢墓。若廬舍有礙，當隨地築之；冢墓頽壞，當以己俸完之。二者既安，吾心亦安矣。」其有不成葬穴，無主暴露枯骨，當遣使厚葬之。有碑曰「叢冢」，邑人春冬祀之。葬畢，是夜夢衆人來謝，內一人稍前云：「嗟哉！莫雲之弗及。」既寤，遣人搜求，又得千餘副，復夢來謝。公年歷四十，得數子不育。一日，夜夢異人衣冠偉然，告曰：「今此非爾子，後丑年庚月丁日所生，則真爾子矣，當名元措。」公儉於奉己，厚於賓客，周惠困窮，不問家之有無。娶泗水孫氏，宋副樞密孫傳之女孫【六五】，後贈魯郡太夫人。又娶泗水侯氏。二子：長即元措，今襲封衍聖公；次元紘，業進士。後封魯郡太夫人。女一人，適兗州宣武韓昺。公享年五十三，終奉直大夫，以子貴，贈正奉大夫。嗚呼！孔子之澤，及於無窮！

【三七】未怒而懼　「怒」字原缺，據《闕里志》卷十三補。

【三八】海內歸公卿之任矣　「海內」二字原缺，據《闕里志》卷十三補。

【三九】將據師輔之紀之綱而疾彌流　「之綱而」三字原缺，據《闕里志》卷十三補。

【四〇】□卌九建寧四年七月辛未　「卌」原作「世」，「九」「七」二字原缺，據《闕里志》卷十三補。

【四一】□□哀遠念不欲生　「遠」「生」二字原缺，據《闕里志》卷十三補。

【四二】群臣號咷靡所復逞　「號」原作「唬」，「所」「逞」二字原缺，據《闕里志》卷十三改。

【四三】夫逝往不可追兮功□□□識　「追」「功」原缺，據《闕里志》卷十三補。

國家褒崇之恩，方自此始，又豈止五十傳哉？

翰林學士承旨，嘉議大夫、知制誥兼同修國史、上護軍、馮翊郡開國侯、食邑一千户、食實封一佰户、致仕党懷英撰，書丹并篆額。

中奉大夫、同知集賢院事兼翰林修撰，同知制誥史公奕補亡。

大蒙古國領中書省耶律楚材奏准皇帝聖旨，於南京特取襲封孔元措，令赴闕里奉祀。來時不能挈負《祖庭廣記》印板。今謹增補校正，重開以廣其傳。

壬寅年五月望日

門生曹國王恕重校

門生冀州伊莘重校

【四四】惟君之軌迹兮　「惟」字原缺，據《闕里志》卷十三補。

【四五】揆肴繫辭　「揆」字原缺，據《隸釋》卷八補。缺字《闕里志》卷十三作「揆」。

【四六】皆贊所見　「皆」字原缺，據《闕里志》卷十三補。

【四七】于時頌□□是故吏崔□□□王沛等伏信好古　「□□是故吏崔□□□」原作小字夾注「磨滅九字」，「伏」字原缺，據《闕里志》卷十三改。

【四八】欽銘洪基　「欽」原作「銘」，據《闕里志》卷十三改。

【四九】昭示後昆　「昭」原作「貽」，據《闕里志》卷十三改。

【五〇】奉應郡貢　「貢」字原缺，據《闕里志》卷十三補。

【五一】亮彼我□克明王道　「我□克明王道」原作小字夾注「磨滅六字」，據《闕里志》卷十三改。

【五二】辯物居方周□□□□也匹名　「物」「匹」二字原缺，「方周□□□□」原作小字夾注「磨滅六字」，據《闕里志》卷十三改。

【五三】朝無秕政　「無秕」二字原缺，據《闕里志》卷十三補。

【五四】出統華夏化以典成　「華夏」「典」三字原缺，據《闕里志》卷十三補。

【五五】奸猾殄迸　「奸猾」二字原缺，據《闕里志》卷十三補。

【五六】賢倚□庭帝重乃勛自□□征所臨如神□□□□□之翰　「□庭帝重乃勛自□□征所臨如神□□□□□」原作小字夾注「磨滅二十字」，「翰」原作「朝」，據《闕里志》卷十三改。

【五七】先民是程　「民」字原缺，據《闕里志》卷十三補。

【五八】俾世憤惻　「俾」「憤」二字原缺，據《闕里志》卷十三補。

【五九】當享眉耇　「享」字原缺，「耇」原作「壽」，據《闕里志》卷十三改。

【六〇】大□□□　「大」字原缺，據《闕里志》卷十三補。

【六一】于嗟悲兮□□□息　「于」字原缺，「兮□□□息」原作小字夾注「磨滅五字」，據《闕里志》卷十三改。

【六二】漫漫庶幾復焉所力咨乎不朽　「漫庶」「焉所」四字原缺，「力」原作「功」，「咨乎」原作「名于」，據《闕里志》卷十三改。

【六三】永永無沂　「永永無沂」中第一個「永」字原缺，據《隸釋》卷八補。

【六四】與日月并于嗟□□于以慰靈　「月并于嗟□□」原作小字夾注「磨滅六字」，據《隸釋》卷八改。

【六五】宋副樞密孫傅之女孫　「密」「傅」「女」三字原缺，據《金文最》卷四十五補。

校勘記

【一】中朝……多至散没　「至」字原缺，據《金文最》卷二十一補。

附録

孔元措引

先聖傳世之書，其來久矣。由略積詳，愈遠而益著，蓋聖德宏博，殆有不可揜者。爰自四十六代族祖知洪州軍州事柱國纂集所傳，板行四遠，於是乎有《家譜》。尚冀講求，以俟他日。逮四十七代從高祖邠州軍州事朝散克承前志，推原譜牒，參考載籍，摘拾遺事，復成一書。值宋建炎之際，不暇鏤行。至四十九代從祖主祥符縣簿承事，懼其亡逸，證以舊聞，重加編次，遂就完本，布之天下，於是乎有《祖庭記》。二書并行，凡縉紳之流，靡不家置，獲覽聖迹，與夫歷代襃崇之典，奕葉繼紹之人，如登崑崙而披日月，咸快瞻仰。比因兵灾，闕里家廟半爲灰燼，中朝士大夫家藏文籍多至散没【一】，豈二書獨能存歟？元措托體先人，襲封世嗣，悼斯文之將泯，恐祖牒之久湮，去聖愈遠，來者難考，乃與太常諸公討尋傳記及諸典禮，於二書之外，得三百二事，皆往古尊師之懿範，皇朝重道之宏規，前此所未見聞者。於是增益二書，合爲一編，及圖聖像、廟宇、山林、手植檜等列於篇首，題曰《孔氏祖庭廣記》。其兩漢以來林廟碑刻，舊書止載名數，今并及其文而録之，蓋慮久而磨滅不可復得。且先聖生於周靈王二十一年庚戌，迄今凡一千七百七十八歲，其間經世變亂，不知其幾，而聖澤流衍，無有窮已，固不待紙傳而可久也。然所以規規爲此者，特述事之心不得不然。是書之出也，不惟示訓子孫修身慎行，不墜先業，流芳萬古，是亦學者之光也。

正大四年歲次丁亥十月望日，資政大夫襲封衍聖公，知集賢院兼行太常丞，五十一代孫元措謹記。

正大四年歲次丁亥十月望日訖功。

太學生介山馬天章畫像，禮官業進士浚儀王柔立校正，禮官業進士中山靳唐校正，太常寺太祈日照張簵校正，集賢院司議兼太常寺奉禮郎權博士古燕馬遂良校正，惠民司令兼太常博士富平米章校正，資政大夫襲封衍聖公知集賢院兼太常丞五十一代孫元措謹續編。

（常熟瞿氏鐵琴銅劍樓藏蒙古刊本卷首）

張行信引

古之君子皆論譔其先祖之德，明著之後世。蓋先世有美而不知者，不明也；知而不傳，不仁也。明足以見，仁足以顯，然後爲君子。故素王之孫，穆公師子思首論祖述憲章之道，魏相子順稱相魯之政化，漢博士子國復推明所修六經，垂世之教，當世莫不賢之。自夢奠兩楹之後，迄今千七百載，傳家奉祀者數嬴五十，繼繼公侯，象賢載德，如聯珠疊璧，輝映今古，於乎休哉！聖人之澤，流光如此，後之人能奉承不墜又如此，宜有信書，廣記備言，顯揚世美，以示于將來，傳之永久。於是襲封資政公因《家譜》《庭記》之舊，質諸前史，參以傳記，并録林廟累代碑刻，兼述皇統、大定、明昌以來崇奉先聖故事，博采詳考，正其誤，補其闕，增益纂集，共成一書，凡一十二卷，名曰《孔氏祖庭廣記》。應祖庭事迹，林廟族世，古今名號，典禮沿革之始末，并列于篇，粲然完備。於國則累朝尊師重道之美，靡所不載；於家則高曾祖考保世承祧之美，靡所不揚。故先聖配天之德愈久而愈彰。噫！若資政公者，可謂仁明君子能世其家者也。資政公嘗以書示予，予歛袵觀之，既欽仰其世德，又嘉公之用心，得繼志述事之義，乃磨鈍雕朽，爲之題辭焉。

正大四年歲次丁亥，十月丁未朔，資政大夫、前尚書左丞致仕張行信。

（常熟瞿氏鐵琴銅劍樓藏蒙古刊本卷首）

孔瓌《祖庭雜記》舊引

四十七代孫朝散大夫知邠州軍州事借紫金魚袋傳撰兼編類。

先聖没，逮今一千五百餘年，傳世五十。或問其族，則内求而不得；或審其家，則舌舉而不下，爲之後者，得無愧乎？竊嘗推原譜牒，參政載籍，則知鄭有孔張出於子孔，衛有孔達出於姬姓，蓋本非子氏之後，而徙居於魯者，皆非吾族。若乃歷代褒崇之典，累朝班賚之恩，寵數便蕃，固可枚陳而列數。以至驗祖壁之遺書，訪闕里之陳迹，荒墟廢趾，淪没於春蕪秋草之中，魯尚多有之，故老世世傳之，將使聞見之所未嘗者，如接於耳目之近。於是纂其軼事，綴所舊聞，題曰《孔氏祖庭雜記》，好古君子得以觀覽焉。時宋宣和六年歲次甲辰，三月戊午，曲阜燕居申申堂記。

四十九代孫承事郎行開封府祥符縣主簿瓌重編。

（常熟瞿氏鐵琴銅劍樓藏蒙古刊本卷首）

孔翰《家譜》舊引

家譜之法，世次承襲一人而已，疏略之弊，識者痛之。蓋先聖之没，於今一千五百餘年，宗族世有賢俊，苟非見於史册，即後世泯然不聞，是可痛也。如太常諱臧，臨淮太守諱安國，丞相諱光，北海諱融，蘭臺令史諱僖，議郎諱昱，纔十數人，非見於漢史，皆不復知矣。魏晉而下，逮於隋唐，見紀者止百餘人。按議郎本傳云：自霸至昱七世之内，至卿相牧守者五十三人【二】，列侯七人。今考於傳記，乃知所遺之多也。宗翰假守豫章，恩除魯郡，將歸之日，遽以舊譜命鏤板，用廣流傳。或須講求【三】，以待他日。實宋元豐八年十

【二】至卿相牧守者五十三人　「相牧」原作「郡」，據《皕宋樓藏書志》卷二十六改。

【三】或須講求　「講」字原缺，據《闕里文獻考》卷三十五、《皕宋樓藏書志》卷二十六補。

一月二十三日，四十六代孫，朝議大夫知洪州軍州事兼管内勸農使【四】，充江南西路兵馬鈐轄，柱國賜紫金魚袋翰謹題。

（常熟瞿氏鐵琴銅劍樓藏蒙古刊本卷首）

【四】實宋元豐八年……勸農使　此句「十三日」「州軍州」「内勸」等字原缺，據《皕宋樓藏書志》卷二十六補。

錢大昕題《孔氏祖庭廣記》

此先聖五十一代孫襲封衍聖公元措夢得所編，前載元豐八年四十六代孫宗翰《〈家譜〉舊引》，宣和六年四十七代孫傳《〈祖庭雜記〉舊序》。《家譜》與《雜記》本各自爲書，夢得始合爲一，復增益門類，冠以圖象，并載舊碑全文，因祖庭之名而改稱「廣記」，蓋仙源之文獻至是始備。書成於金正大四年丁亥，張左丞行信爲之序，鐫版南京。此則蒙古壬寅年，元措歸闕里後重雕之本也。壬寅爲元太宗六皇后稱制之年，金之亡已十載矣。蒙古未有年號，但以干支紀歲，在宋則爲淳祐二年也。此書世無傳本，兹於何夢華齋見之，紙墨古雅，字畫精審，予所見金元槧本未有若是之完美者。向嘗據漢宋元石刻證聖妃當爲并官氏，今檢此書并官氏屢見，無有作「开」字者，自明人刻《家語》妄改爲「开」，沿訛到今，莫能更正，讀此益信元初舊刻之可寶。嘉慶六年歲在辛酉，五月五日庚辰，嘉定錢大昕謹題。

（錢大昕《十駕齋養新録》餘録卷十三）

黄丕烈《士禮居藏書題跋記》提要

余往閲《讀書敏求記》，始知牧翁所亟稱者，有《東家雜記》《祖庭廣記》諸書，然遵王皆以爲未見。既從葉九來假得宋槧本《東家雜記》，繕寫著于録，若《祖庭廣記》仍無有也。余收書郡故家，得宋槧本《東家雜記》，自謂所收較遵王爲勝，惟《祖庭廣記》，僅從《素王事記》見其摘録數條，仍以未見全書爲憾。今夏五月，余自都門歸，錢唐何夢華亦新自山東曲阜携眷屬僑寓于吴中。何固孔氏婿也，其奩贈中有元板《孔氏祖庭廣記》五册，裝潢古雅，籤題似元人書，因出以相示，余詫爲驚人秘笈。蓋數年來所願見而不得者，一旦見之，已屬幸事，乃夢華稔知宋槧本《東家雜記》已在余處，謂此書是兩美之合，爰割愛投贈。贈書之日，適夢華將返杭，余贈以行資卅金。今而後士禮居中如獲雙璧矣！余檢《菉竹堂書目》，有《孔子實録》五册，《文淵閣書目》有《孔子實録》一册，伏讀《四庫全書提要·傳記類存目》有云：「《孔氏實録》一卷，《永樂大典》本，不著撰人名氏。」末一條云：「大蒙古國領中書省耶律楚材奏准皇帝聖旨于南京，特取襲封孔元措，令赴闕里奉祀。」案：元措以金承安二年，襲封衍聖公。此書或即元措所撰歟？今取證是書，與之悉合，方悟向來藏書目所云《孔子實録》《孔氏實録》即此《孔氏祖庭廣記》也。特所記册數、卷數，多寡不同，或有完缺之異爾。余於古書因緣巧合，往往類是，而此書之得，雖遵王不且遜余之創獲耶？敢不詳述原委，以志余幸！此書裱托過厚，圖畫皆遭俗手補壞，因損裝重修，纖悉皆還舊時面目。首册次序紊亂，各以原注小號順之，結銜一葉，舊分兩半葉離之。瞿木夫已正其誤，今亦合之，錢少詹之題跋，孫觀察之看款，皆於夢華時乞題，今悉存其舊。他日當并《東家雜記》求辛楣先生作總跋，俾兩書并藏，文宣事迹粲然大備于今日，儒者可以資考覽，後人可以舉名籍，紀載缺如之憾，東澗老不得而訾議已。

嘉慶歲在辛酉季秋月乙未日，黄丕烈識。

書中顔子從行小影，謂聖像最真。昨同年友張子和從蕺山書院來，摹得宣和聖像贈余，石刻之與板本，纖毫無二，益信《祖庭廣記》爲得其真也。《東家雜記》首列《杏壇圖説》下附琴歌一首，反疑後人僞托，遵王亦作疑信參半語，有以夫。蕘圃又識。

（黄丕烈《士禮居藏書題跋記》卷二）

周中孚《鄭堂讀書記》提要

《孔氏祖庭廣記》十二卷影鈔元刊本

金孔元措撰。元措，字夢得。先聖五十一代孫，襲封衍聖公，資政大夫、知集賢院兼行太常丞。倪氏《補遼金元志》，錢氏《補元志》，俱不載。明《文淵閣書目》十八載有一册，末有正大丁亥自序。稱自四十六代族宗翰纂集《家譜》，逮四十七代從高祖傳推原譜牒，參考載籍，摘拾遺事，復成一書。至四十九代從祖環證以舊聞，重加編次，於是有《祖庭記》。元措訪尋傳記及諸典禮，於二書之外得三百二事，於是增益二書，合爲一編，及圖聖像、廟宇、山林、手植檜等，列於篇首。其兩漢以來林廟碑刻，舊書止載名數，今并及其文而録之。題曰《孔氏祖庭廣記》。按其書凡分二十六門，計八百四十事，而冠以十有二圖，皆詳考史傳，旁參雜記，條理賅括，巨細靡遺。所載碑刻三卷，備録全文，尤有裨於考證，是足以垂仙源之文獻而無憾矣。前又有同時張行信序，及元豐乙丑四十六世孫宗翰《〈家譜〉舊引》，宣和甲辰四十七世孫傳《〈祖庭雜記〉舊引》。卷末載大蒙古國領中書省耶律楚材奏准皇后聖旨：「於南京特取襲封孔元措令赴闕里奉祀，來時不能挈負《祖庭廣記》印板，今謹增補校正重刊，以廣其傳。壬寅年五月望日」云云。「壬寅」爲元太宗六皇后稱制之年，是時未有年號，但以干支紀歲，乃夢得歸闕里後重刊之本，而流傳甚少。仁和何夢華得其本於曲阜，於是有傳鈔本矣。卷首錢竹汀題詞，即從《十駕齋養新録》鈔取一則，非文集之所載也。

（周中孚《鄭堂讀書記》卷二十二）

張金吾《愛日精廬藏書志》提要

《孔氏祖庭廣記》十二卷鈔本。從錢塘何氏藏蒙古刊本傳録

金孔元措撰。元措，字夢得，先聖五十一世孫也。先是元豐八年，先聖四十六世孫宗翰撰《家譜》。宣和六年，先聖四十七世孫傳撰《祖庭雜記》。夢得合爲一書，又博考前史，旁參傳記，分門臚載，凡族世名號、典禮沿革之始末，及歷代崇奉先聖故事，并詳著於篇。其兩漢至金，林廟碑刻備録全文，以垂永久。又圖聖像、廟宇、山林、手植檜等列於卷首，名之曰《祖庭廣記》，蓋仙源之文獻至是始大備矣。後有大蒙古國領中書省耶律楚材奏准皇帝聖旨：「於南京特取襲封孔元措令赴闕里奉祀，來時不能挈負《祖庭廣記》印板，今謹增補校正重開，以廣其傳」云云，後題「壬寅年五月望日」。考「壬寅」爲蒙古太宗皇后乃馬真氏稱制元年，彼時蒙古未有年號，止以干支紀歲，在宋則淳祐二年也。是書《文淵閣書目》著録，何君夢華從曲阜購得，金吾從之傳録者。

（張金吾《愛日精廬藏書志》卷十二）

董金鑑《孔氏祖庭廣記》續校記

按：是書刊於金元間，原板久軼。錢氏《讀書敏求記》亟稱之，終無以得也。嘉慶

初，錢塘何君夢華得之以贈黄蕘翁，而其書始顯。咸豐初，仁和胡君心耘得而刊之，以冠叢書之集，而其書始傳。聖人之教，不私於吾浙，而聖門之書，若獨緣吾浙以行於世，亦後學之幸已！胡君刊是書，今又幾幾不可得。去年，鑑因族人春庭幸獲覯之，願爲重雕。工既蒇，請於師友，輯説以訂其誤。竊念仙源文獻，代有成書，即睹聞所及，如闕里舊志、孔門僉載之類，無慮數十百種。旁搜博證，曠久難成。因亟取集中所刊《東家雜記》，與是書互訂，此同彼異，寓目顯然，間或刺取他書，參驗得失，譌者正之，闕者補之，疑未能明者兩存之。校一書而得兩書之益，頗以自幸，且深幸文宣遺澤，流被吾浙者，爲靡涯也！校既畢，又因是書卷帙繁重，繕録札記，析而三之，自首卷之五爲一帙，六卷之九爲一帙，十卷以下專録古碑，別爲一帙。逐段分刊，取便省覽，校勘之例，視全書稍殊。并述於此，願同志者裁擇焉。光緒戊子春日，會稽董金鑑識。

（《叢書集成初編》本卷五後）

山陵雜記

⊙楊　奂撰

點校説明

《山陵雜記》一卷，楊奂撰。楊奂（一一八六—一二五五），本名焕，改奂，又名知章，字焕然，號紫陽，乾州奉天（今陝西乾縣）人。金末舉進士不第。蒙古窩闊台汗十年（一二三八）選試東平，兩中賦、論第一。薦授河南路徵收課税所長官兼廉訪使。在官十年，請老歸。蒙哥汗五年（一二五五）卒，年七十，謚文憲。楊奂爲著名文學家、史學家，元好問以「關西夫子」「通儒」稱之，《元史》本傳謂「關中雖號多士，名未有出奂右者」。其所著《還山集》六十卷（卷數據《元史》本傳），今已不存。現存《還山遺稿》二卷，爲明人宋廷佐所輯。生平事迹見元好問《故河南路課税所長官兼廉訪使楊公神道之碑》（《遺山集》卷二三），《元史》卷一百五十三有傳。

《山陵雜記》記述從上古「五帝」之一顓頊到兩晉歷代陵墓情況，具有較高歷史、考古文獻價值。且墓中發現前漢宫人、曹操疑冢、慕容儁夢石虎等情節生動，頗具可讀性。由於楊奂文章散佚者夥，該篇雜記賴陶宗儀《説郛》收集以存。一九三〇年，范紫東所纂《乾縣新志》據《説郛》本收録《山陵雜記》。

本次點校以宛委山堂一百二十卷本《説郛》（卷二十七）爲底本，參考清借月山房彙鈔本《歷代山陵考》。

漢水出鮒魚之山，帝顓頊葬于陽，九嬪葬于陰，四蛇衛之。

帝嚳葬于狄山之陰。

舜葬蒼梧之野。有鳥如丹雀，自丹洲而來，吐五色之氣，氤氳如雲，名曰「憑霄雀」，能群飛銜土以成墳。

禹到大越，上苗山，更名山曰「會稽」，因死葬焉。穿地深七尺，土無瀉泄，下無流水。壇高三尺，土堦三等，周圍方一畝。

王季歷葬于渦水之尾，水囓其墓，見棺。文王曰：「譆！先君必欲一見群臣百姓也，天故使明水見之。」于是出而爲之張朝，百姓皆見之。

太公封于營丘，比及五世，皆反葬于周。五世之後，乃葬于齊。

穆天子葬盛姬于樂池之南，大匠御棺，日月之旗，七星之文，鐘鼓以葬，視皇后之葬法。謚曰「哀淑人」，是曰淑人丘。

齊桓公墓在臨淄縣南二十一里牛山上，亦名鼎足山，一名牛首堈，一所三墳。晉永嘉末，人發之，初得版，次得水銀池，有氣，不得入。經數日，乃牽犬入，中金蠶數十簿，珠襦玉匣繒彩軍器，不可勝數。又以人殉葬，骨肉狼籍。

宋襄公葬其夫人醯醢百甕。

晉侯請隧，隧埏道天子之禮。諸侯懸棺而封。

校勘記

宋文公卒，厚葬，用蜃炭，益車馬，始用殉，重器備，槨有四阿【一】，棺有翰檜。

魏惠王死，葬日，天大雨雪，至于牛目，壞城郭。

闔閭葬女于邽西，名爲三女墳。

闔閭冢在閶門外，名虎丘。下池廣六十步，水深一丈五尺。銅槨三重，墳池六尺，玉鳧之流，扁諸之劍三千，方圓之口三千。時耗魚腸之劍在焉。十萬人築治之，取土臨湖口，築三日而白虎踞上，故號爲虎丘。

會稽若耶大冢，越絶勾踐葬先君夫鐔冢也。

山陰越王允常墓在木客山。《水經注》：勾踐都瑯琊，欲移允常冢，冢中生分風，飛沙射人，人不能近，勾踐謂不欲，遂止。

勾踐子墓在夫山。《越絶書》：夫山大冢，勾踐庶子冢也，去縣十五里。

始皇營建冢壙，積年方成。而周章百萬之師，已至其下，乃使章邯領作者七十萬人以禦難，弗能禁。項羽入關，發之，以三十萬人三十日運物，不能窮。關東盜賊，取槨銷之。

始皇墳，周迴七百步，下周三泉，刻玉石爲松柏，以明月珠爲日月。

項籍屠咸陽，殺子嬰，掘始皇帝冢，大掠而東。

文帝治霸陵，皆瓦器，不以金銀銅錫爲飾，因其山，不起墳。

文帝葬于芒碭，明帝葬于洛南，皆不藏珠玉，不造廟，不起山陵，陵墓雖卑而聖高。

【一】槨有四阿　「四」原作「曰」，據《歷代山陵考》卷下改。

碣山梁孝王冢，以石爲藏。行一里許，到藏中，中有數尺水，有大鯉魚，靈異，人不敢犯。有至藏者，輒有獸噬之，其獸似豹。

臨江閔王榮，以孝景前四年爲皇太子，四歲，廢爲臨江王。三歲，坐侵廟壖地爲宫，上徵榮。榮詣中尉府對簿，中尉郅都責訊王。王恐，自殺，葬藍田。燕數萬，銜土置冢上，百姓憐之。

漢廣川王去疾好發冢。發晉靈公冢，得玉蟾蜍一枚，大如拳，腹空，容五合水，光潤如新玉，取以盛書滴。

平陽公主嫁衛青，青與主合葬，冢在華山。葬時發土，得銅槨一枚。

光武建武二十六年，初作壽陵。帝曰：古者帝王之葬，皆陶人瓦器，木車茅馬，使後世之人不知其處【二】。

漢明帝永平十三年，初作壽陵，制令流水而已。

東平王冢在東平。傳言王思歸京師，其塚上松柏皆西靡。

孝靈皇帝葬馬貴人，贈步摇赤綴青羽蓋駟馬也。

初平二年，孫堅進至洛陽，掃除陵廟，得傳國璽于城南甄宫井中。

漢末，關中亂，有發前漢時宫人冢者，猶活，既出，復如舊。郭后愛念之，常置左右，問當時宫内事，了了有次第。

【二】使後世之人不知其處　「知」原作「如」，據《東觀漢記》并參《歷代山陵考》卷下改。

魏武帝臨終，遺命曰：「汝等登銅雀臺，常望吾西陵墓田。」

曹操篡漢有天下，殁後恐人發其塚，乃設疑冢七十二，在漳河之上。

魏邴原有女早亡，太祖愛子蒼舒亦没。太祖求合葬，原辭曰：「非禮。」太祖乃取甄氏女合葬。

《中山恭王衮傳》云：衮疾，因敕令官屬曰：「昔衛大夫蘧瑗葬濮陽，吾望其墓，常想其遺風，願託賢靈以弊髮齒，營吾兆域，必往從之。」

太康元年，汲縣民盜發魏王墓，或言安釐王冢。得竹書數十車，皆簡編，蝌蚪文字。束晳爲著作，隨宜分析，皆有冥證。古書有《易卦》，似《連山》《歸藏》，文有《春秋》，似《左傳》。

晉張士然，請湯武諸孫置守冢人。

五胡時，慕容儁夢石虎齧其臂，寤而惡之，購求其尸，而莫知之。後宫嬖妾言虎喪東明觀下，于是掘焉，下度三泉，得其棺，剖棺出尸，尸僵不腐。儁罵之曰：「死尸安敢夢生天子也！」

晉東海越王尸爲石勒所焚，如裴氏求招魂葬。

吴越公主墓，在小越伏龍山。

乾德四年，詔吴越立禹廟于會稽，置守陵五户，長吏春秋奉祀。

汴故宮記

⊙楊　奐撰

點校説明

《汴故宫記》一卷，楊奂撰。楊奂生平已見《山陵雜記》點校説明。

《汴故宫記》最早見於元蘇天爵所編《國朝文類》（《元文類》），明人輯《還山遺稿》收入。另陶宗儀編《説郛》，明李濂編《汴京遺迹志》均收入。該文記述金朝後期北宋大内遺迹、故宫結構及各機構位置，記述翔實，宛然有序。文章有感慨興亡之意，且具有較高文獻價值。本次點校以四部叢刊本《元文類》（卷二十七）爲底本，以宛委山堂一百二十卷本《説郛》（卷六十八）、文淵閣《四庫全書》所收《還山遺稿》（卷上）爲校本。

校勘記

己亥春三月，按部至于汴，汴長吏宴于廢宫之長生殿。懼後世無以考，爲纂其大概云。皇城南外門曰南薰。南薰之北新城門曰豐宜，橋曰龍津，橋北曰丹鳳，而其門三。丹鳳北曰州橋。橋少北，曰文武樓。遵御路而北，横街也。東曰太廟，西曰郊社。正北曰承天門，而其門五。雙闕前引，東曰登聞檢院，西曰登聞鼓院。檢院之東曰左掖門。門之南曰待漏院。鼓院之西曰右掖門。門之南曰都堂。承天之北曰大慶門。而日精門、左昇平門居其東，月華門、右昇平門居其西。正殿曰大慶殿。東廡曰嘉福樓，西廡曰嘉瑞樓。大慶之後，曰德儀殿。德儀之東曰左昇龍門，西曰右昇龍門。正門曰隆德，曰蕭墻，曰丹墀，曰隆德殿。隆德之左曰東上閤門，右曰西上閤門，皆南嚮。東西二樓，鐘鼓之所在，鼓在東，鐘在西。隆德之次曰仁安門。仁安殿東則内侍局。内侍之東曰近侍局。近侍之東曰嚴祗門。宫中則曰撒合門。少南曰東樓，即授除樓也。西曰西樓。仁安之次曰純和殿，正寢也。純和西曰雪香亭。雪香之北，后妃位也，有樓。樓西曰瓊香亭，亭西曰凉位，有樓。樓北少西曰玉清殿。純和之次曰寧福殿。寧福之後，曰苑門。由苑門而北曰仁智殿。有二大石，左曰「敷錫神運萬歲峰」，右曰「玉京獨秀太平巖」。殿曰山莊，莊之西南曰翠微閣。苑門東曰仙韶院。院北曰湧翠峰。峰之洞曰大滌。湧翠東連長生殿，殿東曰湧金殿。湧金之東曰蓬萊殿。長生西曰浮玉殿。浮玉之西曰瀛洲殿。長生之南曰閲武殿。閲武南曰内藏庫。由嚴祗門東曰尚食局。尚食東曰宣徽院。宣徽北曰御藥院。

御藥北曰右藏庫。右藏之東曰左藏。宣徽東曰點檢司。點檢北曰秘書監【二】。秘書北曰學士院。學士之北曰諫院。諫院之北曰武器署。點檢之南曰儀鸞局。儀鸞之南曰尚輦局。宣徽之南曰拱衛司。拱衛之南曰尚衣局。尚衣之南曰繁禧門。繁禧南曰安泰門。安泰西與左昇龍門直。東則壽聖宫，兩宫太后位，本明俊殿，試進士之所。宫北曰徽音殿。徽音之北曰燕壽殿。燕壽殿垣後少西曰震肅衛司，東曰中衛尉司。儀鸞之東曰小東華門，更漏在焉。中衛尉司東曰祗肅門。祗肅門東少南曰將軍司。徽音、壽聖之東曰太后苑。苑之殿曰慶春。慶春與燕壽并，小東華與正東華對。東華門内正北尚廄局。尚廄西北曰臨武殿。左掖門正北尚食局。局南曰宫苑司。宫苑司西北曰尚醖局、湯藥局、侍儀司，少西曰符寶局、器物局，西則撒合門、嘉瑞樓。西曰三廟：正殿曰德昌，東曰文昭殿，西曰光興殿，并南嚮。德昌之後，宣宗廟也。宫西門曰西華，與東華直。其北門曰安貞。二大石外，凡花石臺榭池亭之細，并不録。觀其制度簡素，比土階茅茨則過矣。視漢之所謂千門萬户、珠壁華麗之飾則無有也。然後之人因其制度而損益之，以求其稱，斯可矣。

【二】宣徽東曰點檢司點檢北曰秘書監　此句原本漫滅，據宛委山堂一百二十卷本《説郛》、四庫本《還山遺稿》補。

西遊録

◎耶律楚材撰

點校説明

《西遊録》一卷，耶律楚材撰。耶律楚材（一一九〇—一二四四），字晉卿，號湛然居士。契丹人，係遼宗室之後。從萬松行秀學佛，法號從源。楚材曾隨成吉思汗西征，窩闊台汗時任中書令，元初立國規模，多由其所定。文宗至順元年（一三三〇）追封廣寧王，謚文正。著有《湛然居士集》十四卷等，生平事迹見宋子貞《中書令耶律公神道碑》、《元朝名臣事略》卷五等，《元史》卷一四六有傳。

蒙古成吉思汗十三年（一二一八）春三月，耶律楚材應成吉思汗之詔赴漠北；次年，隨之西征花剌子模，班師東歸後，寫成《西遊録》。該書上篇記西行道路、山川風物、民俗物産等，下篇以主客問答形式大力抨擊丘處機等全真道教徒。蒙古窩闊台汗元年（一二二九），《西遊録》由楚材自家雕版印行。史學家陳垣先生分析：耶律楚材篤信佛教，其子耶律鑄則喜道教，是以楚材卒後，可能書版被毁，此書遂罕有流傳。節本可見於元人盛如梓《庶齋老學叢談》卷上，該本只節録《西遊録》上篇有關西域地理部分。清人李文田（一八三四—一八九五）廣徵群書，爲之作注，編成《西遊録注》，《西遊録注》被收入《靈鶼閣叢書》、《叢書集成初編》據以排印。一九二六年春，日本學者神田喜一郎在日本宫内省圖書寮發現足本《西遊録》，并於次年將全本《西遊録》排印出版。一九二七年，羅振玉將神田刊本輯入《六經堪叢書》初集，由東方學會出版。當代史學家向達（一九〇〇—一九六六）嘗校注足本《西遊録》，稱「十三世紀以後，西域地方的文獻損失甚多，《西遊録》《西遊記》二書也是研究十三世紀楚河、錫爾河以及阿姆河地區歷史的重要資料」。向達先生謝世後，其遺稿一九八一年由中華書局整理出版。此外，國圖藏有王國維鈔本《西遊録》足本。

本次點校以《六經堪叢書》本爲底本，以國圖藏王國維鈔本《西遊録》足本爲校本，參考中華書局向達點校本。

戊寅之春，三月既望，詔徵湛然居士扈從西遊。迨天兵旋旆，丁亥之冬，奉詔搜索經籍，馳驛來燕。既已拂更，有客惠然而來，率爾而問曰：居士之西遊也，不知其幾千里邪！西遊之事，可得聞乎？

居士曰：予始發永安，過居庸，歷武川，出雲中之右，抵天山之北，涉大磧，逾沙漠。未浹十旬，已達行在。山川相繆，鬱乎蒼蒼。車帳如雲【一】，將士如雨，馬牛被野，兵甲赫天，煙火相望，連營萬里，千古之盛，未嘗有也。

越明年，天兵大舉西伐，道過金山。時方盛夏，山峰飛雪，積冰千尺許。上命斲冰爲道以度師。金山之泉，無慮千百，松檜參天，花草彌谷。從山巔望之，群峰競秀，亂壑爭流，真雄觀也。自金山而西，水皆西流，入於西海。噫，天之限東西者乎！

金山之南隅有回鶻城，名曰別石把，有唐碑，所謂瀚海軍者也。瀚海去城西北數百里，海中有嶼，嶼上皆禽鳥所落羽毛也。城之西二百餘里，有輪臺縣，唐碑在焉。城之南五百里，有和州，唐之高昌也，亦名伊州。高昌之西三四千里，有五端城，即唐之于闐國也。出烏白玉之二河在焉。

既過瀚海軍千餘里，有不剌城，附庸之邑三五。不剌之南，有陰山，東西千里，南北二百里。其山之頂，有圓池，周圍七八十里許。既過圓池，南下皆林檎木，樹陰蓊翳，不露日色。既出陰山，有阿里馬城。西人目林檎曰阿里馬，附郭皆林檎園圃，由此名焉。附庸城

校勘記

【一】車帳如雲　「帳」原作「張」，據國圖藏王國維鈔本《西遊録》足本改。

【二】長耳僅負二枚　「耳」原作「者」，據國圖藏王國維鈔本《西遊録》足本改。

【三】故絲繭絕難得　「得」原作「絲」，據國圖藏王國維鈔本《西遊録》足本改。

邑八九，多蒲桃梨果，播種五穀，一如中原。

又西有大河，曰亦列。河之西有城，曰虎司窩魯朵，即西遼之都也。附庸城邑數十。又西數百里，有塔剌思城。又西南四百餘里，有苦盞城、八普城、可傘城、芭欖城。苦盞多石榴，其大如拱，甘而差酸。凡三五枚，絞汁得盂許，渴中之尤物也。芭欖城邊皆芭欖園，故以名焉。芭欖花如杏而微淡，葉如桃而差小。每冬季而華，夏盛而實，狀類匾桃，肉不堪食，唯取其核。八普城西瓜，大者五十斤許，長耳僅負二枚【二】，其味甘凉可愛。又苦盞之西北五百里，有訛打剌城，附庸城十數。此城渠酋嘗殺大朝使命數人、賈人百數，盡有其財貨。西伐之意始由此耳。

訛打剌之西千里餘，有大城曰尋思干。尋思干者，西人云肥也，以地土肥饒，故名之。西遼名是城曰河中府，以瀕河故也。尋思干甚富庶，用金銅錢，無孔郭。百物皆以權平之。環郭數十里，皆園林也。家必有園，園必成趣，率飛渠走泉，方池圓沼，柏柳相接，桃李連延，亦一時之勝概也。瓜大者，如馬首許，長可以容狐。八穀中無黍糯大豆，餘皆有之。盛夏無雨，引河以激，率一畝收鍾許。釀以蒲桃，味如中山九醖。頗有桑，鮮能蠶者，故絲繭絕難得【三】，皆服屈眴。土人以白衣爲吉色，以青衣爲喪服，故皆衣白。

尋思干之西六七百里，有蒲華城，土産更饒，城邑稍多。尋思干乃謀速魯蠻種落梭里檀所都者也。蒲華、苦盞、訛打剌城皆隸焉。蒲華之西，有大河名曰阿謀，深廣稍劣黃河，西入於大海。是河之西，有五哩犍城，梭里檀之母后所居者也，富庶又盛於蒲華。又西瀕大河，有斑城者，頗富盛。又西有摶城者，亦壯麗。城中多漆器，皆長安題識。自此而西，直抵黑色印度城。其國人亦有文字，與佛國字體、聲音不同。國中佛像甚多。國人不屠牛羊，但飲其乳。風俗夫先亡者，其室家同荼毗之。詢詰佛國，反指東南隅。校之以理，此國非正北印度，乃印度北鄙之邊民也。土人不識雪。歲二穫麥。盛夏置錫器於沙中，尋即鎔鑠。馬糞墮地，爲之沸溢。月光射人，如中原之夏日，遇夜人輒避暑於月之陰。此國之南有大河，闊如黄河，冷於冰雪，湍流猛峻。從此微西而來，注於正南稍東而去，以意測之，必注入南海也。又土多甘蔗，廣如禾黍，土人絞取其液，釀之爲酒，熬之成糖。

黑色印度之西北，有可弗叉國。數千里皆平川，無復丘垤。吁，可怪也！不立城邑，民多羊馬。以蜜爲釀，味與中原不殊。此國晝長夜促，羊脾適熟【四】，日已復出矣。正符《唐史》所載骨利幹國事，但國名不同耳。豈非歲遠時久，語音訛舛邪？尋思干去中原幾二萬里，印度國去尋思干又等，可弗叉國去印度國亦等。雖縈迂曲折，不爲不遠矣，不知其幾萬里也。

歲在涒灘，天兵振旅。以西夏失信背盟，丙戌之春二月，六師迭進，一鼓而下之，獨夫就戮，萬姓懷安。沙州、瓜州，漢所置也。肅州，即鄯善也。甘州，即張掖也。靈州，即靈武也。噫！天涯海角，人所不到，亦一段奇事。予之西遊也，所見大略如此。

【四】羊脾適熟　「脾」疑應作「胛」，據《新唐書》卷二百一十七《回鶻傳下》：「骨利幹處瀚海北」「又北度海則晝長夜短。日入烹羊胛，熟，東方已明，蓋近日出處也。」

答曰：子之西遊之事，已聞命矣。僕聞之，居移氣，養移體，故古人有登泰山、觀滄海以自大其志者，亦有怯夫懦士涉險難、罹憂患而自沮其志者。今子西行數萬里，昇金山，瞰瀚海，逾崑崙，窮西極，豈無有自大其志者歟？從軍旅，涉沙磧，行役所困，暴露所苦，豈無有自沮其志者歟？二者必有一於是，子請言之。

居士曰：大丈夫立志已決，若山嶽之不可移也。安能隨時而俯仰，觸物而低昂哉！予之志自大自沮者，不知也。

客曰：僕與君定交【五】，積有年矣。知僕者，莫如君；知子者，莫如我。君幼而學儒，晚而喜佛，常謂以吾夫子之道治天下，以吾佛之教治一心，天下之能事畢矣。盟猶在耳，皎如星日。昔丘公之北行也，子贊成之，獨吾夫子之教吾佛之道，置而不問。子豈非自沮其志乎？

居士曰：余以爲國朝開創之際，庶政方殷，而又用兵西域，未暇修文崇善。三聖人教，皆有益於世者。嘗讀《道德》二篇，深有起予之嘆，欲致吾君高蹈羲皇之迹【六】，此所以贊成之意也。亦將使爲儒、佛之先容耳，非志沮而忘本也。

客曰：丘公進見之所由然，可得聞歟？

居士曰：昔劉姓而温名者，以醫術進。渠謂丘公，行年三百，有保養長生之秘術，乃奏舉之。詔下，徵至德興。丘公上表云，形容枯槁，切恐中途不達，願且於德興盤桓。表

【五】僕與君定交　「交」原作「友」，據國圖藏王國維鈔本《西遊録》足本改。

【六】欲致吾君高蹈羲皇之迹　「蹈」原作「踏」，據國圖藏王國維鈔本《西遊録》足本改。

既上，朝廷以丘公憚於北行，命僕草詔，温言答之，欲其速致也。既至行在，丘公數拜致敬，然後入見。奉詔，且令尋思干城居。此丘公進見之所由也。

客曰：君與丘公相待之事，可得聞歟？

居士曰：丘公之達西域也，僕以賓主禮待之。居無幾，丘公從容謂予曰：久聞湛然遵崇釋教，夫釋、道二教，素相攻嫉，政恐湛然不相契合，豈意厚待如此，真通方之士也。僕應之曰：三聖人教，行於中國，歲遠日深矣。其教門施設，尊卑之分，漢、唐以來，固有定論，豈待庸人俗士强爲其高下乎？厥後彼之門人有諷予奉道名於丘公者。僕應之曰：予幼而習儒，老而奉釋，安有降於喬木入於幽谷者乎？其議遂寢。予久去燕，然知音者鮮，特與丘公聯句和詩，焚香煮茗，春遊邃圃，夜話寒齋，此其常也。爾後，時復書簡往來者，人不能無情也。待以禮貌者，人而無禮，非所宜爲也。

客曰：丘公進奏談道之語，可得聞歟？

居士曰：壬午之冬十月，上召丘公，以問長生之道。所對皆平平之語，言及精神氣之事。又舉林靈素夢中絜宋徽宗遊神霄宫等語。此丘公傳道之極致也。

客曰：丘公與子遊者久，亦有異聞乎？

居士曰：丘公嘗舉渠師王害風出神入夢爲畢竟事。又舉渠之法兄馬公，常云屢蒙聖賢提將真性遨遊異域。又云，禪家惡夢境，豈知福力薄劣者，好夢不能致也。此爲彼宗之深談也。識者聞之，未嘗不絶倒也。

客曰：予嘗讀《磻溪集序》，有云丘公日記數千言，果有是事不？

居士曰：彼之强記，予不知也。嘗假宋《播芳文粹》於予。一日謂僕曰：「有一二語，欲與湛然商榷。夫古人之文章愈深，則人愈難知耳。《播芳》中黄魯直所著《觀音贊》有云：『通身是眼，不見自己；欲識自己，頻掣驢耳。』此何等語邪？」予默而不答。予私謂人曰：「此語脱白【七】，衲僧已知落處。渠未窺祖道之藩籬，况其堂奥乎？」予自此面待而心輕之。

客曰：君與丘公亦有所許可乎？

居士曰：論談之初，酬詠之際，稍嘗面許；交遊既深，窮其底藴，予不許丘公之事，凡有十焉。初進見，詔詢其甲子，僞云不知。安有明哲之士不知甲子者乎？此其一也。對上以徽宗夢遊神霄之事，此其二也。自謂出神入夢，爲彼宗之極理，此其三也。又云聖賢提真性遨遊異域，自愛夢境，此其四也。不識魯直贊意，此其五也。西窮昧谷，梵僧或修善之士皆免賦役。丘公之燕，獨請蠲道人差役，言不及僧。上雖許免役，仍令詔出之後，不得再度。渠輒違詔，廣度徒衆，此其六也。又進表乞符印，自出師號，私給觀額，古昔未有之事，輒欲施行，此其七也。又道徒以馳驛故，告給牌符。王道人者，騶從數十人，懸牌馳騁於諸州，欲通管僧尼。丘公又欲追攝海山玄老，妄加毁坼，此其八也。又天城毁夫子

【七】此語脱白　「此」原作「山」，據國圖藏王國維鈔本《西遊録》足本改。

廟爲道觀，及毀拆佛像，奪種田圃，改寺院爲庵觀者甚多。以景州毀像奪寺之事致書於從樂居士，潤過飾非，天地所不容，此其九也。又順世之際，據厠而終，其徒飾辭，以爲祈福，此其十也。

客曰：予聞諸行路之人，有議子者，以爲匿怨而友其人，孔子耻之。君胡爲面許而心非也？君子成人之美，不成人之惡，何先贊而後嫉也？君子之於友也，當死生待之如一，何譽之於生前，毀之於死後也？子亦有所説乎？

居士曰：予與丘公，友其身也，不友其心也；許其詩也，非許其理也。奏對之際，雖見瑕玼【八】，以彼我之教異，若攻之則成是非，故心非而竊笑之。丘公初謂三聖教同，安有分別，自云軍國之事，非己所能；道德之心，令人戒欲。三聖人教弛而復張，固僕之願也。予聞此安得不贊之乎？邇後食言偏黨，毀像奪田，改寺爲觀，改宣聖廟爲道庵，有擯斥二教之志。雖曰君子掩惡揚善，此非予所能掩也。予見此，安得不嫉之乎？彼欲以道德匡時救世，予親聞之，渠猶未死，安得不譽之於生前乎？間闊以來，爲茲不軌數事，常欲面折其非，職守所拘，不獲一見。今被命而來，渠已棄世，安得不毀之於死後乎？

客曰：予聞諸行路之人云，丘公惜罪福者也。蠲免道人苦役，本非丘公意，乃其徒所爲耳。

居士曰：昔徙河中之豪民子弟四百餘人，屯田於塔剌思城，奉朝命委予權統之。予

【八】雖見瑕玼　「雖」原作「難」，據國圖藏王國維鈔本《西遊録》足本改。

既還行在，聞之於輿人云，丘公將行，朝辭畢，遣人奏告云：但修善出家人乞免差役。時典誥命者他適，令道人自填詔旨，遂止書道士免役之語。當時咸謂既云修善出家人，僧道舉在是矣。後數年方知，止書道人，不及僧也。由是衆皆議丘之不公也。今子所聞之語，必出自黨於丘公者，以此爲之辭耳。若果惜罪福，不欲免道人役，當日胡不封還詔旨？若然，則愈爲光矣。此飾非之語耳，何足信邪！

客曰：予聞諸行路之人云，其剽奪寺院、毀撤佛像之事，皆左右蒙蔽所致，丘公實不知也。

居士曰：若丘公果不知此事，予聞丘公之歸也，嘗宿於天城之文成觀，縣學碑石猶在，何爲不責改觀之道人也？又去歲致手書於從樂居士云：「近有景州佛寺，村民施與道士居止，今已建立道像，舊僧構會，有司欲爲改正。今後再有似此事，請爲約束。」予見收此書，會將勒石，永垂後世，庶使明眼人鑑其是非耳。

客曰：予聞諸行路之人云，其乞牌符事亦非丘意。

居士曰：若果非丘意，王道人既歸，宜將牌符封還。若果爲馳驛事而請，遇遣使時，即當懸帶。傳聞王道人懸牌躍馬，騶從數十人，橫行諸州中。又安知非丘之意乎？

客曰：予聞諸行路之人云，今之出家人率多避役苟食者，若削髮則難於歸俗，故爲僧者少，入道者多。兵火以來，精舍寺場率爲摧壞。若道士不居占，亦爲勢家所有，或撤毀以爲薪，又何益焉！

居士曰：聰明特達之士必不爲此，脱有爲此者，必愚人鄙士耳，又何怪焉！既號出家士，反爲小人之事，改寺毁像，所以君子責備賢者也。此曹始居無像之院，後毁有像之寺，初奪山林之精舍，豈無冀覦城郭之伽藍乎？從遠至近，從少至多，深存奄有之志，亦所圖不淺矣。設有故墳宿塚，人愛其山崗之雄麗，林麓之秀茂，乃曰此塚我不發則後亦有人發，我將出其骸骨，棄諸溝壑而瘞我之父母焉，較之於人情，以謂如何耳？古人美六月衣羊裘而不拾遺金者，既爲道人，忍作豪奪之事乎？此曹首以修葺寺舍【九】、救護聖像爲辭。居既久，漸毁尊像，尋改額名，有磨滅佛教之意。其修護寺舍，如不廢其名【一〇】，不毁其像，真謂舉墜修廢也。若或革名改像，所以興之者，所以廢之乎？果欲弘揚本教，固當選地結緣，創建宫觀，不爲道門之光乎？大丈夫竊人之宇舍，毁人之祖宗以爲己能，何異鼠竊狗盗邪？所謂因人成事者也，豈不羞哉！兵火之事，代代有之。自漢歷唐，降及遼宋，代謝之際，干戈繼作，未嘗有改寺爲觀之事。渠蔑視朝廷，而敢爲此乎？昔林靈素托神怪詐力見用於宋，可謂元惡大憝矣，尚未敢革寺名爲觀名，改佛像爲道像。今則此曹所爲，過林靈素遠矣！豈非神明震怒，而促丘之壽乎！

客曰：予聞之，多易者必多難。又聞之，君子作事謀始。君之擇交何其易也，君之作事何謀始之不慎也。今則此曹毁撤廟貌，改建精藍，白衣之會，殆遍天下，皆君啓之也。

【九】此曹首以修葺寺舍　「曹」原作「曾」，據元人釋祥邁《大元至正辨僞録》卷四改。

【一〇】如不廢其名　「如」原作「爲」，據國圖藏王國維鈔本《西遊録》足本改。

禦之不亦難乎？無乃爲害於終乎？

居士曰：吾過矣，吾過矣！雖然，僕聞之，夫物速成則疾亡，晚就則善終。昔佛教西來，迄今二千餘載，歷代奉行，罔不致敬，高僧奇士，比比而出焉。爲國師者，不可勝數。近世圓通和尚，爲三朝國師，皆未嘗有改道觀爲佛寺者。是以佛祖之道，根深蒂固，確乎其不可拔也。若釋得志以奪道觀，道得權而毁佛寺，則鬥競之風，無日而息矣！今此曹攘人之居，毁佛之像，遊手之人，歸者如市，不分臧否，一概收之，觀不攻而自敗耳。夫林泉之士，不與物競，人且不容，況自專符印，抑有司之權，奪有司之民，豈能見容於世乎？僕又聞之，好勝者必遇其敵。三聖人之教，鼎跱於世，不相凌奪，各安攸居，斯可矣。今奪寺毁像，佛之子孫，養拙守愚，懦於鬥争者固有之矣。脱有豪邁者，不惜身命，護持佛法，或固争之於有司，或堅請之乎於朝廷，稽古考例，其罪無所逃矣。夫三尺法，皆殷周之淳政、漢魏之徽猷、隋唐之舊書、遼宋之遺典，非一代之法也，實萬代之法也。時君世主皆則而用之，猶大匠之規矩然，莫或可廢也。雜律有毁像之嚴刑，敕條載禁邪之明誡，夫豈待公子之喋喋也！

語未已，客勃然而怒曰：且曲突徙薪與燋頭爛額者，孰愈？弗能辨奸於未兆，消禍於未萌者，君之過也。何得文過飾非歟？子謂贊成丘公者【一一】，欲爲儒、佛之先容耳。今毁宣聖之廟，撤釋迦之像，得非爲害於儒、佛乎？子又謂國朝開創之始，庶政方殷，未暇修

【一一】子謂贊成丘公者　「子」原作「予」，據國圖藏王國維鈔本《西遊録》足本改。

文崇善。是何言歟！是何言歟！昔子路問政【一二】，孔子謂不得已而去兵、去食，自古皆有死，民無信不立。是知善道爲政之要耳。子雖中材【一三】，誤蒙見知，位居要地，首贊朝廷行文教，施善道，使流風仁政，高跨前古，然後無施不可矣。予意以爲生民未艾，且俟小康，始行文教，予謂大不然。甚哉！生民之難治也。速於爲惡，緩於從善。急導之以善道，猶恐不悛其惡，何况遷延而有所需者乎？速以能仁，不殺、不欺、不盜、不淫，因果之誡化其心，以老氏慈儉自然之道化其迹，以吾夫子君君、臣臣、父父、子子之名教化其身，使三聖人之道若權衡然行之於世，則民之歸化，將若草之靡風，水之走下矣。然後上策於朝廷，請定制度、議禮樂、立宗廟、建宫室、創學校、設科舉、拔隱逸、訪遺老、舉賢良、求方正、勸農桑、抑遊惰、省刑罰、薄賦斂、尚名節、斥縱横、去冗員、黜酷吏、崇孝悌、賑困窮。若然，則指太平若運掌之易也。君捨此而不爲，恬然自適，袖手而待小康，亦何異思濟江淮而棄舟楫，將救飢寒而捐穀帛者乎？予不知其可也。客乃拂袖而興，策筇而行，隱而不出。

居士恍然若有所失者數日。尋以問答之辭録諸簡册，以爲銘盤之誡云。

戊子清明日，湛然居士漆水楚才晉卿題

燕京中書侍郎宅刊行

【一二】昔子路問政　據《論語·顔淵篇第十二》，「子路」應作「子貢」，此疑作者筆誤。

【一三】子雖中材　「子」原作「予」，據國圖藏王國維鈔本《西遊録》足本改。

附録

自序

古君子南逾大嶺，西出陽關，雖壯夫志士，不無銷黯。予奉詔西行數萬里，確乎不動心者，無他術焉，蓋汪洋法海涵養之效也。故述《辨邪論》，以斥糠蘖，少答佛恩。戊子，馳傳來京，里人問異域事，慮煩應對，遂著《西遊録》以見予志。其間頗涉三聖人教正邪之辨。有譏予之好辨者。予應之曰：《魯語》有云「必也正名乎？」又云「思無邪」，是正邪之辨，不可廢也。夫楊朱、墨翟、田駢、許行之術，孔氏之邪也。西域九十六種，此方毗盧、糠、瓢、白蓮、香會之徒，釋氏之邪也。全真、大道、混元、太一、主張左道之術，老氏之邪也。至於黄白金丹導引服餌之屬，是皆方技之異端，亦非伯陽之正道。疇昔禁斷，明著常典。第以國家創業，崇尚寬仁，是致僞妄滋彰，未及辨正耳。古者嬴秦燔經坑儒，唐之韓氏排斥釋老，辨之邪也。孟子闢楊、墨，予之黜糠、丘，辨之正也。予將刊行之，雖三聖人復生，必不易此説矣。己丑元日，湛然居士漆水移剌楚才晉卿叙。

（《六經堪叢書》本卷首）

日本神田喜一郎序

宫内省圖書寮所藏鈔本，耶律文正《西遊録》一册，爲古賀氏獻書之一，相其筆迹，殆古賀侗庵所手録。末有文政甲申鄧林跋，蓋侗庵從鄧林本移鈔也。鄧林未知何人，云得此書於慧日祖塔，命鈔手録副。按：慧日祖塔即斥洛東東福寺普門院，開祖爲聖一國師。國師以四條天皇嘉禎二年入宋，時當蒙古太宗七年，則國師於耶律文正實爲并世。當時所賫歸有《西遊録》。文和二年，普門院僧大道編其藏書目中有《西遊録》。據上村閑堂所言，普門院藏書多係聖一國師將來，則《西遊録》亦其所賫歸，確可信據。鄧林所見，當即其本。明治已後，普門之藏，散落殆盡。《西遊録》亦已不可縱迹，惟有此圖書寮本猶存面目，可謂至幸已！

此本尾有「燕京中書侍郎宅刊行」一行，王徵君静安因謂：文正此書作于己丑，即太宗元年。其拜中書令在太宗三年，則當刊於其後年。但所記官銜不與實符，蓋當時宰相專主蒙古名，其漢名則隨意呼之而已。然序中有「將刊行之」之語，又疑刊于己丑，或其年文正爲宰相之副。《黑韃事略》載宰相四人，首按只䚟，次文正。三年，文正以賦税功升首相。故《親征録》「執事之人，各執名位，兀都撒罕中書令」云云，蓋是年始定宰相名位，非是年并置之，徵君此説極精，但據序中之語，則刊于己丑，猶可信矣。

此書自來藏書家皆未著録。迄于近世，海内外學者好治遼金元三史兼講西北地理，其徵求史料，窮搜博討，不遺餘力。順德李若農摭拾此書崖略於盛如梓《庶齋老學叢談》，創爲之注，俄人卜咧惕施乃迻兒亦譯成英文，由是此書始重於世，而至其足本，竟未之睹聞也。大正己未，余在大學桑原博士課以卜氏譯本，當時始讀文正《湛然居士集》，頗怪其所載《西遊録序》於孔老釋氏三教之辨，詳哉其言之，而今本《西遊録》莫一及焉。又檢《至元辨疑録》亦引《西遊録》數條，其文掊擊丘長春，頗極醜詆，而今皆不存。豈盛氏勇於芟夷，遂致如此，抑其所見自屬别本，疑不能决。去春，奉命校書秘閣，始得此本於金匱，宿昔疑蘊，頓得冰釋，喜不自禁。别録一本，報諸王徵君。徵君時致力于西北地理之學，詫爲天下孤本，勸余刊行，且書所見見示，余亦不忍獨秘諸篋衍，即捐俸排印，以永流傳。嗚呼！此書沈薶不顯數百年，而得余而再傳，豈亦有數存乎其間與？昭和二年五月，平安神田信暢。

（《六經堪叢書》本卷後）

王國維鈔本《西遊録》足本題跋

足本《西遊録》，日本宫内省圖書寮藏舊鈔本。丁卯春日，神田鬯庵學士録以見示，因手鈔此本。觀翁。

（國圖藏王國維鈔本《西遊録》足本）

續夷堅志

◎元好問撰

點校説明

《續夷堅志》四卷，元好問撰。元好問（一一九〇—一二五七），字裕之，號遺山，忻州秀容（今山西忻州）人。北魏拓跋氏鮮卑後裔。金興定五年（一二二一）進士，權國史院編修，後歷鎮平、内鄉、南陽縣令，天興初任尚書省掾，左司都事，再轉爲中順大夫，行尚書省左司員外郎，兼修起居注。好問在金已大有詩名，金亡不仕，構野史亭，著述其上，潛心修史，論者目之爲金元兩代之文宗。一生著述宏富，除此書外，有《元遺山集》四十卷、《壬辰雜編》（已佚）、《新樂府》等，編有《唐詩鼓吹》、《中州集》（附《中州樂府》）、《唐詩學》（不傳）等。生平事迹見郝經《陵川集》卷三五《遺山先生墓銘》等。《金史》卷一百二十六有傳。

《續夷堅志》書名承南宋洪邁《夷堅志》而來，多記金末泰和、貞祐間事，有神怪故事、真人逸事，以及天文地理、文物藝術、醫藥驗方等内容，具有較高文學價值，其中不少故事成爲後世文學作品之素材；作爲筆記，該書具有社會認識價值，某些内容富有史料價值。《續夷堅志》版本情況較爲複雜，元寧宗至順三年（一三三二），吴中王東據北方刻本手鈔，現存版本均據於此，有《得月簃叢書》初刻本，讀書山房刻本，《續修四庫全書》影印清刻本等。此外，上海圖書館藏吴繼寬鈔本（簡稱吴鈔本），中國社會科學院歷史研究所、北京大學、國家圖書館、南京圖書館等地藏有鈔本。一九八六年，中華書局出版有常振國點校本；一九九〇年，山西人民出版社姚奠中主編《元好問全集》，亦收此書。

本次點校以清光緒七年（一八八一）讀書山房刻本（《元遺山先生全集》附録）爲底本，以《續修四庫全書》影印清刻本、《得月簃叢書》本、上海圖書館藏吴鈔本爲校本，并參考中華書局點校本、山西人民出版社《元好問全集》點校本。

目録

卷一

鎮庫寶

趙王鎔煉丹成，不及餌，藏之鎮州庫藏中者餘三百年。貞祐初，真定元帥三喜棄城，取之以行。行及平陽，爲胥莘公所劾，收之。丹入汴京，下豐衍庫收，名色謂之鎮庫寶。京城變後，予同户部主事劉彦卿往觀之。丹以漆櫃盛，旁畫廣成子問道像。中復有漆合，高五寸，闊三寸，合蓋上作九環，外八中一，以金塗之，各有流去聲。道相貫，環中作小孔，予意其爲九轉也。合中復有銀合盛丹，合蓋上鏤佛一，左龍右鳳在佛座下，亦皆金塗。開視，丹體殊輕，周匝合中，色如棗皮漆，而裂璺縱横，絶不與今世丹砂相似。予意頗輕之，問主庫者：「此有何異？」曰：「無他，但陰晦中恒出光怪，如火起然耳。」壬辰年親見。

金獅猛

正大初，張聖俞客舞陽縣北街。一日，家婢從一弓手家買得一牛腰腎，以刀割之，刀不能入，剥視之，得一石，作獅形，色如泥金所塗，前一蹄屈向内，一蹄枕之而睡，夜夜有光，高二寸餘，殆秉異氣所化。聖俞嫂吴收之，不知今存否也。聖俞說。

康李夢應

康伯禄、李欽叔，壬辰冬十二月行部河中。先城未破，一日，康與欽叔求夢於其神。伯禄夢城隍破，争船落水中，爲一錦衣美婦援之而去，美婦援出，滿眼皆桃花。欽叔夢人與桃符二，上寫「宜入新年」「長命富貴」。明日城陷，伯禄争船不得上，落水死。李得船走陝縣。三四日改歲，陝令楊正卿令人送桃符，所書如夢中所云。正卿說。

包女得嫁

世俗傳包希文以正直主東岳速報司，山野小民，無不知者。庚子秋，泰安界南征兵掠一婦還，云是希文孫女，頗有姿色。倡家欲高價買之，婦守死不行。主家利其財，捶楚備至，婦遂病。鄰里嗟惜而不能救。里中一女巫，私謂人云：「我能脱此婦，令適良人。」即詣主家，閉目吁氣，屈伸良久，作神降之態。少之，瞑目咄咤，呼主人者出，大罵之。主人具香火，俯伏請罪，問何所觸尊神。巫又大駡云：「我速報司也，汝何敢以我孫女爲倡？限汝十日，不嫁之良家，吾滅汝門矣。」主家百拜謝過，不數日嫁之。

鐵中蟲

吾州會長老住飛狐之團崖。初入院，典座僧白：「厨堂一鑊，可供千人，然火則有聲，今二年矣。人以爲釜鳴不祥，廢不敢用。妨大衆作食，師欲如何？」會云：「吾就大衆乞此鑊，當任我料理。」衆諾，乃椎破釜底，穴中得一蟲，長二寸許，色深赤，蓋此蟲經火則有聲。淄川楊叔能亦嘗見芒山均慶寺大鑊破一竅，如合拳，中有一蟲，如蠐螬而紅。此類大家往往見之。魏文帝《典論》以爲火性酷烈，理無生物，特執方之論耳。團崖事全唯識記。

王增壽外力

秀容東南雙堡王增壽，號爲外力，善角觝，人莫能敵。泰和末，官括駝，增壽作詭計，釘去聲駝足令跛，自羊頭村背負駝至代州，州守信以爲然，增壽復負之而歸。樊帥說。

石中蛇蝎

泰和中，柏山長老志賢住西京東堂，常住足備，即棄去。修渾源欒安橋嶺路，槌破一牛心大石，中有蛇蝎相吞螫，人不知其何從而入也。賢曰：「此在吾法，是怨毒所化，隨想而入，歷千萬劫而不得解者。若不爲解却，他日亦道曾見我來。」即以大杖擊之，竟無他異。全唯識說。

任氏翁媪

定襄沙村，樊帥所居，説里中任實洎其妻張氏，七十三歲，同年月日時生，復同年月日時死，古今所無有。

鄭叟犯土禁

平輿南函頭村鄭二翁，資性强，不信禁忌。泰和八年，其家東南有所興造，或言是太歲所在，不可犯。鄭云：「我即太歲，尚何忌耶？」督役夫興作，掘地不二尺，得婦人紅繡鞋一雙，役夫欲罷作，鄭怒，取焚之，掘地愈急。又二三尺，得一黑魚，即烹食之。不旬日，翁母并亡，又喪長子，連延十餘口，馬十、牛四十，死病狼藉。存者大懼，避他所，禍乃息。

張童入冥

平輿南函頭村張老者，以捕鶉爲業，故人目爲鵪鶉。年已老，止一兒，成童矣，一旦死。翁媪自念老無所倚，號哭悶絶，恨不俱死。明日欲埋之，又復不忍，但累磚作邱，入地一二尺許，云：「吾兒還活。」人笑其癡，而亦有哀之者。三日復墓，慟哭不休，忽聞墓中呻吟聲，翁媪驚曰：「吾兒果還魂矣！」撤棺磚，曳棺木出，舁歸其家。俄索湯粥，良久，説：初爲人攝往冥司，兒哀訴主者：「爹娘老可念，乞盡餘年，葬送畢死，無所歸恨。」冥官頗憐之，即云：「今放汝歸，語汝父，能棄打捕之業，汝命可延矣。」其父聞此語，盡焚網罟之屬，挈兒入寺供佛。寺有一僧吕姓者，年未四十，儀表殊偉，曾上州作綱首。張童即前問僧：「師亦還魂耶？」吕云：「何曾死？」張童言：我在冥中引問次，見師在殿角銅柱上，鐵繩繫足，獄卒往來以棓撞師腋下，流血淋漓。及放歸時，曾問監卒：「吕師何故受罪？」乃云：「他多脱下齋主經文，故受此報。」吕聞大駭，蓋其腋下病一漏瘡，已三年矣，兒初不知。吕遂潔居一室，日以誦經爲課，凡三年，瘡乃平。趙長官親見之。

土禁二

乙巳春，懷州一花門生率僕掘地，得肉塊一枚，其大三四升許，以刀割之，肉如羊，有膚膜。僕言：「土中肉塊，人言爲太歲，見者當凶，不可掘。」生云：「我寧知有太歲耶？」復令掘之，又得二肉塊。不半年，死亡相踵，牛馬皆盡。古人謂之有凶禍而故犯之，是與神敵也。申胡魯鄰居親見，爲予言。

群熊

癸卯初，有熊數十萬，從内鄉、硤石入西南山，銜枚并進，行既遠，掌皆出血，有羸劣而死者，群熊自食之。州縣有文移傳報，予於彰德見之。

刀生花

濟源關侯廟大刀，辛丑歲，忽生花十許莖，各長一指，纖細如髮。莖色微緑，其顛作細白花，大於黍米。予同舍李慶之子正甫爲予言。

産龍

平定葦泊村，乙巳夏，一婦名馬師婆，年五十許，懷孕六年有餘，今年方産一龍。官司問所由，此婦説，懷孕至三四年不産，其夫曹主簿懼爲變怪，即遣逐之。及臨産，恍忽中見人從羅列其前，如在官府中，一人前自陳云：「寄托數年，今當捨去，明年阿母快活矣。」言訖，一白衣人掖之而去【一】，至門，昏不知人，久之乃甦。旁人爲説晦冥中雷震者三，龍從婦身飛去，遂失身孕所在。

【一】一白衣人掖之而去　「人」字原缺，據吴鈔本補。

蕭卞異政

蕭卞，貞祐中爲壽州。一日，楊津巡邏回，忽馬前一黄犬，掉尾馴擾，且走且顧，如欲導人者。卞遣二卒隨之，徑至西河岸智井中，垂頭下視。卒就觀之，井垠有微血，一屍在内。即馳報卞，呼地主守護之。犬又導入城，望見一客店，嗚吠不已，如有所訴。卞呼主人者至，主人識此犬，云是朱客所畜，數日前，僦舟西河，引此犬去。今犬獨來，何也？卞即拘船户，偕至縣，令主人者認之，認是船户，主固問朱客所在，未加拷訊，隨即首服。又有周立，采薪州西新寺灘，爲虎所食。立妻泣訴於卞，卞曰：「吾爲爾一行。」率僮僕十餘輩，馳至新寺灘，叢薄間見一虎，帖耳瞑目，徐行而前，若有鬼神驅執者。卞以一矢斃之，剖其腹中，環故在身。范司農拯之説。

土中血肉

何信叔，許州人，承安中進士。崇慶初，以父憂居鄉里。庭中嘗夜見光，信叔曰：「此寶器也。」率僮僕掘之，深丈餘，得肉塊一，如盆盎大。家人大駭，亟命埋之。信叔尋以疾亡，妻及家屬十餘人相繼殁。識者謂肉塊太歲也，禍將發，故光怪先見。

玉食之禍

燕人劉伯魚，以貲雄大定間，性資豪侈，非珍膳不下箸。閑舍數百人，悉召尚食諸人居之，且時有賙贍，問知肉食之品，或一二效之。既老而病，財日削，鬱鬱以死。十數年後，兩兒行丐於市。玉食之禍，耳目所見不知其幾人，聊記此耳。二事亦司農云。

京娘墓

都轉運使王宗元老之父礎，任平山令，元老年二十許，初就舉選，肄業縣廨之後園。一日晚，步花石間，與一女子遇，問其姓名，云：「我前任楊令女。」元老悦其稚秀，微言挑之，女不怒而笑，因與之合。他日寒食，元老爲友招，擊丸於園西隙地。僕有指京娘墓竊楊者，元老因問京娘爲誰，同輩言：「前令楊公幼女，字曰京娘，方笄而死，葬此。」元老聞楊令之女，心始疑之，歸坐書舍。少頃女至，嬌啼宛轉，將進復止，謂元老曰：「君已知我，復何言也。幽明異路，亦難久處。今試期在邇，君必登科。中間小有齟齬，至如有疾，亦當力疾而往，當見君遼陽道中。」言訖而去。元老尋病，父母不欲令就舉。月餘小愈，元老鋭意請行，以車載之。途次遼河淀，霖雨泥淖，車不能進，同行者鞭馬就道，車獨行數里而軸折。元老憂，不知所爲。忽有田夫腰斤斧負軸而來。問之，匠者也。元老嘆曰：「此地前後二百里無民居，今與匠者值，非陰相耶？」治軸訖，將行，俄見一車，車中人即京娘也。元老驚喜曰：「爾亦至此乎？」京娘曰：「君不記遼陽道中相見之語乎？知君有難，故來相慰耳。」元老問：「我前途所至，可得知否？」京娘即登車，第言尚書珍重而已。元老不數日達上京，擢第。明昌中，爲運使，車駕享太室，攝禮部尚書，數日而薨。

神霄丹寶

宣和方士燒水銀爲黄金，鑄爲錢，在神霄者，其文曰「神霄丹寶」；五福者，曰「五福丹寶」；太乙者亦如之。汴梁下，錢歸内府，海陵以賜幸臣，得者以爲帽環，服之不中喝云。内藏庫使王壽孫説。

稻畫

西京田叟自號瓦盆子，年七十餘，所作《堯民圖》，青縑爲地，稻檕皮爲之。暗室中作小竅取明，與主客談笑爲之。嘗戲於袖中，掏蝨數枚，亂擲客衣上，客以爲真蝨而拾之，其技如此。性剛狷，自神其藝，不輕與人，己所不欲，雖千金不就也。蓋稻畫不見於書傳，當自此人始耳。事見平陽都運使張伯英文。

枸杞

泰和初，定陶古城崩摧，出一枸杞根，方廣一尺許，作卧狗狀，足尾皆具，背亦有細毛，背上一枝直出。縣外一農家得之，里社傳玩，尋爲縣官所奪。崔君佐見此時十五六矣。

詩讖

梁仲經赴官咸平，道中有詩云：「山雲欲雨花先慘，客路無人鳥亦悲。」劉御史雲卿詩：「壞壁秋燈挑夢破，老梧寒雨滴愁生。」李治中平甫云：「落葉掃不盡，寒花看即休。」未幾皆下世，殆詩讖也。至如楊敏行《晝眠》云：「身如蟬蜕一榻上，夢逐楊花千里飛。」真鬼語，何讖之有？

敏之兄詩讖

敏之兄，貞祐元年癸酉中秋日，約與王元卿、田德秀、田獻卿輩燕集，而其夜陰晦，罷。敏之有詩云：「佳辰無物慰相思，先賞空吟昨夜詩。莫倦更深仍坐待，密雲還有暫開時。」王、田戲曰：「詩境不開廓，君才盡耶？」敏之嘆曰：「我得年僅三十，境界得開廓否？」明年，遭城陷之禍，年才三十二。

申伯勝詩兆

高平申萬全，字伯勝，正大中，以史院編修官從宗室慶山南征。道中有詩云：「回首西風謝湫廬，崎嶇又復逐戎車。人生行止元無定，一葦江湖聽所如。」不數日，溺淮水死。

天慶鶴降

忻州西城，半在九龍岡之上，置宣聖廟、鐵佛寺、天慶觀，爲州之鎮。天慶觀老君殿尊像極高，大唐七帝列侍，父老云是神人所塑。晉天福二年重修。每歲二月十五日，道家號貞元節，是日，有鶴來會，多至數十，少亦不絶一二，翔舞壇殿之上，良久乃去。州人聚觀旁近城上，州刺史約先見鶴者有賞。四遠黄冠及游客來者三日不絶。貞祐兵亂，殿廢，鶴遂不至。

告成旱魃

貞祐初，洛陽界夏旱甚，登封西四十里告成，人傳有旱魃爲虐。父老云：「旱魃至，必有火光隨之。」命少年輩合昏後憑高望之，果見火光入一農民家，隨以大棓擊之，火焰散亂，有聲如馳。古人説，旱魃長三尺，其行如風。至於有馳聲，則不載也。

玉兒 當是其名

太原廟學，舊有鬼婦人，是宋時一提刑妾【二】，爲正室妒，捶而死，倒埋學旁，其處有桑生焉。此鬼時入齋舍，與人戲語，然不爲祟也。大定中，有數人夜宿時習齋。三更後，忽聞窗外履聲，須臾入齋，以手遍拊睡者，云此人及第，此人不及第。既而曰休驚休驚也。及至後，皆如其言。學正馬持正説，睡者趙文卿、段國華、郭及之。

【二】是宋時一提刑妾　「時一」原作「旦」，據吴鈔本改。

王氏金馬

太原王氏，上世業醫，有陰德閭里中。至君玉之父，翁母皆敬神佛，一净室中安置經像，扃鑰甚嚴，於灑掃母亦親爲之。一日晚，入室中焚誦，忽供几下一細小物跳躍而出，有光隨之，須臾，作聲如馬嘶。母起立祝曰：「古老傳有金馬駒，今真見之，果欲送福，來老婦衣襟中。」即以襟迎之，此物一跳而上，視之，金馬也。君玉以天眷二年第。器玉、汝玉，皇統元年相次科第。鄉人榮之，號「三桂王氏」。府尹并以「三桂」名所居之坊。翁四子，三子登科，一子以蔭補。至其孫仲澤，復爲名進士，文章政事，談辨字畫，大爲時輩所推。金馬方廣三寸，金作棗瓤色，項頸微高，尾上揭如艾炷，髀股圓滑。兵亂之後，予曾見之。濬州清卿房約爲賦《金馬辭》也。

王雲鶴

王中立，字湯臣，岢嵐人。博覽强記，問無不知。少日治《易》，有聲場屋。家豪於財，客日滿門，延待備極豐腆，其自奉，則日食淡湯餅一杯而已。年未四十，喪妻不娶，亦不就舉，獨處一室中如僧。如是三四年乃出，時人覺其談吐高闊，詩畫超絶，若有物附之者。問之不言也。大安初，遇閒閒趙公於平定，遺之詩曰：「寄與閒閒傲浪仙，枉隨詩酒墮凡緣。黄塵遮斷來時路，不到蓬山五百年。」因言唐士大夫五百人，皆仙人謫降，爲世味所著，亦有迷而不返者，如公與我皆是也。一日，來都下，館於閒閒公家。《中秋詩》有「印透山河影，照開天地心。」人世有昏曉，我胸無古今」之句，閒閒大奇之。因索墨水一盂，如言與之。明旦，不告而去，壁間留「古鶴」二字，廣長一尺，墨水且不知何物書也。少之，先生從外來，問所以然，不答，題其旁云：「天地之間一古儒，醒來不記醉中書。旁人錯比神仙字，只恐神仙字不如。」先生詩，如「醉袖舞嫌天地窄，詩情狂壓海山平」「忽驚風浪耳邊過，不覺神形來世中」「因君感激從君説，鑿破機關我亦驚」此類甚多。人有問世外事者，亦一二言之。好作擘窠大字，勢極飛動，閒閒極愛之。屏山李之純嘗見先生，商略前代人物，引先儒論議數十條在目前，如人人自相詰難，然後以己意斷之，以爲辨博中第一流也。臨終豫剋死期，如言而逝，年四十九。晚年易名雲鶴，號擬栩道人。人物如世畫吕公，肩微聳耳。

董國華

董文甫，字國華，潞人，承安中進士，資淳質，泊於世味。人知重之，而不知其何所得也。子安仁，亦學道，閒居竇豐。父子閉户讀書，朝夕不給，晏如也。先生歷金昌府判官、禮部員外。正大中，以公事至杞縣，自知死期，作書與家人及同官，又與杞縣令佐詩，多至三十餘首，書畢坐化。

衛文仲

衛文仲，襄城人，承安中進士，性好淡泊，讀書學道，故仕宦不進。平居好歌東坡赤壁詞，臨終，沐浴易衣，召家人告以後事。即命閉户，危坐床上，誦赤壁詞，又歌末後二句，歌罷，怡然而逝。

一行墓石記

劉太博機，貞祐兵亂後，自管湖州刺史遷濟州。民居官舍皆被焚，機復立州宅，掘一黄土坡，偶值古冢，乃唐一行禪師墓，有石記云「劉機當破吾墓」。

明月泉

明月泉在五臺山中，人至泉所，以紗帛障眼，下視泉水，或見月在水中，故泉以爲號。歷數千百人乃一二見之。大參楊叔玉，五臺人，爲予言：「明月泉，吾所親見，非傳聞也。」

石守道心化石

徂徠石守道墓在奉符，泰和中，墓崩，諸孫具棺葬骸骨，與常人無異，獨其心如合兩手，已化石矣。

燬寶鼎

皇統中修内司，燒琉璃瓦，燬一大鼎，三日不鎔，鼎欲敗，有聲如雷，聞三十里外。人謂成敗有數，數與阨會，雖神物不能自保，不特此鼎矣。希顏說。

田鼠

正大壬戌，内鄉北山農民告田鼠食稼，鼠大如兔，十百爲群，所過禾稼爲空。獵户射得數頭，有重十餘斤者，毛色似水獺，未嘗聞如此大鼠也。

天魔祟

泰和末，雷景滂任壽州防禦判官，弟希顔亦到官。有官妓香香，爲魔所祟，神志怳惚，或睡數日不起。希顔謂其同列者，言有一婦人爲天魔所著，挈上浮圖顛，凡婦意所欲，無不立致。一日，見布幔車過塔下，婦謂魔言：「車中貴人妻，汝取其釵來。」魔去，良久乃至，無所得。婦問故，曰：「彼福人，有神護之，望而不得前。」婦又問：「彼以貴人妻，故有神護也？」曰：「不緣貴人，但其不食牛肉故耳。」婦即發願：「我若脱此祟，不但我終身不食牛肉，誓盡此生勸人不食。」言未竟，魔大罵而去，遂不復至。婦大呼求救，其家以繩挽之而下，竟得全活。阿香能不食牛肉，發願神佛前，祟宜不能近。同列以其言告香，香即發願，後十餘日，靚妝袨服持酒來謝，云：「得學士所教，今爲平人矣。」

神哥

孫國鎮内翰族婦，有爲山魈所污者。魈自言：「汝若資用所闕，我能立致。」嘗積絹滿庭，皆有真定庫印，婦家以官物累己，乞屏去，俄頃，失絹所在。又一白馬，金鞍寶勒，不知從來，而繫之櫪下。家人益懼，祈請良久，馬忽不見。諸子竊議，呼魈爲五郎。云：「設若人家無嗣，能爲致一子否？」明旦，一孩子面目如畫，錦綳繡褓，卧之床上。老幼拜禱不願受，竟留之。因字之曰「神哥」，年六歲病卒。

王確爲兄所撻

外祖柔服簿王君，大定中卒官。其最小弟確酗酒欺幼孤，祖母張容忍既久，無所控訴，遂病不能起。一夕，與諸女并寢，夜半燈暗，聞騷窣聲，少之，觸雙陸棋子亂，嘖嘖有聲，屢嘆。祖母哭失聲，因言五叔恃酒見陵，官法不能制，若不禁止之，母子將爲魚肉矣。不數日，確承醉夜出定襄，歸至趙村，值外祖於中路，畫地大數，隨以馬策亂捶，確抱頭竄伏，僅能至家。取火視之，衫服碎破，腫青滿背。明日，就外祖像前百拜謝，後酒亦不飲。

王全美母氏詩語

定襄王全美之母，從幼事佛，既奉香火益勤。先不知書，忽一日，謂敏之兄言：「外生，我漫得一句，汝看作得偈否？」舉似凡十數句，惟「天機割斷繁華夢」，殆似從慧中得之。母未幾下世。

蝨異

德順破後，民居官寺皆被焚。内城之下，有炮數十，垂索在故營中【三】。人有欲解此索者，見每一索從上至下，大蝨遍裹，如脂蠟灌燭然。聞汴京被攻之後，亦如是。喪亂之極，天地間亦何所不有也！

單州民妻

貞祐初，虞縣黄九者，從佛兒堌賊鑽大怪作亂，於單父虜老幼數百。中一婦有姿色，黄欲劫取，婦陽謂賊曰：「吾夫少選至，願一見，嫁君未晚。」及見其夫，訴以劫取之事，因指黄九惡語大駡。賊不勝憤，砍殺之。被砍處不血出，但白膏流。黄冠禹冀之說。

【三】垂索在故營中　「在故」原作「故在」，據吴鈔本改。

戴十妻梁氏

戴十，不知何許人，亂後居洛陽東南左家莊，以傭爲業。癸卯秋八月，一通事牧馬豆田中，戴逐出之。通事怒，以馬策亂捶而死。妻梁氏，舁尸詣營中訴之。通事乃貴家奴，主人所倚，以牛二頭、白金一笏就梁贖罪，且説之曰：「汝夫死亦天命，兩子皆幼，得錢可以自養，就令殺此人，於死者何益？」梁氏曰：「吾夫無罪而死，豈可言利？但得此奴償死，我母子乞食亦甘分。」衆不可奪，謂梁氏曰：「汝寧欲自殺此人耶？」梁氏曰：「有何不敢？」因取刀欲自斫之。衆懼此婦憤恨通事，不令即死，乃殺之。梁氏掬血飲之，携二子去。洛陽翟志忠云。

李畫病目

聊城李畫生二子，其一失明，其一生而無目。李去歲一目復枯，問神霄何道士求治療，何問：「渠寧作虧心事耶？」李言：「某生塑神像，急須用目睛，則往往就神像摧塌處剜取之，殆以此故耶？」丁酉歲春，何來陽平謂予言，李吝少費受此報。

人生尾

清河王博，以裁縫爲業，年三十七。一日，詣聊城何道士言：「丁酉初春，醉卧一桃園中，忽夢一神人，被金甲執戟至其旁，蹴之使起。王問何爲，神曰，吾爲汝送尾來。自後覺尻骨痛癢，數日生一尾，指許大，如羊退毛尾骨然。欲勒去，痛貫心髓，灸之亦然。因自言不孝於母，使至飢餓，故受此報。每人觀看，則痛癢少止，否則不可耐也。」因問何求療，何無所措手，乃去。今在新店住。何道士云。

石公陰德

國初，定州唐縣王八郎，姿容雄偉，膂力絶人，爲相者所惑，謀作亂，因設詭計籍鄉人姓名，未及引誘，爲人所告。州將高某捕獲，按籍逮捕凡數千人。高欲一切以造逆當，石公時爲都司，諫止之曰：「以詭計籍人名，罪止王八，其他無豫謀者，使其在詿誤之列且不可，况誣以從逆乎？」州將不悦，命他吏鞫其事。吏承風旨，文致其罪。然將以石公一言，遂疑之。明日，召石公：「王八而下皆自伏，公所言，何不惜死之甚也！」石公曰：「雪人之冤，一死何惜！」州將良久曰：「有是哉？吾更思之。」明日，即從石公議，戮首惡二三人，餘悉縱遣，并取舊案焚之。石公之子琚業進士，天眷初，第一人擢第；大定中，以左丞相致政。故石公陰德，鄉人無大小能備道之。

馬三詆欺報

恩州劉馬三，以鈎距致富。嘗用詭計取鄰舍袁春田，春訴於官，馬三出契券爲質，竟奪之。春不能平，日爲鄉人言：「渠詆欺如此，已將爲異類矣。」馬三亦自誓云：「我果詐取汝田，當如所言也。」泰和二年，馬三以病死。袁春家犬乳數子，中一小花狗，腹毛純白，有朱書「我是恩州劉馬三」七字。馬三素多怨家，竟欲出錢買之，尋爲州刺史所取，闔郡皆知。馬氏子孫不勝其辱，購而藏於家。

白神官

鄜州洛郊【四】，大定中，有妖人白神官者，能以左道作怪變，如平地起龍，卷袖出金手，或端坐見佛像，光怪奪目。數百里間，無不歸向，莫有忤其意者。外祖王君時爲此縣主簿，捕得之，問所以能怪變者，皆托以天神所爲。及掘得狐涎一罌，神官乃伏罪，決杖二百而死。縣境爲之肅然。其後吾舅彦師再到洛郊，去外祖已四十年。訪舊事，父老尚能言：「君是杖殺白神官王主簿子孫乎？」

【四】鄜州洛郊　「郊」原作「交」，據《得月簃叢書》本改。

賈道士前身

宣德朝元觀賈道士，魚兒泊賈大夫之子。知其前身本潞州人義鎮王秀才。貞祐之兵，爲北騎所俘，乘騎他出逃去，騎追及，槍中其額而死。死後性不昧，顧盼中，有二人來扶之，使歷觀諸獄，不忍恐怖，復扶之出。過一石橋，見蓮花盆子中貯惡血汁，令飲之，覺腥口不可近，不肯飲。二人不之强，但推墮水中，既而開目，知受生此家。三日洗兒，及滿月，鄉鄰來賀，皆見，但語不出。六七歲説前事，即求出家，父母不得已，許之，送朝元觀作道童。一日，俘主來，觀中人説前事，俘主亦了了能記，都不差。視其額角，瘡瘢猶存。

旬會之異

定襄魏仲儀，以經童出身，得遼陽警巡院判，將復應詞賦舉，與同輩結夏課，十日一宴集。中一舉子物故，他日旬會，諸人感嘆存歿，仍於故人設位。少選食至，諸人舉匕箸，而設位者亦然。合坐哭皆失聲，竟至罷食。

濟源靈感

濟源廟，隋時建。廟後大池，邑人以海子目之，獻酒及冥錢。或他有所供，悉投此海池。每歲春暮，紙灰從水底出，謂之海醮。水亦有澄澈時，池底物歷歷見之。或時水底酒尊、傘扇浮游水面，謂之神賜，雖重若銀杯香合亦浮，觀者環水而立，物所至，人得之，以長漉籬挹取，拜賜而去。酒尊皆有鐫，記年月姓名，飲之往往有味云。

校勘記

卷二

貞雞

房皥希白宰盧氏時，客至，烹一雞。其雌繞舍悲鳴三日，不飲啄而死。文士多爲詩文，予號之爲「貞雞」。

王氏孝犬

王懷州家小兒子五哥，畜一犬甚馴。五哥十二三死，犬隨至葬所，徘徊望顧，如有所見者。自後日一往墓側，暮乃歸，如是近百日，人以孝犬目之。

狐鋸樹

陽曲北鄭村中社鐵李者，以捕狐爲業。大定末，一日張網溝北古墓下，繫一鴿爲餌，身在大樹上伺之。二更後，群狐至，作人語云：「鐵李鐵李，汝以鴿賺我耶？汝家父子驢群相似，不肯做莊農，只學殺生，俺内外六親，都是此賊害却。今日天數到此，好好下樹來，不然，鋸倒別說話。」即聞有拽鋸聲，大呼：「揞鑊煮油，當烹此賊。」火亦隨起。鐵李懼，不知所爲，顧腰惟有大斧，思樹倒則亂斫之。須臾天曉，狐乃去，樹無鋸痕，旁有牛肋數枝而已。鐵李知其變幻無實，其夜復往。未二更，狐至，泣罵俱有倫。李腰懸火罐，取卷爆潛爇之，擲樹下，藥火發，猛作大聲。群狐亂走，爲網所罥，瞑目待斃，不出一語，以斧椎殺之。

濟水魚飛

壬寅歲，濟源水中魚飛起，鳥鵲啄食之而墮，人取食無他異。甲辰冬，安賢鎮西南之馬陵，平旦無風雲，忽空中墮魚七八頭，不知所來，又比濟源者差小。陶朱種魚法，池中著鼈，不爾則飛去。

石佛動

正大八年，滕州東三里有石佛一軀，忽自動搖者數月，及州將死乃定。禹冀之聞張仲安說。

鬼拔樹

興定末，曹州一農民，一日行道中，忽驟雨，聞空中人語云：「敢否？」俄又聞大笑聲。此人行半里，見道左大柳樹拔根出，擲之十步外，泥中印大臀髀痕，如麥籠許，蓋神拔樹偃坐泥中破笑耳。

高尉陰德

高工部有鄰，字德卿。父飛狐令集嘗尉南和，以公事活千餘人。德卿生於此邑，四十年後，拜安國軍節度使。父老有及見當時事者，扶杖迎勞，歡呼馬前，德卿亦爲立碑尉廳。道所以陰德陽報之故。不逾月，子嵩、猶子鑄，同榜登科，時人榮之。

胡公去狐

胡彦高，明昌二年以廉舉爲即墨令。縣廨在古城之隅，爲妖狐所據，晝伏夜出，變化狡獪，或爲獄卒，縱遣囚繫；或爲官妓，盜驛傳被襆。媚惑男女，有迷亂至死者。邑人無如之何，反以香火奉之，餘五十年矣。彦高到官，問知其然，顧謂同僚：「官舍所以居賢，今令不得居，而鬼物據之耶？」時室空已久，頹圮殊甚，即令完葺之。明日，即廳事理務。抵暮，張燭而坐。夜半，狐鳴後圃中，一倡百和。少頃，坌集周匝庭内，中一大白狐，據地而吼，如欲搏噬然。卒伍散走，投避無所。彦高端坐不動，而狐亦不前，良久引退。如是者三日，遂不復來。又十許日，傅一女奴，跳躑歌笑，狂若寐語。彦高以朱書置奴釵間，逼逐之，奴即日知人。明旦，尉自巡邏還，遭群狐數百，由縣東南去。狐復惑登州吏目江崇家一婦，崇就海島中請道士行法，乘婦人狂亂，縛置車輪上，埋軸地中，令人轉之，既久，婦快吐腥涎，乃是即墨狐，爲胡公逐至此。即墨父老爲彦高刻石，名「胡公去狐碑」，屏山李之純之記也。彦高，武安人，仕至鳳翔同知。

吕守詩讖

吕卿，字祥卿，大興人。刺汝州，一月而罷。題詩望崧樓，有「珍重樓中舊山色，好將眉黛事新官」。未幾，物故，人以爲詩讖云。

孟内翰夢

孟内翰友之，大定三年，鄉、府、省、御四試皆第一。供奉翰林，歷曹王府文學。以疾尋醫，久之，授同知單州軍州事，丁内艱，哀毁致卒。友之未第前，夢中豫知前塗所至，其後皆驗。鄰人李生言：「友之死之年六月中，連夕星殞於虚軒前。」汴人高公振特夫挽之曰：「見説平生夢，前途盡目前。」又云：「人嗟埋玉樹，天爲啓文星。」詩雖不甚工，有以見友之出處之際，死生之變。造物者皆使之前知，其以海内重名畀之者，爲不偶然也。

麻神童

麻九疇，字知幾，獻州人。三歲識字，七歲能草書。作大字有及數尺者，所至有神童之目。章宗召見，問：「汝入宮中亦懼怯否？」對曰：「君臣猶父子也，子寧懼父乎？」上奇之。明昌以來，以神童稱者五人。太原常添壽，四歲作詩云：「我有一卷經，不用筆成。」合河劉文榮，六歲作詩云：「鶯花新物態，日月老天公。」劉微七歲，被旨賦《鳳皇來儀》。新恩張世傑，五六歲亦召入，賦《元妃素羅扇畫梅》云：「前村消不得，移向月中栽。」其後常隱居不出，餘三人皆無可稱道，獨知幾能自樹立，一旦名重天下，耆舊如閒閒公，且以徵君目之而不名云。

陳守誠感

陳大年，字世德，吉州人。泰和中，刺吾州。時秋旱，蝗自南而北，世德祭於石嶺關，遂不入境。死囚馬柏兒移勘更數州，已十三年矣。陳已决其死，止待署字矣。陳夜禱星下：「決囚無復疑，尚慮有冤。今旱已極，囚果不冤，明當大雨；如冤，則雨且止。」以此卜之。明日大雨，遂決此囚，是歲大熟。

虞令公早慧

虞令公仲文質夫，四歲賦《雪花詩》云：「瓊英與玉蕊，片片落階墀。問著花來處，東君也不知。」仕爲遼相，歸朝，授平章政事、濮國公。

陳希夷靈骨

華山張超谷，陳希夷靈骨在焉。山徑險絶，下臨無地，河中李欽叔嘗至其處。陳骨長大，異於今人，堅重腴瑩如青玉，道力所至，具見於此。弟子某遺骸亦在其旁，以陳比之，仙凡爲不侔矣。

馬光塵畫

馬資深之子光塵，十許歲畫山水有遠意，甫成童而卒。王子端内翰題其畫云：「珠璧佳城下，丹青敗稿間。殘年兩行淚，絶筆數重山。」人謂童丱而以畫稱，且爲名流所嗟惜，古亦不多見也。

馬齧定襄簿

泰和中，一國姓人爲定襄簿。一日，河西程氏馬逸，直上廳嚙主簿倒。旁立數十人，號叫捶楚不能救。不半時頃，嚙簿死，傷折處所不忍視。馬走出城，羅得之。三日葬簿，縛馬投火中。人謂此馬不爲物所憑，則他世報怨也。

鬼市

裴翰林擇之，陽武人。六七歲時，以大父馬上抱往縣東北莊，至外壕，見門南北有市集，人物皆二尺許，男女老幼，吏卒僧道，穰穰往來，市人買賣負擔，驢馱車載，無所不有。以告其大父，大父以爲妄，不之信也。蓋三四至其處，亦皆見之。此與《呂氏碣石録》記「武平周鼎童時村居，一日，縣人市集，鼎騎長耳從父入市，時地色微辨，見道旁兩列皆佛像，閉目不敢視，開目又不見」兩事大相類，但佛像之多，何也？

原武閻氏犬

原武附城堤下閻老家，其翁母遭辛卯冬兵亂，死其家牆下，丁壯被虜，不及埋掩。此時僵尸滿野，例爲狐犬所食，不辨誰某。閻氏犬亦食人，但守護翁母，日與衆犬鬥，他犬無敢近者，前後月餘。閻氏子侄有逃歸者，竟得全骸而瘞，真孝犬也。

歷年之讖

古人上壽，皆以千萬歲壽爲言。國初種人純質，每舉觴，惟祝百二十歲而已。蓋武元以政和五年、遼天慶五年乙未爲收國元年，至哀宗天興三年，蔡州陷，適兩甲子周矣。歷年之讖遂應。

巽齊之讖

天會八年，册劉豫爲大齊皇帝，都大名。諸門舊有巽齊、安流、順豫之號，以門名色瑞，因取三市門名阜昌者建元。雖出於傅會，亦有數焉。

桃杯

鞏下韓道人，本出衣冠家，曾以蔭補官。中年遇異人，有所得，即棄官學道。予曾見之秦州之隴城。説泰和初，秋雨後行山間，忽見一大葉隨流而下。韓初不以爲意，俄數葉間一桃，大如杯盌，爲石所礙而止。韓取得之，桃紅而香，非凡目所常見，知爲希遇，望三峰再拜，食之盡，懷枝葉歸。就洞穴高絶處，鑽桃核破，取仁吞之，甘如酥蜜。因以核爲兩酒杯，各受一勺餘。韓從此或食或辟穀，時年已六十，狀貌只如四十許人。一日，從予乞酒，以此杯酌，核得酒紅潤如新。約予賦桃杯詩，因循未暇。北渡後，長春尹師亦有一桃杯，云是宣政内府物云。

溺死鬼

澤州有針工，一日，人定後，方閲針次，聞人沿濠上來，喜笑曰：「明日得替矣。」人問替者爲誰，曰：「一走卒，自真定肩傘插書夾來濠中浴，我得替矣。」針工出門望，無所見，知其爲鬼。明日，立門首待之。早食後，一疾卒留傘與書夾針工家，云：「欲往濠中浴。」針工問之，則從真定來。因爲卒言城中有浴室，請以措背錢相助。卒問其故，工具以昨所聞告，辭謝再三而去。其夕二更後，有擲瓦礫於門，大駡曰：「我辛苦得替，却爲此賊壞却，我誓拽汝水中。」明旦，見瓦礫堆。數夕不罷。此人遷居避之。秘水焦符村説。

棣州學鬼婦

王右司仲澤，少日住棣州學，厨人告言：「一婦人鬼，每夜來攪擾，不得睡。」澤言：「今夕若復來，汝捽其衣，大叫我輩往視之。」其夜果來，其人把其臂不放，因大叫，諸生持燈往視之，乃一古棺板，焚之而怪遂絶。仲澤説。

【一】作白玉方斗　「玉」原作「三」，據吴鈔本改。

湯盤周鼎

秀岩安常，字順之。常從党承旨學大篆，多識古文奇字。泰和末，嘗見内府所藏湯盤，作白玉方斗【一】，近四小寸，底銘九字，即「德日新，又日新，日日新」者也。章宗有旨令辨之。又一方鼎，耳二足四，饕餮象在雷文中，銘云：「魯公作文王尊彝」。銅既古，瑩如碧玉，無復銅性矣。

蓮十三花

同年康良輔説，磁州觀臺劉軌家。承安中，池蓮一莖開十三花。是歲，軌登科，終於京兆按察判官。

瑞禾

鳳翔虢縣太子莊，庚子歲，郝氏穀田八十畝，每莖一葉一小穗，至十二數，并大穗爲十三，試割一叢治之，得穀十升。明年，郝使統軍萬人，佩金虎符，偏將李慥曾見。古有一莖九穗，蓋不如是之多也。

黄真人

修武張衮，字君冕。其父仲和，少日爲府史，好祈仙。一日，黄繙綽降，因留事之，謂之黄真人。懸筆畫像前，每事禱之。君冕崇慶二年赴簾試，仲和問云：「兒子入試，御題得聞乎？」批曰：「天機不容泄。」及試期過，問之，即批云：「《臣作股肱弼予違賦》《成績紀太常詩》。」又問：「兒登第否？」批曰：「黄裳頭，緑衣尾。」張不解，請解之。又批曰：「天機不容泄。」及四月，當唱名，張又問：「榜旦夕至，幸先告之。」即批云：「緑衣，六衣也，非君冕名乎？」及榜至，黄吉甫真第一人，而君冕名最下。此類甚多，亦有俳諧詩可笑。

摩利支天咒

忻州劉軍判，貞祐初，聞朔方人馬動，家誦摩利支天咒。及州陷，二十五口俱免兵禍。獨一奴不信，迫圍城，始誦之，被虜四五日，亦逃歸。南渡後，居永寧，即施此咒。文士薛曼卿記其事。

王叟陰德

穰縣宋莊王叟，人目爲王評事。身年八十一，婦八十，四子，有孫二十餘人，曾孫亦娶婦。自叟至其曾，凡三十六房，夫婦皆結髮，推户爲縣中第一。第四子榮，以軍功官宣武軍魯山尉。長孫中武舉，某州巡檢。宋莊四區宅前大槐，數百年物，老幹已枯，而五枝内向，各成大樹，蔭數十步。予在鎮平日，嘗過其家，見其康健如六十許人，謂必有陰德致然，問之不答。旁一叟云：「王評事年雖高，乃以診治爲生，病家來請，上馬去，不以僮僕自隨。爲人處方，一藥不備，不以和劑。貧家調患，夏月日二三往不倦，病既平，不責一錢。此非陰德耶？」叟乃肯自言：「今商販家自臨洮山外，以長耳負甘草來，塵垢糞穢，何所不有？卸之藥肆中，隨即剉以與人。某每用此草，必以水洗濯，暴晾如法，然後和藥，他品悉然。非敢自爲陰德，但心之所安，不能不爾也。」予酌酒與之曰：「此公陰德大矣。」

馮婦詩

武安縣新安農馮氏病後，忽道一詩云：「城南池館夾蒲津，野色林光物色真。滿目烟霞蓬島遠，一溪花木武陵春。」泰和末，病卒。胡國瑞說。

石中龜

金門羽客李煉師，和順人。嘗爲章廟所詔，提點天長觀。平生靈異，如金盂出水之類甚多，至八十一事，圖於邢州神霄宮壁間。門人王守中又欲刻碑以傳，召匠者攻石。石中得一龜，日在几案間馴狎，如是百日，風過，失所在。武安王安卿説。

石中蟆

長葛禹冀之，見華山隱者薛自然，説：「泰和中，華山石工破一石，石中一蟆跳出，尋入水中。」

高監償債

遂平門城鎮高監，初到門城，就富民高氏求相紹繼。高氏農民淳質，墮其術中，所借錢麥積數百緡，後百方詆欺，一錢不償。未幾，高監死，生一赤犢，腹下白毛成字云「還債人高都監」。時武州人吴成可罷鄜時丞，閑居此鎮，作《牛報文》。

范元質決牛訟

范元質令平輿，函頭村彭李家兄弟皆豪於財。彭李三水牸生一犢，數日死，棄水中。鄰張氏水牸亦生一犢，李三爲牧兒所誘，竊張犢去，令其家水牸乳之。張家撻之，遂告張曰：「李家犢死投水中，今所乳君家犢也。君告官，我往證。」張愬之官，元質曰：「此不難。」命汲新水兩盆，刺兩牛耳尖血瀝水中，二血殊不相入。又捉犢子，亦刺之，犢血瀝水上，隨與張牛血相入而凝，即以犢歸張氏，縣稱神明。元質名天保，磁州人。進士趙公祥親見。

賈叟刻木

平陽賈叟，無目而能刻神像，人以待詔目之。交城縣中寺一佛，是其所刻，儀相端嚴。僧說：「賈初立木胎，先摸索之，意有所會，運斤如風。」予因記趙州没眼僧，能㯹墨水畫，上布五彩，亦㯹之。毛提舉家，一虎蹲大樹下，旁卧一青彪，虎目爍爍如金，望之毛髮森立。雖趙邈齪不是過。佛氏所謂六根互用者，殆從是而進耶？

閻大憑婦語

穰縣孫莊農民閻大，正大中，與相里劉進往商洛買牛，而閻病死，劉以書報其家。閻母與婦望祭於所居之前，有回風吹紙灰往西南莊，此莊是閻小婦所居，相去五六里。少之，有人來報，閻大憑婦語，欲與母妻相見。母妻奔往，相持而哭，問：「汝何死？」曰：「我死天命，但爲劉進所欺，先此相告：某牛價幾何，用絹若干；某牛價幾何，用銀若干。彼乘我死無證，欲相欺昧耳。」布金價直，皆令以筆記之。又云：「此人情理不可耐，我已死，渠有布絹，乃以行纏蔽我面。」傍一屠者云：「汝欠我肉錢若干，汝家以汝死，遂不見還，今令我取還。」閻俯首久之，仰視屠云：「我已死，更理會甚。」觀者大笑。他日，劉進及家，人説向云閻大有靈，先以價直告其家矣。進見其母，一錢不敢欺焉。致遠與閻一村落，爲言如此。此與正大中䝉卒石貴事同。貴死後，憑一男子，就舞陽縣吏徵債，訴於司農卿，張公異其事，命部掾王仲寬爲理，貴有文券可憑，立命還之。

延壽丹

神仙辟穀延壽丹，一丸，終身不飢。光明硃砂一兩，飛過用之。定粉一兩，燒之黄色者。白茯苓如雪者一兩，或加半兩。黄丹輕紅者一兩，飛過秤。乳香七錢半，水銀三錢，大金箔三十片，白沙蜜一兩，净蠟二兩。右各擇精細者，先將定粉入乳鉢研開，次下水銀再研，直候無水銀星子爲度。次下黄丹、硃砂、金箔再研。次下茯苓、乳香等細末同研匀。將藥入垍碗，坐熱湯上，勿令湯冷。另將蜜蠟開鎔入藥在内，木匙攪匀。衆手丸，每一兩作十二丸子，勿令有罅縫。或硃砂或水銀爲衣，不爲衣亦可。如欲以水銀爲衣，取水銀三二粒手心内，用津唾擦青色，取藥三五丸搓之。合時忌雞犬、婦人。藥成，入垍器内貯之。如欲住食，先用油三兩、蠟一兩、白麵一斤，入蜜一兩，和燒餅或煎餅。如無，食不托麵或糯米粥亦可。須極飽，然後服藥，以乳香湯下一丸。又一時辰，再將白麵炒熟，蜜蠟爲丸，如桐子大，温白湯或乳香湯下百丸，名曰後藥。先已飽食，又服後藥，故二三日不困，雖困亦無傷。服藥後當萬緣不染。夫心動則氣散，語多則氣傷。故辟穀者以寧心養氣爲本，事來則應，事過勿留於心。時時向日咽氣，以爲補助。茶湯任意，勿食有滓之物。忌怒，忌大勞。十日後，肌肉雖瘦，而筋骨輕健，神觀開朗。如欲開食，須二七日以後，候藥在丹田，可開食。不及二七日而食，則藥隨臟腑而下矣，開食之後，如更欲住食，不必服藥，止以乳香湯匀之。凶年饑歲，至父子夫婦相啖，搗爲泥丸作彈子大，黄丹爲衣，紙帶子盛此藥一丸，縫合著臍中，上用裹肚繫定。每遇箭鏃未出，先如上繫定，頃用象牙末擦瘡口。若中箭已久，須用鋒刃或針少少取破，搽象牙末，則箭鏃自出。如魚骨鯁喉，以至針錢麥芒，不限久近，皆驗。

救熏死

辛未冬，德興西南磨石窑，居民避兵其中。兵人來攻，窑中五百人悉爲烟火熏死。内一李帥者，迷悶中摸索得一凍蘆菔嚼之，汁才咽而蘇。因與其兄，兄亦活。五百人者，因此皆得命。蘆菔細物，活人之功乃如此。中流失船，一壺千金，真不虛語。河中人趙才卿又言：「炭烟熏人，往往致死。臨卧削蘆菔一片著火中，即烟氣不能毒人。如無蘆菔時，豫暴乾爲末備急用，亦可。」

神人方

阿魏散，治骨蒸、傳尸勞、寒熱、困羸、喘嗽。方：阿魏三錢，斫青蒿一握【二】，細切。東北桃枝一握，細剉。甘草如病人中指許大，男左女右。童子小便二升半。先以小便隔夜浸藥，明旦煎取一大升，空心温服，分爲三服以進。次服調檳榔末三錢，如人行十里更一服。丈夫病，婦人煎藥；婦人病，丈夫煎藥。合時忌孝服、孕婦、病人及腥穢物、雞犬見。服藥後，忌油膩、濕麵、冷硬物。服至一二劑，即吐出蟲或泄瀉，更不須服餘藥。若未吐利，即當盡服。病在上即吐，在下即利，皆出蟲如馬尾、人髮之類，即當差。天下治勞，直須累月或經歲，唯此方得於神授，隨手取效。陵川進士劉俞，字彬叔，任都運司幕官日，

【二】斫青蒿一握　「蒿」原作「松」，據吴鈔本改。按：未見青松可入藥之記載，而青蒿可入藥，故據改。

得於閻郎陟，云是古崔家方。閻先患此疾，垂死，得方而愈。劉以治寧州一官妓，利寸白蟲三四升，狀如葱根，隨即平復。服藥後，遂去諸疾，五藏虚羸，魂魄不安，即以白茯苓湯補之。白茯苓一錢，茯神一錢，人參三錢，遠志三錢，去心龍骨二錢，防風二錢，甘草三錢，麥門冬去心四錢，犀角五錢，錯爲末。生乾地黄四錢，肥大棗七枚，水二大升，煎作八分，分三服温下，如人行五里更一服，仍避風寒。若覺未安，隔日更作一劑。已上兩藥，須連服之。好問按：此方本出《普濟加减方》，其語簡略，又不著所從來，而世人不甚敬信，故備論之。

背疽方二

治發背腦疽一切惡瘡。初覺時，采獨科蒼耳一根，連葉帶子細剉，不犯鐵器，用砂鍋熬水二大碗，熬及一半。瘡在上，飯後徐徐服之。吐出，候吐定再服，以盡爲度。瘡在下，空心服。瘡自破出膿，更不潰引。瘡上别以膏藥傅之。此方京兆張伯玉家榜示傳人。後昆仲皆登第，人謂善報。

治一切惡瘡服瓜蔞方。懸蔞一枚，去皮用穰及子，生薑四兩，甘草二兩，横文者佳。細切生用，無灰酒一碗，煎及半，濃服之。煎時不犯銅鐵，病在上，食後；在下，空心。見洪氏方、陳日華方。中州初約子張户部林卿，其方有加大黄，或木香，或乳香没藥者，大率以瓜蔞、生薑、甘草爲主。病瘡先疏利，次用瓜蔞藥，日以乳香、菉豆粉温下三五錢。防毒氣入腹外，以膏塗傅之，病者亦無慮矣。好問年二十一，侍先君官隴城。大安庚午承先人疽發於鬢。好問愚幼，平居作舉子計，於藥醫懵然無所知。庸醫滿前，任其施設，先君竟用是捐館。其後還鄉，得此方於家塾，以治他人，遂有百驗之效。感念疇昔，慚恨入地，爲人子不知醫，其受禍乃如此，故并記之爲戒。

内藏庫龍

遼祖神册五年三月，黑龍見拽剌山陽水。遼祖馳往，三日乃得至，而龍尚不去，遼祖射之而斃。龍一角，尾長而足短，身長五尺，舌長二寸有半。命藏之内庫。貞祐南渡尚在，人見舌作蒲秸形也。

都城夜怪

從舅張伯達知徵、飛卿翱，崇慶二年正月，同赴省試，所挈僕夫戲以王興目之者。宿迎鑾坊，夜起便旋，足纔出門，見對街一鬼，青面赤髮，目光如炬，腕懸一劍而坐。旁一卒侍立，獰惡尤可怖。興大叫而仆，三四時許乃蘇。問之，言所見如此。

都城大火

大安末，都城頻歲大火。凡被焚之家，或牆壁間，先有朱書字記之。尋即火起，互相訪問，無不然者。凡延燒三數萬家。市中佛閣，自唐日有之，遼人又謂之「護國仁王佛壇」。「千手眼大悲閣」字，虞世南所書，及閣被焚，衛紹王有旨，令救世南書榜，顧盼中已無及矣。識者謂護國壇被焚，不祥之甚。不一年，遂有虎賊弑逆之變。

駢胎

興定、元光間，陽翟小學王奉先，其妻先産四子，再生三子。辛未十一月，秀容福田寺農民范班妻連三歲舉三男三女，皆死矣。此歲復一男一女，其母從旁嘆訝云：「汝必不活，得早過去亦好。」兒忽能言，連曰：「不去，不去。」母驚，語其父，語未竟，兒依前言「不去」。未幾，兒女皆死。南齊褚侍中澄《醫説》論受形有云：「陰陽俱至，非男非女之身。精血散分【三】，駢胎品胎之兆。如言化生，固有是理，不足爲訝。」予謂褚論固不可廢，然駢胎品胎二家者，世亦不多見耳。

【三】精血散分　「精」原作「積」，據吴鈔本改。

童哥

南渡後，京師一滿師者，事一神童，自言出貴家，姓阿不罕氏，八歲，遭平章進忠棄都城，人負之奪門出，人馬蹂踐而死。夙世負滿師錢無算，今來償之。京師貴家，無不迎至，傳達宫禁。問者焚香酹酒，滿袖手其旁。童自與人語，明了可辨，尋其聲，在空中。酹酒在地，則颼然而下，如就飲之者。問逋亡遺失，不涉争訟，不關利害，則言之。問以千里外事，則曰：「我往問之。」良久至，必以困乏爲言。所經之家，他日雖滿不在，亦自來語話。滿由是致富。汴京破後，聞復北上，出入貴近家矣。

生子兩頭

正大辛卯十二月，陽翟士人王子思家一婢生子，一身兩頭。乳媪以爲怪，摘去其一，氣系分兩岐而出。明年正月，西行諸軍有「三峰」之敗。

生死之數

王右司仲澤識歸德一武弁奥里光禄者，清州人，其子、孫、曾孫男女俱以九月生，凡十六人。李昂霄同舍生劉遠之，燕人，兄弟五人，俱以七月生。高唐閻内翰子秀之子、之父洎其母，後俱以六月二十九日物故，子秀亦然，豈偶然哉？

党承旨生死之異

承旨党公初在孕，其母夢唐道士吴筠來托宿。爲人儀表修整，望之如神仙。在西掖三十年，以承旨致仕。大安三年九月十八，終於家，是夕有大星殞於居。公篆籀入神，李陽冰以後，一人而已。嘗謂唐人韓、蔡不通字學，八分自篆籀中來。故公書上軋鍾、蔡，其下不論也。小楷如虞、褚，亦當爲中朝第一。書法以魯公爲正，柳誠懸以下不論也。古人名一藝，而公獨兼之，不謂之全可乎？其爲當世所推重如此。東坡謂韓退之「生也有自來，而逝也有所爲」。以公生死之際觀之，亦可以無愧斯語矣。

天賜夫人

廣寧閭山公廟靈應甚著，又其象設獰惡，林木蔽映，人白晝入其中，皆恐怖毛豎。旁近言，静夜時聞訊掠聲，故過者或迂路避之。參知政事梁公肅家此鄉之捧馬嶺，作舉子時，與諸生結夏課，談及鬼神事，歷數時人之膽勇者，梁公都不之許，因自言：「我能以昏暮或陰晦之際，入閭山廟，巡廊廡一周。」諸生從臾之曰：「能往，何以取信？」梁公曰：「我當就周行處以物畫之，用是爲驗。」明日晚，約偕往，諸生待於廟門外，奮袖徑去。晝至廟之東隅，摸索有一人倚壁而立，梁公意其爲鬼，負之出。諸生迎問何所見，梁公笑曰：「我負一鬼至矣，可取火照之。」及火至，見是一美婦，衣裝絶與世俗不同。欲問詰之，則氣息奄奄，狀若昏醉。諸生真謂鬼物，環立守之。良久開目，見人環繞，驚怖不自禁，問此爲何地，諸生爲言其處及廟中得之者，且詰其爲人爲鬼，何所從來。婦言：「我揚州大族某氏女，以吉日迎往壻家。在輿中，忽爲大風所飄，神識散亂，不知何以至此。」諸生喜曰：「梁生未受室，神物乃從揚州送一妻至，誠有冥數存乎其間，可因而成之。」梁公乃携婦歸。尋擢第，不十數年，致身通顯。婦舉數子，故時人有天賜夫人之目，至於傳達宮禁。梁公以大定二十年節度彰德，相下耆舊仍有及見之者。兵亂後，梁氏尚多，問其家世，多天賜諸孫行云。

北面大王

參政梁公肅舉子時，祈仙問前途，仙批云：「六十入相而已。」後節度彰德，年適六十，以入相未應。會世宗怒宋人，就驛中取國書，選於朝：「孰可爲詳問使不辱君命者？」宰相以公應詔。使還稱旨，拜參政，入相之應乃在此。閻内翰子秀《筆録》，記公臨終前二日，言「上帝召我爲北面大王」，遂卒。

劉政純孝

洺州人劉政初，幼有至性。母老失明，政以舌舐之，經旬復見。及病，晝夜奉醫藥，衣不解帶，刲股肉啖之，至於再三。母死，負土成墳，鄰願助之，不受。禽鳥哀鳴，集於墓樹。廬墓側終喪。守臣以聞，世宗嘉之，授太子掌飲丞。以事附史院《本紀》。

校勘記

卷三

楊洞微

道士楊谷，字洞微。代州人，隱居華山。爲人儀觀秀偉，道行卓絶，平生未嘗與物忤。通《莊》《易》，世以「莊子楊先生」目之。明昌間詔徵高道，隸天長觀，未幾還山。其將歸也，與知觀侯生食於市，書數「火」字於食案，又屬侯言：「昨過沃州，聞君母病，可速歸。」侯以假去，及至沃州，而母不病。侯生誶語曰：「渠紿我邪？」及北還，天長已被焚矣。又嘗與客游崧山白龜泉上，見一石蟹出，客曰：「蟹横行，殆天性乎？」洞微曰：「此物固横行，恨不值正人耳。」隨以手指之，蟹即正行。晚愛中方，卜居之。中方舊無泉，苦於遠汲。洞微言：「山秀如此，不應無泉。」乃齋沐致禱，筮之，得吉徵。是時十月，庵旁近葵花榮茂，洞微云：「於文章『癸』爲『葵』，此殆水徵也。」與衆道士行尋之，見巽隅草樹間，隱隱有微潤，掘之，果得泉，可供數百指。然東隔絶澗，南限群峰，石壁峻峭，幾百步，不可越。洞微與弟子吕澤輩，沿壁作棧道，以通往來。人以棧木易朽，慮有顛擠之患，乃就壁取石，鑿竅嵌之，疊爲石梁。甃泉爲池，自是中方得水甚易，至今人目爲

「楊公泉」。閒閒嘗爲作文記之。又言，吾友潘若浄，字清容，有道之士也，嘗從洞微游，甚嘆服之，云：「楊洞微當求之古人中耳。」閒閒後過華州，追懷洞微云：「前年曾就雲臺宿，知有先生在華山。今日白雲峰頂起，却疑騎鶴下人間。」其稱道如此。

測影

司天測景，冬夏二至，中都以北漸差。中都冬至一丈五尺七寸六分，夏至二尺二寸六分，晝六十一刻，夜三十九刻。山後凉陘金蓮川在都西州四百里而近，其地最高，夏至晝六十三刻，夜三十七刻。上京臨潢府在都北三千里，夏至晝六十四刻，夜三十六刻。呂氏《碣石録》云。

獵犬

泰和五年，道陵獵雲龍川。興州群犬，宗室咬住進數犬，云：「可備射虎用。」上令試之。犬見虎，一前出誘之，虎奔逐，衆犬群起，或前或後，左右伺便搏嚙。虎艱於周旋，或怒躍一二丈，意欲逸去，而群犬隨及。虎既困而卧，衛士前射之，竟斃於群犬。

雷震佃客

陝州盧村張海與同里一農民有仇，佃客發謀，誣此人以燒麥積，渠從旁證之。海縛農民解尉司。農性純質，不能自明，分一死矣。三人者，行至南城外，忽雷震佃客從空而下，骨肉皆盡，惟皮髮存耳。士人牛叔玉親見，時郭敬叔爲陝令也。

方長老前身

丹霞長老義方，字志道，尉氏人。前身柳小二，亦縣人。大定初，群小聚議燒相國寺三門，乘亂劫軍資庫。凡五十人，分部探姓名，柳小二與一人當放火。先就門下行視可以謀度舉火，柳私自念言：「此門國力所成，大如木山，一火之後，再不可得。如此功緣，我乃壞之，可惜，可惜！」感嘆之際，被擒州橋上，訊掠而死。死後托生縣中陳家，六七歲能言前世事。訪父母妻子及埶財所在，信爲柳小二無疑。小二家供給之，出家法雲寺。後嗣法鑄和尚往丹霞，親爲予言。

老趙後身

鞏州仇家巷解庫趙九老父趙三，大安二年，病殆，尋生臨洮西小字街銀孫家。年十六，托人訪趙九，説前後身事，且呼趙九來看。趙九遣人往迎。將出鞏州，家人奔走來迓。趙九在衆中，疑信尚未決，孫童遥見趙九，呼小字大駡，恐其不即來認。見妻亦駡之，指妻臂上燒瘢及樹下窖粟處。從是往來兩家。州將宗室榮禄、倅李好復、節度副使史舜元異其事，親問之【二】。説初爲人所召，至一大官府，卒令候於門。良久而出，曰：「不須見長，但從我行。」乘一騾至數里外，入河濱，一婦先在此，卒指婦云：「此汝母也。」錯愕之際，爲卒推水中，遂不記，至三歲始悟前生云。

【二】親問之　「問」原作「聞」，據《得月簃叢書》本改。

劉致君見異人

龍山劉仲尹致君，年二十，「不貴異物民乃足」榜擢第，釋褐贊皇尉。一日，巡捕早至山寺中，見壁上有詩云：「長梢疊葉正颼颼，枕底寒聲爲客留。野鶴不來山月墮，獨眠滋味五更秋。」問僧誰所題，言：「一客年可六十許，衣著丰神奇異，昨夜寄宿，今旦題詩而去，墨尚未乾，去未遠也。」致君分遣弓兵蹤迹之。少焉，兵來報：「客在山中大樹下待君。」致君載酒往見客，前揖，客亦與之抗禮。問姓名，不答，指酒索飲。致君見其談吐灑落，知其異人，以平生經傳疑事質之，酬對詳盡，得所未聞。客亦謂致君爲可與語，舉杯引滿，引及從者。日將夕，致君與吏卒皆大醉，及醒，失客所在。致君此後詩學大進。其外孫李内翰欽叔爲予言。

潼山莊氏

靈壁北四十里，地名潼山，有南華觀。莊子之後餘二百家，族長以行第數之，有二千人，又有二千九翁之目。官給杖印，主詞訟，風俗醇厚，俗中有善談玄者。介休烏元章題其詩南華云：「試拈真理問南華，生死元如覺夢何？晝夜曾停覺夢否，古今還續死生麽。潼山歲歲生春草，睢水年年有緑波。子逝於今已千歲，覺時何少夢時多。」

王登庸前身

王登庸，平州人，日合天統榜進士。歷宰數縣，皆有能聲。爲予同年蘇鼎臣説，渠前身同里劉氏女，年十六七歲，采桑墮樹下，傷重，氣未絶，而靈識已托生王家。滿月剃胎髮，前身亦知痛而哭。甫求往劉家，其後兩家供承令舉子。劉氏父母死，皆爲服心喪三年。

大明川異卵

曲陽醫者郭彦達，曾居大明川，聞一田夫董成者，掃地至門限，地即高起，以鍤鏟平之，已而復高，如是三四。疑而掘之，先得一卵如碗許，殼膜見中有二蛇，一黑一斑。又掘得一卵，比前差大。彦達曉之曰：「神物不可觸，祭拜而送之。」成如言，送濱河中。是歲川下上雷雨，拔大木數千，人以疫死者數百人。

三姑廟龍見

大名蠶神三姑廟旁近龍見，横卧三草舍上，觀者數百人。見龍鱗甲中出黄毛，其形如駝峰，頭與一大樹齊，腥臭不可近。既墮，夭矯不得上，良久雲霧復合，乃去。時己酉歲七八月間也。

鏡辨

蔡内翰正甫云：大定七年秋，與蕭彦昭俱官都下。蕭一日見過，出古鏡相示曰：「頃歲得之關中，雖愛之甚，然背文四字不盡識，且不知爲何時物。」手取視之，漢物也，文曰：「長宜子孫。」《宣和博古圖》有焉，出圖示之，殆若合符，彦昭驚喜。有姚仲瞻在坐，言曰：「僕家一鏡，制作亦奇，宋末得於長安士人家。相傳爲太真奩中物，不之信也。」使取而觀，背有楷字數十，爲韻語，句四言，其略有「華屋交映，珠簾對看。潛窺聖淑，麗則常端」等語，而紐有「開元」二字。姚曰：「考其年則唐物，安知爲太真之舊耶？」予笑而不答，徐出浮休居士張芸叟所作《冗長録》使讀，其間載：「元祐中，有耕望賢驛故地得鏡遺予者，銘爲四字詩，中有『潛窺聖淑』之句。『聖淑』二字，皆少空，意取『聖』爲君、『淑』爲后耳。」與此制正合。望賢去馬嵬數十里，蓋遷幸時遺之。浮休，陝右人，得之長安信矣。彦昭歡甚，以爲一日有二奇事，不可不書。予曰：「多言屢中，仲尼所以譏子貢也。」然世喜道其偶中，予不書可乎？

吕内翰遺命

吕防禦忠嗣，生平經學有所得，故每以古人自期。臨終，敕諸子云：「我死無火葬，火葬是爲戮尸；無齋僧作佛事，齋僧佛事是不以堯舜、文武、周孔之教待我。有違我言，非吕氏子孫。」諸子從教，無一敢違者。范司農拯之、梁都運斗南每爲予言。近歲斗南遺令，送終不以僧佛從事，有自來矣。

宣德狂僧

宣德聖國寺狂僧，布衣藍縷，獨處暗室。夏月不浣濯，無穢氣。常於寺家厩舍，合爪向牛馬言：「飽齋飽齋。」生徒大惡之。承安中，春旱，州倅田公問何日當雨，僧言：「四月二十日雨足矣。」及期，果然。刺史爲中秋釀酒，僧云：「刺史即東去，何必釀爲？」十四日，除興中尹，乘傳之官他所。言多驗。范拯之説。

呂狀元夢應

呂内翰造，字子成，未第時，夢金龍蜿蜒自天而下，攫而食之。是歲經義魁南省，詞賦繼擢殿元。閣門請詩，有「狀頭家世傳三葉，天下科名占兩魁」，謂其大父延嗣、父忠嗣與子成，俱狀元也。

張子雲祈仙

張子雲以蔭補官，嘗作《金人捧露盤》樂府，道退閑之樂，一時哄傳之。道陵召爲書畫都監，累遷冀州倅。一日祈仙，仙批《青門引》詞，末句云：「半紙虚名，白髮知多少？一棹武陵歸計，不如閑早，怕桃花笑人老。」子雲即日致仕。張故人仲叔説。

麻姑乞樹

寧海崑崙山石落村劉氏，富於財，嘗於海濱浮百丈魚，取骨爲梁，構大屋，名曰「鯉堂」。堂前一槐，陰蔽數畝，世所罕見。劉忽夢女官自稱麻姑，問劉乞樹槐修廟。劉夢中甚難之，既而曰：「廟去此數里，何緣得去？」即漫許之。及寤，異其事，然亦不之信也。後數十日，風雨大作，昏晦如夜，人家知有變，皆入室潛遁。須臾開霽，惟失劉氏槐所在，人相與求之麻姑廟，此樹已卧廟前矣。

孝順馬

宣宗朝，一親軍卒畜一鐵色驄，能知人指使。此卒無兼丁，每上直，馬自負卧具繼至；下直，則負之而歸。他人或遮闌牽掣，則作聲勢踶齧之，人莫敢近。雖在軍伍，或此卒他適，馬自尋之，必得所在。卒南征，墮坑塹中不能起，馬跪前二足，因得攬轡而上，軍中盛傳爲孝順馬。一日，中貴人勞軍淮上，戲令此卒藏匿，縱馬自尋，馬振轡長鳴，徑到主人處。中貴聞之宣宗，爲增卒月給。

蝎臺

東京宫城東北隅有蝎臺，大定中修城，役夫毁臺取土，及半，得石函。啓之，中有塊石，圓滑天成，撼摇作動物聲。破之，二大蝎尾梢相鈎，旋轉不解，見風即死。人有問張都運復亨者，云：「遼東無蝎，而蝎在石中，石在函，又爲土所埋，人何以知其有蝎而名臺也？」張籌度久之，乃云：「埋石函者，必以數知之，不然，是神告之也。此外我不知。」

陵川瑞花

先人宰陵川，泰和甲子元夕，縣學燒燈，有以杏棣棠枯枝爲剪綵花者。燈罷，家僮乞之，供於縣署佛屋中。四月上七日，先夫人焚誦次，乃見杏棠皆作花，真贋相間。先人會賓示之，以爲文字之祥，爲賦《瑞花詩》。予年始十五矣。

不食而孕

東京牛氏婦，年未二十，因異夢遂不食，食則吐且病，數年之後，都不減瘦。乙巳歲，舉一女，又自乳之。其姑挈見范煉師，范諭其姑：「婦已不食，又無便溲，何不令入道？」姑曰：「婦戀小女，不能離耳。」識者意此婦食生氣，故動作如常，天癸時至，而愛根不能割，所以有子。書傳中亦不多見也。

右腋生子

李煉師湛然，戊申秋入關，親見一婦娩身，臨月，忽右腋發一大瘡，瘡破，胎胞從瘡口出，子母皆安。

李茂相法

完州守楊秀實，正大中，權刑部主事，供輸關陝。相者李茂自南中來，相人言休咎殊驗，官府以其惑衆，羈管之。楊與之熟狎，私自言：「此人言休咎，或壽永未路榮顯，差以自慰。如言前途不遠，或日久有他難，祇增憂撓耳。」因與茂食次，問曰：「休咎不願知，但某離老母十月，見面當在何時？」茂且食且笑曰：「君三日當拜太夫人矣。」楊竊謂關陝去京千里餘，三日何緣得到。食未竟，平章芮公急召楊驛奏邊事，三日未日中至家。楊至今以爲奇。茂後入京，寓惠安寺，朝士争往叩之。近侍焦春和甫入門，茂即言：「五品五品，恨來處不高耳。」焦本世宗家童，聞茂言，深耻之。茂未幾被戮，年三十二。

雷氏節姑

雷氏，渾源人，是西仲、南仲從姊妹行，年十七，嫁爲應州丁倅妻。雷氏群從有不悦者，訐告服内成親，婚遂聽離。丁謂夫人言：「絶婚固非我二人意，然夫人此去再適人否？」雷曰：「我若再嫁，當令兩目瞎。」丁云：「夫人果有此心，我亦當同此誓。」其後丁違前言再娶，未幾，果喪明。雷氏十八寡居，九十七乃終。從孫希顔常欲爲文記之，竟不及也。

劉生青詞之譴

正和初，中牟陽橋人劉慎，字榮輔，爲里人劉六作延薦青詞。劉平生有穢行，榮輔作詞，曲爲辨理，又依例薦拔。後數日，榮輔作首學生魯羅兒者，病中忽爲物所憑，令家人請榮輔來。劉至，羅兒作色呵之曰：「汝昨爲劉六作青詞，汝於誰處敢妄語耶？」榮輔聽罷，惶懼殊甚，手寫首狀，言自後更不敢復作青詞。羅兒不復有言。此兒甫成童，初不知青詞爲何物，殆是劉過惡顯著，榮輔妄爲飾説邀福，神故假此兒以警之耳。

陵川人祈仙

陵川士人劉方元卿説：兵亂後，縣中人祈仙，楊徵君朴降筆，詩尤奇偉不凡。如論書字云：「汝知毫端心，萬物不可礙。」又云：「龍盤一氣雲雷定，鯨化三山草木枯。」一席評事者出高麗匹紙求詩，云：「霜入詞鋒月痕缺，手中不覺風雷掣。」如是八句，後批云：「慎勿觸污，神物終當飛去。」席氏子婦産乳未終月，竊視之，三日後開卷，乃無一字，但空紙而已。劉曾問：「生死之際，其理何如？」云：「死死，惡死速死。生非可樂，死非可惡。鬼之惡生，猶人之惡死，但生人不知死者樂耳。」縣人都俞，字舜卿，素不信仙鬼事。一日，召舜卿至前，云：「與汝銀杏。」問：「安在？」批云：「在汝懷中。」都探懷得之。又批云：「與汝櫻桃。」都問：「臘月安得有？」批云：「已在汝掌中矣。」都展手，果有。一日，分遺諸人連枝紅杏三十餘枝，正應在壇諸人之數。或問：「盛冬安得有此？」批云：「此土之冬，非他境之夏乎？」又問：「他境安在？」批云：「在數萬里之外。」問云：「那得逡巡至此？」批云：「不疾而速，不行而至，汝不知之乎？」元卿問：「神仙果有無，幸明以告我。」批云：「子尚見疑乎？」元卿今客順天，屢爲予言，故續記於筆，陳於喪亂之後也。

抱陽二龍

順天西北四十里抱陽岩寶教院，大小二青龍在寺潭中，廟曰「顯濟」。古碑説二青見於隋、唐之間，有將軍之目，官比刺史。大青，崇寧五年封崇惠侯，政和七年進靈益公。小青，嘉霈侯，進英澤公。二龍各長二三尺許，色深翠，朱墨細點間之，脊間仿佛成方勝花【二】。行則昂首，不類他蛇。出則繩行木上，能興雲雨，變現不測。鄉人祈賽，與之酒，則直立高二尺餘，俯首就醆飲之，故前人詩有「青蛇立飲祭神酒」之句。二青居山陽，各有種類，至數十百個，都不毒螫。大青一目眇，其種悉然。凡在山陰者，皆雜蛇，例毒螫，然不敢犯山陽二青之境，至則爲二青之族嚙殺之，二族亦不往山陰。村落小兒輩與之習慣，至以手捧之。而常夜宿民家卧具中【三】，人亦不駭怪也。此事唐張燕公説【四】、馮

【二】脊間仿佛成方勝花　「脊」原作「春」，據吳鈔本改。

【三】而常夜宿民家卧具中　「夜」原作「族」，據吳鈔本改。

【四】此事唐張燕公説　「事」原作「寺」，據《續修四庫全書》本改。

瀛王道、宋崇儀使大名總管邢仲良、近代鄭州刺史趙攄子充，皆嘗讀書於此。有邢氏繼志庵、忘歸軒、燕公石穴、讀書堂、明珠窩。初山石崩，出一穴如杯碗之半，瑩滑無琢削痕，似有光彩，土人傳有明珠飛出，故以名之。近山三四里所，有昇賢村，屬滿城，馮王故居也。辛亥冬，予與毛正卿、德義昆仲、郝伯常、劉敬之諸人一遊。寺僧顯淳質有道行，時年七十八，説龍之美。

三秀軒

李都運有之、高户部唐卿、趙禮部廷玉，讀書永平西一山寺。臘月，桃樹一枝作花，大金蟬集其上，又竹林出一笋，故名所居爲「三秀軒」。後三人皆登上第，極品。

王處存墓

王處存墓在曲陽燕川西北白虎山之青龍碣，己卯八月，完州人劫破之，骨已灰燼，得銀百餘星，一硯一鏡，唐哀帝所賜鐵券，券刻金字云：「敕葬忠臣王處存。賜錢九萬九千九百九十九貫九百九十九文。」其孫周臣説。

張女夙慧

順天張萬户德明第八女，小字度娥，資質秀爽，眼尾入鬢。丙午秋，入小學，生七年矣，日誦數百言。比戊申二月，女史屬詞，《孝經》《論語》《孟子》《易·乾傳》至《下繫》《詩·二南》《曲禮》《内則》《少儀》《中庸》《大學》《儒行》《祭義》《經解》《冠婚》諸篇，班氏《女戒》，郝氏《内則》《内訓》《通喪記》六卷，皆成誦。日兼二詩，古律至十篇。學書下筆，即有成人之風。旦夕家居，見家人或不整肅，以禮責之。又所誦書多能通大義，時爲講説。其對屬才思敏捷，無小兒女子語。「睡思昏昏如醉思，閨心寂寂似禪心。桃李東風蝴蝶夢，關山明月杜鵑魂。」識者謂此詩不佳，後日果得病。又四日亡，甫九歲。郝伯常爲詩吊之。

脱殼楸

代州壽寧觀，宋天聖中，一楸樹老且枯矣。海蟾子過州賣不死藥【五】，三日不售，投藥此樹中。明年，枯枿再茂，人目之爲脱殼楸。白皞子西題詩云：「一粒丹砂妙有神，能教枯木再生春。仙翁用意真難曉，只度枯楸不度人。」泰和中，王嘉言子告過壽寧【六】，戲道判白生云：「子西詩譏觀中人，汝曹尚刻石耶？」白因掊覆此石。

【五】海蟾子過州賣不死藥　「不」原作「卒」，據吴鈔本改。

【六】王嘉言子告過壽寧　「言」字原缺，據吴鈔本補。

金寶牌

宣政間，方士能化泥爲金，名金寶牌，長三寸半，闊二寸半，文曰「永鎮福地」，代州天慶、壽寧二處有之。天慶者今尚在，承平時人傳玩，顯是泥所成，指文宛然。

揩牙方

茯苓、石膏、龍骨各一兩，寒水石二兩半，白芷半兩，細辛五錢，石燕子大者一枚，小者一對，末之，早晚揩牙。繁畤王文漢卿得此方於麟撫折守，折守得於國初洛陽帥李成。折年逾九十，牙齒都不疏豁，亦無風蟲。王文今亦九十，食肉尚能齒決之。信此方之神也。

碑子魚

海中有魚，尾足與龜無異，背上聚一殼，如碑石植立之狀，潮退則出岸上曝殼，十百爲群，聞人聲，則爬沙入海。海濱人謂之「碑子魚」，或魚或獸，未可必也。舊説蒲牢海獸，遇鯨躍則吼，其聲如鐘。今人鑄鐘作蒲牢形，刻撞鐘槌爲鯨，於二者有取焉。蓋古人制器象物，如舟車弧矢杵臼之屬，初不漫作，特後人不盡能知之耳。然則碑表之制，將亦有所本耶？抑人見魚形似，傅會爲名也。

神告胥莘公

胥莘公嘗夢泰山神告之曰：「敬我無福，慢我無殃。當行善道，家道久長。」每以此語人，事見家傳。

蛙化鼠

燕南安州白羊淀，南北四十里，東西七十里，舊爲水所占。近甲午歲忽乾涸【七】，淀中所有蛙黽，悉化黑鼠，嚙芰草根盡，土脈虛鬆，不待耕墾，投麥種即成就。其居民不勝舉，聽客户收穫，但取課而已。此地山草根膠固不受耕，其因鼠化得麥，亦異事也。淀有石刻云：「天荒地亂，莫離此淀。有水食魚，無水食麵。」是則前此亦嘗得麥乎？張侯德明説。

驢腹異物

完州舊永平縣磨户，其人家畜一驢，忽受病，比死，大叫七日，夜不絕聲。剖之，大腹内得物，非鐵非石，形如栝樓而徧，色深褐，其堅若鐵石。磨家不以爲異，擲之麥囤中。日課麥皆取於此，而都不減耗。如是一年，鄉人傳以爲神。官長石生者索去，亦置麥中，竟

【七】近甲午歲忽乾涸　「甲」字原缺，據吴鈔本補。

無神變。今在順天張侯家，余親見。

暴雨落羊頭

貞祐二年，豐州楊雲卿爲崞縣令。夏月暴雨過，南關外十餘里落羊頭一，大如車轂，角上豎，高三尺。以物怪申代州，州下軍資庫收，聞之朝。

關中丁亥歲灾變

正大四年丁亥，關中灾變二事：平凉西草場天王塑像前後颭動，凡兩晝夜不止，而泥塑衣紋，都不剥落。知府徒單百家奴往拜之，拜至三，像即不動。知府去，動如故。臨洮城中鼠晝夜作聲，比屋皆然。一日近四更，鼠群出，中一大者，如海鼠而白，引群鼠出南門，門下弓排卧，鼠争道踏人面而過，有不及出者，入東南白草原乃不見。府至此六十里。

劉善甫從弟潤之説。

珠子冰

臨洮城外洮水，冬月結小冰子如芡實，圓潔如一耳鄭之珠【八】。洮城中富人收貯，盛夏以蜜漿調之，如真珠粉然。此水上下三百里，冬月望之，凝白無際，而著脚即陷。蓋冰

【八】圓潔如一耳鄭之珠　「圓」原作「員」，據《得月簃叢書》本改。

珠雖冱寒，亦不融結爲一也。

炭谷瓊花

鄠縣西南十里曰炭谷，入谷五里，有瓊花樹，樹大四人合抱。逢閏即花，初伏開，末伏乃盡。花白如玉，攢開如聚八仙狀，中有玉蝴蝶一，高出花上，花落不著地，乘空而起。亂後爲兵所斫云。

古錢

東平人錢信中，按錢譜收古錢，凡得數十種，付之茶店劉六。劉本漕司胥吏，家素稱好事，及多收古錢。聚兩家所有，以錦囊貯之，如譜中不記年代、品最在前，劉亦有之。金錯刀尤重厚，今世所見纔二三分耳。又有方寸匕，形製與錯刀同，最多，推爲衆錢之冠。王莽大錢作燕尾狀者，比今所有，其大四倍，文曰「端布當千」，背後有兩字，有綵布、泉布、貨布、流布，如是近十布。又有一銖、二銖、三銖至五銖，有内四出紋是方孔四角金文通輪郭者，復有錢背四出文者。榆莢，其文一曰五金，一曰五朱，殆分銖字爲二也。既有湧金，亦有鏤金。開元錢有湧金月牙，復有鏤金月牙，有孔方之上有横湧金月牙一綫通輪郭者，亦有孔方之下一綫通輪郭者。此家所畜，不特古錢，書畫琴暨古物，無不略具。士大夫日聚於此，雜客不豫也。東平破後，不知古物在否也。

神救甄帥軍

定州帥甄全，己卯歲，爲北兵所攻，求救恒山軍。恒山逗遛不進，全逾城逃死，爲北所獲。恒山以全爲叛己，誅甄族故之在軍中者，又劫全入頭山寨。寨上人半出運糧，外軍猝至，守者不之備，殺虜甚衆。運糧者不知被劫，坦然還寨，恒山軍陰伺之，謀盡殺而後已。是夜，寨上大青鬼現，眼如杯，赤紅有光焰，軍士驚怖散走，甄衆乃得脱。

猪善友

洛西永寧一屠肆，豢猪數十頭。一日，子弟問屠伯當宰何猪，屠伯攀圈指示，群猪驚擾，獨一猪安然不動。屠伯指此猪云：「此猪食甚少，養飼已久，可宰之。」子弟入圈曳之，就縛，噤不出一聲，及刺刃，喉無血，亦不死。子弟白之屠伯，屠伯自加刃，以手探之，此猪乃無心肺。屠伯大驚悟，以爲神佛所化【九】，擲刃於地，拜天地四方，誓願改業。此猪既不死，安然入圈。爾後，其家不復以糟糠飼之，目曰「猪善友」。閭里喧傳，有自遠來觀者，無不驚嘆。一鄰家來請猪善友齋，此猪如應諾。明旦，請者未至，猪已坐於此家之門。此家以齋食與之。如是三十三日，歷旁近民家幾遍，蹲坐一墓園中不動，視之已死

【九】以爲神佛所化　「佛」原作「像」，據吴鈔本改。

矣。辛愿敬之爲作傳。

宫婢玉真

大定中，廣寧士人李惟清元直者，與鬼婦故宋宫人玉真遇，玉真有《楊柳枝》詞云：「已謝芳華更不留，幾經秋。故宫臺榭只荒邱。忍回頭。塞外風霜家萬里，望中愁。楚魂湘血恨悠悠，此生休。」一詩云：「皓齒明眸掩路塵，落花流水幾經春。人間天上歸無處，且作陽臺夢裏人。」又一詩云：「自憐華色鏡中衰，輕棄前歡已自宜。不恨相逢情不盡，直須白鼠望歸期。」李生後以庚子夏六月暴心痛死，遼東人爲作傳，以《東都行記》文多不載。

項王廟

正隆南征，過烏江項羽廟，引妃嬪視之，因爲説垓下事，顧謂衆妃曰：「汝輩中亦有似虞姬者否？」此語傳達民間，有爲之縮頸者。

廣寧寺鐘聲

廣寧寺有巨鐘，一日，撞之不鳴，其聲乃在城南橋下，行人聞之，無不駭懼。有告寺僧，具鐃鈸就橋下迎，鐘復鳴。宗室仲章說。

石椿火出

泰和八年冬，京師大悲閣前幡竿石椿縫間，連夕火出，四十餘日乃止。明年，大火延燒萬餘家，閣亦被焚。衛王有旨，救虞世南所書「千手眼大悲閣」題榜，火氣熾盛，人離百步外不敢近云。

永安錢

海陵天德初卜宅於燕，建號中都，易析津府爲大興。始營造時，得古錢地中，文曰：「永安一千」，朝議以爲瑞，乃取長安例，地名永安，改東平中都縣曰「汝陽」，河南永安曰「芝田」，中都永安坊曰「長寧」，然亦不知「永安一千」何代所用錢也。【一〇】

【一〇】《廣寧寺鐘聲》《石椿火出》《永安錢》等三條原缺，據《得月簃叢書》本補。

校勘記

卷四

臨淄道院

大定初，山東人楊善淵買地臨淄市南，立道院，掘地得古磚，上刻四十二字云：「大齊戊二年四月八日，南郭石羊巷楊道圓施花磚笆三千口，在天齊觀玉清宫殿上，永記楊押，磚匠楊本堅。」有爲考按者，此地蓋北齊時天慶觀，今巷東道北尚有石羊存焉。戊二年，高緯天統二年丙戌歲也。縣前此無宫觀，善淵撥土主之，偶與古觀地合，善淵又與道圓同姓，亦異事也。

盜謝王君和

馮翊士人王獻可，字君和。元豐中，試京師，待榜次。一日晨起，市人携新魚至，擲骰錢賭之。君和祝骰錢以卜前程，一擲得魚，市人拊膺曰：「我家數口，絶食已二日，就一熟分人賒此魚，望獲數錢，以爲舉家之食，子乃一擲勝之，我家食禄盡矣。」君和惻然哀之，不取魚，又以數錢遺之，市人謝而去。及下第西歸，路經澠池，早發出谷間，猝爲群盜所執，下路十數里，天明，閲客行囊，一少年忽直前問君和：「非京師邸中乞我魚不取者乎？今日乃相見於此。」再三慰謝，并同行皆免。同郡徐安上記其事云。

廣寧山龍鬥

甲辰乙巳歲，廣寧夏五六月間，大陰晦，雷雨環作，聲不斷。夜望閭山上白氣直與海接，須臾雨下，終夜不息。平明，水没村落，死者無限。大崖高數百尺皆蕩爲平土。下漫石，石上有杵臼痕，不知何代爲岡崖所覆壓也。山顛龍鬥處，留迹數十，所印泥，鱗甲爪痕，有長五六十尺者，有長百餘尺者，意群龍聚鬥於此，土人遭此大變。

宣靖播越兆

宣和中，龍德宫花竹池沼間，散起廬舍，象村落田家所居，山莊漁市，旗亭茶店，無所不有，悉以【一】宫婢主之。上皇策蹇其間，從以輕俠少年。所至，主人館客留連笑謔，一與外間無異。將去，即以金錢遺之。播越之禍已見於此。吕氏《碣石録》。

【一】自「悉以」以下原缺，據吴鈔本補。

女真黄

文潞公元豐間鎮洛水南，銀李以千葉淡黄牡丹來獻，且乞名。公名之曰「女真黄」。

後人始知其讖。

日本國冠服

大定末，日本國販硫磺沙木將往明越，爲風漂至登州海岸。其人華冠縞服，上畫雞犬，將如挽郎。自言先世秦人，是徐市船載入海者。市死，爲五蕃菩薩。國人至今爲凶服，會裕陵上仙，取沙木供葬。

焦燧業報

開封焦燧，以廉能擢大興推官。凡鞫囚有不伏者，即腦勘。及爲河東路提刑官，忽病腦疽，不勝楚。自嘆曰：「吾鞫獄用腦勘，人亦痛如是乎？」百方療之，竟不起。

孔孟之後

宣聖五十三代孫名元措，字夢得，仕至太常卿，遥領泰寧軍節度使。顔子五十三世孫名珍，辛丑年見之，六十餘矣。長清有子貢之後木老，嘗有官廣威將軍，人目之爲「木威」。冉子之孫一農家，在長清之鵲巢，小兒子牛兒，子改曰阿犍。孟氏亦有後，予未之見也。孔氏在曲阜者避聖諱，讀「丘」曰「區」。此亦不可不知也。【二】

【二】《女真黄》《日本國冠服》《焦燧業報》《孔孟之後》等四條，原只存目，據吴鈔本補。

張孝通冤報

大定末，武清人趙士詮商販西京，每過白登，多宿張孝通家，其妻私焉。孝通知，陰圖之。一日，乘士詮醉，與其子定國縊殺之，投屍野中。士詮久不歸，子來白登訪之。孝通先與店户白忠友有仇，私告趙子云：「汝父去向，白忠友宜知之。」趙子訴官，官繫忠友訊掠，不勝苦楚，雖已誣服，而獄終不决。明昌初，白妻訴於朝，朝差賈公守謙往廉之。賈密訪縣人，人有言一異事云：「張孝通及其子驅一騾往某處，憩於道旁樹下，騾逐草而逸，定國怒鞭之，騾忽人語云：『你殺趙客，更來打我。』父子相顧失色。他日，孝通婦汲水飲騾，騾又語云：『你殺人，却冤白家。』孝通父子恐語泄，謀殺之以滅口，而縣人無不知者。」賈公以是歸報，朝廷隨差刑部員外孫某馳驛至縣，收孝通父子，一問即承，人知神理之不可誣也。賈公仕至右丞。

魏相夢魚

參知政事魏子平嗜食魚，厨人養魚百餘頭，以給常膳。忽夢群魚集其身，揮斥不去，復夢爲魚所鯁，痛不能出，悶亂久之，乃寤，自是不食魚。

相字

宋末有相字知休咎者，上皇書一「朝」字，令人試之，相者云：「十月十日天子生。」紹興南渡，將駐於杭，書一「杭」字問之，相者云：「兀朮將至，當避其鋒。」太師梁王，小字兀朮，果擁兵而南，其驗如此。嘗與同舍生孟津李蔚慶之論及此，予謂古無相字法，殆是挾以他術耶！李曰：「不然，此龜卜之餘意耳。」

夢靈丸

京師法雲寺僧律師失明數年，夢中有人授一方，治內外障，但瞳神水在者，皆可療焉。蔓菁子二兩，枸杞、蒺藜、甘菊、荆芥穗各一兩，當歸、地黄、川芎、赤芍藥、防風各一兩半，十一味末之，水麵糊丸桐子大，空腹食前温水下三二十丸。僧服之，目復明，因目曰「夢靈丸」。

吕氏所記古印章

党承旨有周亞夫銅印。東鹿柴揖調歷城簿，有彭宣私印。臨淄農鄭氏耕地得方寸銅印，鈕作九猿猴，細小如豆，諦視之，形狀俱備。鄭先未有子，自是産九男，因寶藏此印。

古鼎

燕都廟學，有夾銅鼎焉，高二尺，受數斛，篆有「離明神鼎養火」六字，後歸裕陵，竟不曉古人作何用也。郭太傅舜俞説：「博平路氏一鼎，無款識，無文章，而黄金丹碧，絢爛溢目，受五升許，高三尺。其一稍大，路氏用之煮茶，以少火燎其足，則水隨沸。大定中，銅禁行，不敢私藏，摧大足折送之官，足中虚，折處銅楂作火焰上騰之狀。」天壤間神物奇寶，成壞俱有數，特見毁於庸人之手爲可惜耳。蔡内翰正夫《古器類倫》記二鼎云：「其一，明昌三年二月藍田玉山鄉農民李興穿地得之，高二尺，兩耳有字一十行，文曰：『王四月初吉丁亥。』以長曆考之，魯莊公十二年四月丁亥，即周安釐王初立之歲，未改元，故不稱年而僅以月數焉。又有一百二字，必周侯伯所作之器也。其一，太原三交西南，大定九年，汾水壞東岸古墓，有鼎及鐘磬之屬，鼎小者五寸許，大幾三尺，中作黄金色，所實牛羹尚可辨。鐘磬小者不及二尺，凡十六等，蓋音律之次也。雖無款識，皆周物也。」

西陰井移

戊申正月，武城之東有村落名西陰，民家一井，移四五步，而井椿如故也。又數日，一道士過此村，形服與常人異，見農具中二地碾石，咄咤曰：「業畜乃在此耶！」併挾之而去。村民懼凶禍將及，棄家遠徙，後亦無他。南宮士人董德卿親見之。

海島婦

王内翰元仲集録：近年海邊獵人航海求鶻，至一島，其人穴居野處，與諸夷特異，言語絶不相通。射之中，則捫血而笑。獵者見男子則殺之，載婦人還。將及岸，悉自沉於水。他日再往，船人人執一婦，始得至其家。婦至此不復食，有逾旬日者，一旦，皆自經於東岡大樹上【三】。元仲，黄華老人也。

雞澤神變

雞澤農民五人，同采樵，出門，望西風勢甚惡，遲回不欲往，又爲一叟所難。四人者還家，一人往來樵次。大風從西北來，震蕩天日，此人走避不及，伏於溝中，爲一人捽起同行。行時，此人踏風而行，見同行皆神鬼，迤邐過一城，神人曰：「此朝城也。」又東行，路旁一長髯人拜勸酒，神人共入廟中，留此人廟門下。少之，呼入行酒，見神人各長丈餘，有鬼形者、人形者，衣皆錦繡，香氣襲人。此人從中坐勸酒，中坐者不語。以右手拇指指令從次坐者勸，勸畢，復出廟門下。須臾飲散，神人出，大風隨起，置此人不復問。此人伺

【三】一旦皆自經於東岡大樹上　「一旦」原缺，據吴鈔本補。

風定，出問人，知此地爲東平界，廟即嶽祠也。行丐數日乃至家，猶恍惚如心恙云。智仲可說。

臨晉異瓜

臨晉上排喬英家業農，種瓜三二頃。英種出西瓜一窠，廣畝二分，結實一千二三百顆，他日耕地，瓜根如大椽。辛亥年，定襄士人樊順之親見。

舜麥

河東縣舜寨出麥，顆粒如常麥而無縫，又色稍白，每斗得麵十三斤。此地二頃餘，農民數家主之，喻如今歲東家舜麥成，至明歲西家成熟，無定處，然終不出二頃之外也。定襄周夢卿說。

平陽貢院鶴

大安初，高子約、耿君嗣、閻子秀、王子正之考試平陽，舉子萬人，主司有夢緋衣人來謝謁者，明旦試題以下，語同官。俄群鶴旋舞至公樓上，良久不去。主司命胥吏揭榜大書示衆云：「今場狀元出自河東。」當舉，府題「聖人有金城」，解魁宋可封，澤州；省「儉德化民，家給之本」，省魁孫當時；御題「獲承休德，不違康寧」，狀元王綱，平陽。三元者，果皆河東云。

史學優登科歲月

河中李欽叔初生，其父之才作湯餅局。有相者爲延安史學優言：「君後當擢第，但當出此兒門下，爲太晚耳。」學優雅以才名自負，不以相者之言爲然。其後欽叔二十三省元賜第，中廷試策宏詞科，除應奉翰林文字，兩豫主貢，學優竟出其門云。

日中見異物

崇慶元年冬十月，北京進士趙天瑞、張仲和輩十五人赴試回，曉行道中，日中見二物：一四足獸在前，一蛇繼之，二物行甚速。次一鳥跳躍稍緩。少頃，無所見。是後兵動，中原喪亂。蘭仲大説。

鎮城地陷

鎮城欲陷日，州長佐史率妓樂迎官出城，坐待驛亭次，見一婦，被髮跣足，喘汗入城，問之，云其姑卒病，買藥欲救之。良久，亭中人聞空際有相問答者，云：「出城未？」答者言：「未。」吏卒聞之，大駭怪，不知所謂。少之，婦得藥而出，城隨陷，城中無一人免者。此婦殆以孝感脱此禍歟！中京史監時亦在亭中，親見其婦，惜不問此婦姓氏耳。

王子明獲盜

副樞剛中王公晦，字子明，澤州人。初任長葛簿，一日，行水邊，忽見回風逐馬行，或前或後，數里不去。子明疑其有異，緩轡從之，回風入水復出者數四。子明召旁近居民，雜騶卒入水索之，得一屍，是近日被害者。檢視衣著，於所佩小革囊中得買布單目及木印一，子明默藏之，不以語人。既入縣，即召布行賫布來，官欲買之，積布盈庭，子明一一辨視，果有布是木印所記者。因甲乙推之，盜尋獲，一縣稱爲神明。事見閒閒公所撰墓志。

泗州題壁詞

興定末，四都尉南征，軍士掠淮上良家女北歸，有題《木蘭花》詞逆旅間云：「淮山隱隱，千里雲峰千里恨。淮水悠悠，萬頃烟波萬頃愁。山長水遠，遮斷行人東望眼。恨舊愁新，有淚無言對晚春。」

賀端中見鬼

吾州進士賀端中，大定中，宣聖廟齋宿，燈下見一大青鬼，髪上指，目光如炬，口出火焰。賀以被蒙頭，伏床下。日高，諸生至，乃敢出，戰悚尚未定也。起視水甕皆乾，硯池亦然，溺器亦空。人知其爲渴鬼云。端中出孫國鎮之門，有賦聲，此舉登科。

介蟲之變

東平薛价，阜昌初進士，嘗令魚臺，嗜食糟蟹。凡造蟹，厨人生揭蟹臍，納椒一粒、鹽一捻，復以繩十字束之，填入糟甕，上以盆合之，旋取食。薛一日夢昨所獲强寇劫獄而去，夜半驚寤，索燭召吏將問之。燭至，乃見糟蟹蹣跚滿前，不知何從出也。薛自此不食蟹。

外曾孫東平賈顯之説。

天慶殿柱

太原士人劉進之客衛州，所居近河，三夜聞哭聲，訪之鄰里，云：「旁近無哭者，當是鬼哭歟？」進之忽憶臨河有汴宫天慶殿，所撤大木將作筏下河，候漲落乃行，云是彰德帥欲用修藥棚者。古時石言於晉，意此木哭乎？明日筏下河，哭聲乃絶。曹魏青龍中，取漢武帝承露金人，欲置之許都，臨發，金人潸然出涕，李長吉有《金人辭漢歌》。

神𦚧渦水

西京大同府之南神𦚧渦，泊水廣百餘畝，深三丈，居人取魚其中。十三年前，一夕大雷雨，水忽飛去，入渾源東南山娘子村中，復爲大陂。凡神𦚧水所經，遺魚不絕。

空中人語

張顯卿，名德，遼州人，明昌二年經童，貞祐四年進士。自説大安庚午歲，曾與客飲，向日酹酒，語執壺者云：「不必滿，薦誠而已。」忽聞空中有人言：「安知空中無海量者乎？」衆客駭，立酹數滿杯。

天裂

元光壬午六月二十四日，崔振之時起任咸寧令，聚縣民豁口村，計會科斂。此地在灞橋六七里，日在辰巳間，忽見天裂，從東南至西北，青氣分折數丈，其中有光，盤曲如電，令人震蕩不敢仰視。吏民數百人皆見。振之説。

高白松

徐偉官京兆，夢二老人，白首而長身，身穿緑袍，謂偉言：「某他日有斧斤之阨，幸爲保全之。」偉不知所以，然夢異不忘也。及移守泰安，會岳祠灾，詔復修之，境内大木皆聽采取。東六十里萊蕪之高白村，有古松，幹柯茂盛，陰蔽二畝，鄉社相傳爲數百年物，亦在采斫之數。鄉人父老哀禱於偉，偉因悟前夢，力爲營護，竟免斬伐。是夜，夢有來謝者。士人立祠其側，辛生者爲之記。文士張聖予賦詩云：「蟠根蹙足怪虬藏，平頂摩雲翠蓋張。不怕雪霜侵玉瘦，却愁雷雨化龍驤。異材詎肯資梁棟，靈夢還能避斧斨。萬古天風吹不老，岱宗山色共蒼蒼。」

炭中二仙

臯州人賈合春，前鄜畤丞，興定二年丁丑十月，以戍役在澠池。此地出炭，炭穴顯露，隨取而足用者，積累成堆，下以薪爇之，烈焰熾然。一日，賈與戍卒圍火坐，忽一炭塊爆出，塊破，中有二白玉仙人，各長二寸有半，眉目口耳形體皆具，頂烏巾，繫如皂勒帛狀，雙帶下垂，雕刻所不及。賈甚珍秘，兵亂中失所在。

護蘭童子

孟州路宣叔，未二十而娶，未幾妻亡，追悼不已，鬱不自聊。夜夢妻如平生，説身後爲護蘭童子，住翡翠庵。作詩記之云：「翡翠庵前花草香，護蘭童子淡雲妝。夙緣還却三生債，不道未歸人斷腸。」未歸人，用死者爲歸人，生者爲行人之義。

王先生前知

東阿閻生者，少從醇德先生平陰王廣道學。醇德嘗告之曰：「汝今年二十五，却後二十年當喪明。作舉子不濟，辛壬癸甲之術可養生，試以吾言學之。」閻即學禄命，年五十，果喪明，而藝亦精。自言七十當有子，得年八十，卒如其言。

邊元恕所紀二事

國兵初西來，雲中先下，後復納遼天祚，國相怒其反復，攻城破，驅壯士無榆坡，盡殺之。中有喉絲不斷者，亦枕藉積屍中，得雨復甦，候暮夜欲逃。人定後，忽見吏卒群至，呼死者姓名，隨呼皆應，獨不呼此人。吏卒去，此人匍匐起，僅能至家【四】，求醫封藥，瘡口漸合，又數月平復，年七十餘病終。同時曹氏小童爲軍士驅逐，與群兒亂走，追及者皆以

【四】僅能至家　「家」原作「京」，據吳鈔本改。

大棓擊殺之。次第及曹，忽二犬突出，觸軍士仆地，軍士怒，逐犬入人家，比出，兒輩得散走逃空室中。俄有執黃旗過者，大呼曰：「國相軍令，殺人者斬。」殘民皆得活。曹氏兒後至節度。

王内翰詩讖

王子端内翰，泰和中賦殘菊云：「幽花寂寞無多子，辦與黃蜂實蜜脾。」蓋絶筆也。王勉道作挽詩，故有「幽花絶筆更傷神」之句。

張甫夢應

張狀元甫唱第前，夢人以物易其首，手自捫之，乃玉也。初甚惡之，繼有是應。閻子秀筆記其事。

山石飛墮

宣和末，華山下石子岡，地震之後，東西易位，摧壓十八村，土人謂神物所移，爲立移山祠，蘭泉張吉甫作賦吊之。明昌四年秋，洽水、渭南之間，一日晨起，居人忽聞數千人呼聲，望之，有雲如大帷幙，蔽空而過。少頃，開霽，并山南原已移爲北原矣。孫通祥爲文記之。近天興癸巳麥秋後，恒山公治軍鄧之五朵山，置倉聖朵岩，以受軍租，臨大屋，已置二萬餘斛矣。有日寅卯間，人見西北有黑雲從空而過，聲勢甚惡，迤邐漸及澗上，倉屋隨亦崩潰。雲起而雨，雨後人奔視之，元是大石片，方廣數畝，自天而下，横兩澗之間。麥倉崩，乃無一麥可尋。又一異也。平陰丞説。

閒閒公主章表

壬寅歲寒食，濮州靈寶會祭孤魂設醮，州中程威儀者，當作高功會首。人言：「程未嘗收籙，何緣得主醮？」程因往東平受明威籙一階。章表皆已具銜，復一雷師者，求代程主醮，屬監軍董許之，乃就用文牒上名銜改程作雷。醮後百餘日，雷無病而死。三日復活，説死入冥司，云禮部閒閒趙公管詞表，以我不應改程威儀名字，促壽二紀。放之暫來，令告世人，再不許犯。且言門外追卒甚衆，即當去矣。言終而化。泰安布衣張知現至濮州得此事。

密崖題字

明昌末，盧氏山密崖石壁高峻，非人迹所到。忽有題字云：「道民天台司馬承禎過。」字大如碗，墨色光瑩而紫。予過中岩，謁白雲先生祠，碑載承禎葬松臺，因有詩云：「道民初不忘天台，姓氏分明見密崖。爲問松臺千載鶴，白雲何處不歸來。」

秦簡夫臨終詩

陵川秦簡夫，年四十，困於名場，即不就舉選。臨終詩云：「軀殼羈栖宅，妻孥解逅恩。雲山最佳處，隨意著詩魂。」擲筆而逝，時年五十七。

張子野吉徵

張華子野，易無體榜廷試後，與諸生坐庭中。忽一鳥銜小緑衣判官墮几上。未幾，子野擢上第。

王生冤報

定襄邱村王胡，以陶瓦爲業，明昌辛亥歲歉，與其子王生者，就食山東。一日，有强寇九人，爲尉司根捕急，避死無所，就此家藏匿，以情告云：「我輩金貝不貲，但此身得免，願與君父子平分之。」王因匿盗窑中。滿室坏瓦，尉司兵隨過，無所見而去。胡父子心不自安，且利其財，乘夜發火，不移時，熏九人死，即携金貝還鄉。數年，殖産甚豐，出鄉豪之上。泰和中，王生禮五臺，將及興善鎮，恍惚中有所見，驚怖墮馬，遂爲物所憑。扶舁至其家。生口作鬼語，瞋目怒駡云：「尉司追我輩已得脱，中分貨財，足以致富，便發惡心，都將我燒死。尋之數年，乃今見汝，償命即休。」時或持刃，逢人亂斫。其家無奈，召道士何吉卿驅逐之。何至作法，鬼復憑語辨訴。何知冤對，非法籙可制，教以作黄籙超度，或可解脱。胡陳狀齋壇，吐露情實，人始知其致富之由。大建一祠，日夕祈禱，生未幾竟死。紫微劉尊師説。

仙猫

天壇中岩有仙猫洞，世傳燕真人丹成，雞犬亦昇仙，而猫獨不去，在洞已數百年。游人至洞前，呼「仙哥」，間有應者。王屋令臨漳薛鼎臣呼之而應，親爲予言。己亥夏四月，予自陽臺宫將之上方，過洞前，命兒子叔儀呼之，隨呼而應，聲殊清遠也。因作詩云：「仙猫聲在洞中聞，憑仗兒童一問君。同向燕家舐丹竈，不隨雞犬上青雲。」

田德秀夙悟

紫芝，字德秀，滄州人。其父濟爲部掾，娶定襄趙氏，生德秀於中都。生數月，鄰李媪見之，潸然出涕。人問之，媪曰：「老婦一兒子，生二十五歲，在太學有聲，以去年亡，此兒極相肖也。吾兒死時，老婦囓其面破，此兒面瘡口痕宛然，可以證前身矣。」德秀幼孤，養於外家，多居於忻。六七歲知屬文，一覽萬言。十三賦《麗華引》，詩意驚人，有李長吉風調。十六與余游從，曾大雨後有詩見示云：「醉夢蕭森蝶翅輕，一燈無語夢邊明。虛檐雨急三江浪，老木風高萬馬兵。枕簟先秋失殘暑，湖山徹曉看新晴。對床曾有詩來否，爲問韋家好弟兄。」予兄敏之私謂予言：「詩首二句，非鬼語乎？吾謂其非壽者相也。」果以弱冠下世云。

華陀帖

米元章《華陀帖》二十八字，靖康之變，流落民間。歷三四傳，乃入越王府。王懼爲内府所收，秘之二十年無知者。泰和末，都城閻貫道與文士輩請仙，元章降筆，貫道因問先生：「《華陀帖》神蹟超軼，輝映今古，汴京破，失所在。先生於平生得意書，定知爲何人所秘，願以見告。」即批云：「當就越邸求之。」龐都運才卿，王妃之弟，貫道以爲言。才卿請於妃，果獲一見。王薨於汴，明禁隳廢，文士得從王之子密公游，往往見焉。東坡夢杜子美自解《八陣圖》，謂是書生習氣，以此事觀，非訛言。

梁梅

壽陽歌妓梁梅，承安、泰和間，以才色名河東。張狀元巨濟過壽陽，引病後孤居，意不自聊。邑中士子有以梅爲言者，時已落籍，私致之，待於尼寺。梅素妝而至，坐久乾杯，唱《梅花水龍吟》，張微言六月唱梅詞，壽陽地寒可知，然以其音調員美，頗爲改觀。唱至「天教占了百花頭上，和羹未晚」，乃以酒屬張，張大奇之，贈之樂府，有「誰知幽谷裏，真有壽陽妝」之句，爲留數日而行。

軍中犬

征西軍中畜一犬，每大帥舉酒，部曲輩前列唱《落葉曲》，則犬亦隨之，聲節高下，少不差異，曲罷，一聲不復作。吾州王百户辛丑年親見之。

蚩尤城

華州界有蚩尤城，古老言蚩尤闞姓，故又謂之闞蚩尤城，城旁闞氏尚多。爾朱榮，秀容人，今定襄有爾都統者，自言上世有賜田百頃，至今以「爾百頃家」自名。管州有榮廟，土人祈賽甚靈。巢賊敗，言滅巢族，族人以平人自解，有漏網者，皆以平爲氏。子孫予有識之者，貌與秘府所畫巢像相肖，不欲斥其名云。

德升後身

烏古論德升第進士，興定戊寅，以參知政事行臺太原，九月六日，城陷遇害。以其日受生慶陽移剌倉使家兒，四五歲能説前身事，沉厚寡言，人傳爲異事。德升家一大奴，從太原逃出，就倉使家來問，兒望見，名呼之，奴爲之慟。但説其死不同，奴言德升被斫而死，兒言赴井死。游麟之言，當是聞城陷，一心赴井，神識已逝，不復知被斫耳。一僧云：「不然，赴井者蓋投胎耳【五】。」

田德秀詩

田德秀少孤，養於外祖廣寧府治中趙君家，紈袴間，作詩多憔悴之語，《亂後登凌雲臺》云：「愁思紛紛不易裁，凌雲臺上獨徘徊。亂鴉背著斜陽去，寒雁帶將秋色來。破屋無烟空碎瓦，新墳經雨已蒼苔。天翻地覆親曾見，信得昆明有劫灰。」明年，客死五臺。無憂而戚，古人所忌。王荆公詩：「少壯不宜輕感慨，文章尤忌數悲哀。」真名言也。

【五】赴井者蓋投胎耳　「投」原作「殺」，據吴鈔本改。

張居士

澧州人張居士，於禪學有所得，臨終之歲，禪坐静室，約其徒滿百日乃開。及期開户，見其凝然不動，謂是已逝。良久開目，拂塵而起，沐浴更衣，周行庭宇，與親舊相勞苦，已而復入室中，索紙留偈云：「了脱幻緣，復何幻我？游戲大方，從容自可。」擲筆而化。登封張效景説此事。

米元章心經咒

米老一帖云：「《心經咒》，從後倒念七遍，吹氣枕席間，蟞蝨皆不敢近。」試之信然。

王尊師天壇之行

吾州天慶觀王尊師志常，出於農家。年十六七，牧羊田間。一道人日來相就，問：「汝肯隨我往天壇山否？」王許之。道人携之而行。暮至一城，忽失道人，問其地，乃濟源也。又問人此去天壇近遠，人云：「百餘里耳。」王已無所歸，明日，往天壇，入陽臺宫。宫中人聞此兒爲道人挈來，自太原北一日至天壇，謂當有仙分，留爲香火童子，八年乃歸。家人意其已死，無不驚異，而乃送之天慶。今年已八十六，神明不衰，淳質謹厚，有道者也。

張先生座右銘

張先生彌學，東阿人，平章政事壽國文貞公良輔之父。神道碑載其事，内座右銘云：「欲求聰明，先當積學。欲求子孫，先當積孝。」以爲名言。

輯佚

褚承亮不就試

金人天會中，皇子郎君破真定，拘境内進士，立試場。褚承亮，字茂先，宣和中已擢第，至此匿不出。軍中知其才，遂押赴安國寺對策，大抵以徽宗無道、欽宗失信爲問。舉人承風旨，極行詆毀，茂先詣主文劉侍中云：君父之過，豈臣子所宜言邪？即揖而出，劉爲變色。後數日，復召茂先問：「願附榜乎？」茂先堅不從。是時所考者七十二人，遂自號「七十二賢」。狀元許必仕至郎中官，一日，出左掖門，墮馬，適與石硼遇，碎首而死，餘無一顯者。茂先後年七十餘，謚爲「玄真先生」。劉侍中名宵産，遼咸雍中狀元，怨宋人海上之盟，故發此問。此北人元遺山《續夷堅志》所載，其好惡之公如此，叛臣賊子亦可知所懼矣。

鳳凰見

金泰和四年六月，磁州武安縣南鼓山北石聖臺鳳凰見。鳳從東南來，衆鳥周圍之，大者近内，小者在外，以萬萬計。地在屯區村，村民懼爲官司所擾，謀逐去之，驅牛數十頭，擊柝從之。牛未至二里，即有鷙鳥振翼而起，翼長丈餘，下擊二水牯，肉盡見骨，水牯即死。於是，衆始報官，鳳凰高丈餘，尾作鯉魚狀，而色殷，九子差小，翼其傍。鳳爲日影所照，則有二大鳥更迭盤旋庇蔭之，至日入則下，留三日，乃從西北摩空而上，縣中三日無鳥雀。鳳去後，人視其處，有鯉魚重五六十斤者，食餘尚有數頭。臺旁禽鳥糞兩溝皆滿，小禽不敢飛動，餓死者不可勝計。村民疑臺下有異，私掘之三尺餘，石罅中直插金劍一，取不能盡，擊折得其半，以火煅，欲分之，劍見火，化金蟬散飛而去。

武城蝗

戊戌七月，武城蝗自北來，蔽映天日。有崔四者，行田而仆，其子尋訪，但見蝗聚如堆阜，撥視之，見其父卧地上，爲蝗所埋，鬚髮皆被嚙盡，衣服碎爲篩網，一時頃方蘇。晉天福中，蝗食猪。平原一小兒爲蝗所食，吮血，惟餘空皮裹骨耳。

綿上火禁

綿上火禁，升平時禁七日，喪亂以來，猶三日。相傳火禁不嚴，則有風雹之變。社長輩至日就人家以雞翎掠竈灰，雞羽稍焦卷，則罰香紙錢。有疾及老者不能冷食，就介公廟卜乞小火，吉則燃木炭，取不烟；不吉則死不敢用火。或以食暴日中，或埋食器於羊馬糞窖中，其嚴如此。戊戌歲，賈莊數少年以禁火日飲酒社樹下，用柳木取火温酒，至四月，風雹大作，有如束箱，柳根者在其中，數日乃消。又云：火禁中，雖冷食無致病者。

（以上輯自周密《癸辛雜識》别集卷下，據文淵閣《四庫全書》本點校）

附録

宋无跋

遺山，中原人，使生宋熙、豐間，與蘇、黄諸人同時，當大有聲。不幸出完顔有國日，雖偏方以文飾戎事，用科舉選人，惜又在貞祐前後，不得掌其箋牒文柄，故閑居著述。觀其文與詩詞，宏肆軼宕，及所傳其國人，號《中州集》。人各有傳，其顛叙其行業仕隱，詩則一聯不遺。宋士夫淪陷其國者，概見於末。文有史法，其好義樂善之心蓋廣矣。所續《夷堅志》，豈但過洪景盧而已，其《自序》可見也。惡善懲勸，纖細必録，可以知風俗而見人心，豈南北之有間哉？北方書籍，率金所刻，罕至江南。友人王起善見之，亟鈔成帙，其學富筆勤，又可知矣。持以示予，時日將夕，讀至丙夜，盡四卷，深有啓於予心。以病不能鈔，姑識卷末而歸之。壬申歲之除，商邱宋无子虚書於沙頭白漚眠處。

（清光緒讀書山房刻本）

蘇天爵《書〈續夷堅志〉後》

右遺山元公《續夷堅志》四卷，述金季灾異事也。昔者聖人語常而不語怪，春秋二百四十年間，所書何灾異之衆多歟？將天出此以警時君，而聖人筆之以戒後世歟？宜其深切著明之若是也。蓋天人之間，一理而已。故人事作於下，則天變應於上，有不期然而然者。夫春秋之時，去先王之世未遠也，法度未至大壞也，人才猶衆多也，然其變故已如此，矧後世衰亂之極者乎！予觀三代而下，其衰亂未有若晉之甚者也，故灾異亦未有若晉之多者也。而宋金之季，實有以似之，其在南方番陽洪公爲之志，其在北方遺山元公續其書，凡天裂地震，日食山崩，星雷風雨之變，昆蟲草木之妖，蓋有不可勝言者矣。他時志五行者，尚有稽焉，未可以稗官小説目之也。傳曰：國家將興，必有禎祥；國家將亡，必有妖孽。讀是書者其亦知所警懼矣夫！

（蘇天爵《滋溪文稿》卷二十八）

呰窳叟跋

子思子云：「國家將興，必有禎祥；國家將亡，必有妖孽。」洪景盧《夷堅志》多政、宣事，元好問《續志》多泰和、貞祐事，其視平世有間耳。呰窳叟。

（清光緒讀書山房刻本）

石民瞻跋

吴中王起善博學且勤，人有異書，必手鈔之，此其一也。按：《續夷堅志》乃遺山先生當中原陸沈之時，皆耳聞目見之事，非若洪景盧演史寓言也。其勸善戒惡，不爲無補。吾知起善推廣之心，即遺山之心也。至順三年，石巖民瞻氏識【一】。

（清光緒讀書山房刻本）

王東跋

予鈔北地棗本《續夷堅志》四册，實遺山先生所撰也。至正戊子，武林新刻《金史》，因獲一觀。謹録此傳，附於所書之後云。是年花朝日，吴下王東起善識。

（清光緒讀書山房刻本）

孫道明跋

遺山先生《續夷堅志》二卷，乃吴中王起善鈔本，今歸芥甫夏侯。至正二十三年癸卯歲閏三月十七日丁亥借録，至四月七日丙午録畢於泗北村居映雪齋。華亭在家道人孫道明明叔，時年六十有七也。

（清光緒讀書山房刻本）

【一】石巖民瞻氏識　「石巖」前原衍「朱方」，「朱方」係傳鈔過程中，將印文特徵一并録上，不屬於跋文内容，故而删去。

吴道輔跋

中州曾歷覽，底處覓孤墳。勛業元無我，文章正數君。淵源由《史》《漢》，警策出機、雲。予亦尚奇者，何期廣見聞。吴道輔景文。

（清光緒讀書山房刻本）

余集跋

遺山先生當金源末造，備位下僚，浮湛散秩，洊登左司。旋遭喪亂，淪落以終。晚年以著述自任，頗有志於國史，又爲人所沮，詩文之外，寄意於《中州》一集。文人少達而多窮，不信然哉！此《夷堅志》雖續洪氏，而適當百六之會，灾變頻仍，五行乖舛，有開必先，動關運會，非吊詭之卮言，實機祥之外乘，不賢識小，又何譏焉！僕來豫，榮别駕慶出以相示，乃其尊甫筠圃先生讀易樓藏本。書凡二卷，而宋子虚、王起善二跋皆云四卷，又稱其别有自序，而卷中無之，不復可考矣。書中大半東京瑣事，余初來頗資聞見，因爲較其訛脱，仍分四卷，以還舊觀，手鈔付梓。且依翁氏所輯《遺山年譜》，略爲表系，以附於後，庶覽者粗悉其平生云。嘉慶戊辰冬日，杭郡余集書於大梁書院。

（清光緒讀書山房刻本）

榮譽序

有金元遺山先生，具班、馬之才，閲滄桑之變，隱居不仕，著述自娱，凡四方碑版銘章，靡不奔走其門。初嘗以國史爲己任，不幸未與纂修，乃築野史亭于家，采摭故君臣遺言往行，以自論撰，爲藏山傳人計。又以其緒餘作爲此書，其名雖續洪氏，而所記皆中原陸沈時事，耳聞目見，纖細畢書，可使善者勸而惡者懲，非齊諧志怪比也。先君子舊藏一卷，有王起善、宋子虚諸跋，而佚其自序。余筮仕中州，以此書所載半大河南北事，因携之以資檢閲。嘉慶戊辰，余秋室太史聞而借觀，復據王、宋二跋，釐爲四卷，且益以翁氏所輯《年譜》，鏤板于大梁書院。秋室歸而板爲王六泉明府所得，今載往蜀中矣。中州印本，故屬寥寥，好事者往往以不得披覽爲嘆。兹就書院本重加校正，以付剞劂，蓋不欲效中郎之獨秘云。

皇清道光十年歲在庚寅夏閏月，東海松柏心道人榮譽序。

（《得月簃叢書》本）

《四庫全書總目》提要

《續夷堅志》二卷浙江巡撫采進本

金元好問撰。好問，字裕之，號遺山，太原人。官至左司郎中。事迹具《金史》本傳，是編蓋續宋洪邁《夷堅志》而作。所紀皆金泰和、貞祐間神怪之事。前有自序，見於《遺山集》，而此本無之，蓋傳寫佚脱也。

（《四庫全書總目》卷一百四十四）

孫星衍《平津館鑒藏書籍記》提要

《續夷堅志》前後集二卷，題「太原元好問裕之纂」。前集目録後有呰窳叟題識，後集目録後有至順三年石巖民瞻題識，末有《金史·元遺山傳》，又有至正戊子吴下王東、吴道輯，孫道明三跋。王東跋稱：「予鈔北地棗本《續夷堅志》四册，至正戊子，武林新刻《金史·遺山先生傳》，附於所書之後。」孫道明於至正癸卯又從王本借録，末有「微峰乾隆三年筠」墨筆題識，知是宋牧仲家舊本。收藏有「吴元潤印」白文方印、「謝堂」朱文方印、「香雨齋吴氏珍藏圖書」朱文長印。

（孫星衍《平津館鑒藏書籍記》卷三）

丁丙《善本書室藏書志》提要

《續夷堅志》二卷 舊鈔本

太原元好問裕之纂。好問，號遺山，官至左司郎中，事迹具《金史》本傳。是編續洪景盧而作，所紀皆金泰和、貞祐間神怪之事。《四庫總目》云：「前有自序，見於《遺山集》，此本無之，蓋傳寫佚脱也。」今檢《遺山集》，亦無此序，惟前集尾有至順三年石巖民瞻識云：「吴中王起善博學且勤，人有異書，必手鈔之，此其一也。按：遺山先生當中原陸沈之時，皆耳聞目見之事，非若景盧演史寓言也。其好善勸惡，不爲無補。」後集尾載《金史》本傳，并王東起善識云：「予鈔北地棗本《續夷堅志》四册，實遺山先生所撰。至正戊子，武林新刻《金史》，因獲一觀，謹謄此傳附後。」更有宋无子虚一跋，并題一詩，及華亭孫道明題識。

（丁丙《善本書室藏書志》卷二十一）

汝南遺事

◎王　鶚撰

點校説明

《汝南遺事》四卷，王鶚撰。王鶚（一一九〇—一二七三），字百一，曹州東明（今屬山東）人。金哀宗正大元年（一二二四）狀元，授翰林應奉，累遷尚書省郎中。金亡，爲張柔所俘，留館於保州（今保定）十餘年。蒙古乃馬真后三年（一二四四），入忽必烈潛邸，徙居大都。中統元年（一二六〇）任翰林學士承旨，制度典章多由其裁定。至元五年（一二六八）致仕。卒，謚文康。王鶚詩文均有時名，有《應物集》四十卷，惜已佚。除筆記《汝南遺事》四卷外，尚有《論語集義》一卷及少量詩文傳世。生平事迹見《元史》卷一六〇本傳、《元朝名臣事略》卷一二、《元詩選・癸集》小傳等。

金末哀宗被圍蔡州，王鶚隨駕，記有軍政大事之目録；金亡後，鶚以當日目録爲依據，寫成《汝南遺事》一書。所記始於天興二年（一二三三）六月，迄於三年（一二三四）正月，隨日編載，有綱有目，共一百有七事。蔡州於隋唐時爲汝南郡，故是書以「汝南」爲名。鶚自言以備「他日爲史官采擇」，存史意識自覺，該書遂具較高史料價值。如四庫館臣所言：「皆所身親目擊之事，故紀載最爲詳確。」元末修《金史》時頗多參稽，部分史料可補《金史》之闕，校正《金史》之訛。《汝南遺事》現存最早版本爲清代四庫館臣於《永樂大典》中輯佚而得之四卷本，與《元史·王鶚傳》所言「二卷」卷帙數量有所不同。今人周光培所編《元代筆記小説》第四册（河北教育出版社，一九九四年版）收録《汝南遺事》影本，爲《指海》本，卷末署「清道光十九年歲次己亥（一八三九），金山錢熙祚錫之甫校梓」。

本次點校以文淵閣《四庫全書》本爲底本，以《指海》本爲校本。四庫館臣改譯之女真人名據《金史》等文獻改回。

卷一

詔蔡、息帥臣來迓

天興二年六月甲戌朔六日己卯，上既誅蒲察官奴，本姓移剌，被擄歸國，爲忠孝軍都統，升總帥，歸德作亂，盡誅大臣及近侍，授樞密副使、參知政事。遂决意遷蔡，密詔蔡、息、陳、潁便宜總帥烏古論鎬，小字喀喇，東北路招討司護衛出身。及征行總帥内族婁室，時在息州。各遣軍馬來迓，俱諭以行期道路之約。

遣烏古論蒲鮮如蔡十日

癸未，詔左右司郎中烏古論蒲鮮字嘉甫，正大四年策論進士。如蔡督治巴納，國俗呼行在爲「巴納」。因其州廨，毋使擾民，且令密計軍馬、芻糧之數。初，睢陽解圍，官奴破賽音濟蘇布哈軍子城，事在四日。侍從官屬久苦飢窘，聞蔡州城池堅固，兵衆糧廣，咸勸上南幸。惟官奴以去歲嘗從殿前都點檢内族斜烈過蔡，奉御出身，時權参政，奉命約恒山公武仙赴援，至鄭州敗績，僅以身免，走洛陽。知其備禦不及睢陽，力争以爲不可，復令於衆曰：「敢言南遷者斬。」衆以官奴爲無君，諷上使早爲計。上素不平官奴，遂以計誅之，及其黨故參政紇石烈牙吾塔、男阿里哈之類。至是遣蒲鮮出覘虚實，則城池、兵糧果不足恃。蒲鮮以聞，時上已在道。及抵蔡，頗悔之。至其受敵，始以官奴之言爲然。

參政張天綱以亳州之變便宜遷授 十八日

辛卯，上發自歸德，舟行百餘里。壬辰，至亳。癸巳，南幸亳。有鐵甲百副，有司徵民負行，仍備糗糧以資老幼，留吏部侍郎、權參政張天綱、字正卿，固安人，崇慶二年詞賦進士。左右司郎中王大濟字既洛，閤門祗候出身。董其事。時亳人新附未安，集慶軍節度使王進、亳之黥兵，以復亳授世襲千户，節度本軍。同知節度使事王賓，字德卿，貞祐三年詞賦進士，以與王進同復亳州，授世襲穆昆潁州防禦兼見職。復爲事不法，失軍民心。鎮防軍有曰崔立者【一】，率衆攻進等，殺之。城中大擾，天綱以空名宣命，授立節度，其餘遷授有差，即令緩其負甲糧資之役，郡人乃安。天綱遣人馳奏，且伏專擅之罪。上是之。

韓鐵珠溺水死 二十一日

甲午，户部侍郎韓鐵珠字伯堅，燕京人，奉御出身。迎上於泰和縣之介溝，雨潦積深，溝澮交溢，馬跌，溺水死。上聞而惜之。初，上之入歸德也，命鐵珠趣恒山公仙來援。仙姓武，賜

【一】鎮防軍有曰崔立者　「立」原作「卉」，據《指海》本改。下同。

姓完顔，權參知政事，時在鄧州。仙既逗遛不行，因留鐵珠。聞崔立之變，鐵珠求還歸德，及蔡，以路阻不進，娶婦居焉。其母、妻時困汴梁，人以爲非，聞其死者，莫不快也。

石抹嵩拜上於馬前二十三日

丙申，次新蔡縣之姜寨，縣令石抹嵩字企隆，興定二年，經義進士。拜上於馬前。上問嵩出身，左右以經義乙科對，因奏爲禮部尚書兼翰林侍讀學士世勣之子也。字進卿，承安二年詞賦、經義兩科進士。時世勣亦扈從，兵亂之後，父子始相見。上嘉之，未幾，授嵩應奉翰林文字以便養親。

完顔錫里庫以應辦不職被決二十四日

丁酉，次平輿。蔡州觀察副使完顔錫里庫護衛出身。以應辦不職，決杖四十。時平輿縣殘圮，縣無一民，百物必須取給於蔡，匆遽之際，實不能辦。上意固安之，而近侍左右有不容者，互出惡語以恐官吏，錫里庫懼而匿。上怒，因是有罰。

上入蔡二十五日

戊戌，上入蔡。蔡之父老千餘羅拜於道，伏地呼萬歲，見上儀衛蕭條，無不涕泣。上亦歔欷者久之。自上發歸德，連日暴雨，平地水數尺，軍士漂没甚衆。及入蔡始晴，復數月大旱，識者以爲不祥。

詔尚書省約會征進二十六日

己亥，詔尚書省爲書寄恒山公仙，約會征進之期。上覽書，問宰臣誰爲之。尚書右丞兼樞密副使仲德姓完顏，後有傳。對曰：「前應奉翰林文字王某也。」某丁憂居蔡州。上曰：「朕即位時狀元耶？」即賜召見。翌日，授尚書省都事。某辭以祖母喪服未除，不拜。尋命起復授焉。

兖王用安請幸山東二十九日

壬寅，山東行省兖王用安姓國氏，賜姓完顏，仍附籍。元名用安，上易之小字耀爾。知上欲遷蔡，遣人以蠟書言其「六不可」，大率以謂：「歸德環城皆水，卒難攻擊，蔡無此險，一也；歸德雖乏糧儲，而魚芡音儉可以取足，蔡若受圍，廪食有限，二也；敵人所以去歸德者，非畏我也，縱之出而躡其後，舍其難而就其易者攻焉，三也；蔡去宋境不百里，萬一資敵兵糧，禍不可解，四也；歸德不保，水道東行，猶可以去蔡，蔡若不守，去將安之？五也；時方暑雨，千里泥淖，聖體豐澤，不便鞍馬，倉卒遇敵，非臣子所能救，六也。雖然，陛下必欲去歸德，莫如權幸山東。山東富庶甲天下，臣略有其地，東連沂、海，西接徐、邳，南扼盱、楚，北控淄、齊，若鑾輿少停，臣仰賴威靈，河朔之地可傳檄而定。惟陛下審察。」上以其言示宰臣。宰臣奏用安反復，本無匡輔志，此必參議張介等議之。字介甫，平州人，正大元年經義進士第一。然業已遷蔡，無可議者，遂寢。

曲赦蔡州

秋七月癸卯朔，曲赦蔡州境内，制曰：「天方悔禍，少寬北顧之憂；人亦告勞，爰啓南巡之議。惟今蔡郡，實古豫州，干戈以來，市井如故，久以孤墉而抗敵，出於衆力之輸勤。及聞臨幸之初，逾謹奉迎之禮，人以至於垂泣，朕亦爲之慟懷，宜霈恩私，曲加慰浣。自天興二年七月一日昧爽以前，據蔡州管内支郡、屬縣雜犯死罪以下，并行釋免。官吏軍民，各覃恩兩重。歸德以南經過去處，曾經應辦者遷一官，百姓逃亡户絶者，抛下地土，聽人恣耕，并免差税。自來拖欠官房、地基、軍須等錢，俱免追徵。連年兵饑，多有暴露骸骨，仰所在官司如法埋瘞。嗚呼！奉畜爾衆，敢辭亳邑之遷；時邁其邦，尚獲周家之助。咨爾有衆，體予至懷，故兹詔示，想宜知悉。」

遣近侍宣諭州民

是日，復遣近侍宣諭州民，弛門禁，通衆貨。（鎬之保蔡，門禁甚嚴，委用樵夫，必識其面，人有以錢出者，十分中官收一分，半以贍軍。或有爲上言之，至是俱罷。）時敵兵去遠，商旅頗行，小民歡呼鼓舞，以爲復見太平，公私宿釀，一日皆盡。

烏古論鎬等進職（初三日）

乙巳，以銀青榮禄大夫，蔡、息、陳、潁等路便宜總帥兼鎮南軍節度使烏古論鎬爲御史大夫，總帥如故；正奉大夫、尚書吏部侍郎、權參知政事張天綱爲御史中丞，仍權參政；龍虎衛上將軍、大司農卿内族藥師爲鎮南軍節度使兼蔡州管内觀察使。（藥師行止在後。）

右丞仲德諫修見山亭（初六日）

戊申，右丞仲德言：「自古人君遭難，播越于外者，必痛自刻苦，過自貶損，然後可以動天感人，克復舊物。昨臣朝退，道逢民夫數百人，荷畚（音本，器也。）插杖數入宫，問知將修見山亭，（在州東北。）及治葺同知衙以爲遊息之所。此必非陛下意，殆近侍官諭有司爲之。臣愚以爲不可。敵人犯河南幾二年矣，京師陷没，諸郡皆殘圮，所保完者獨一蔡耳。蔡之公廨，固不及宮闕萬分之一，方之野處露宿，則爲有餘，況車駕將行之時，已嘗勞民治之。今茲不輟，恐人心解弛，不足以濟大事。」上遂命止之。

蒲鮮等進職 初七日

己酉，以榮禄大夫、遥授中京副留守兼尚書左右司郎中烏古論蒲鮮兼息州刺史，權元帥左監軍，行元帥府事；金吾衛上將軍、遥授同知歸德府事、征行元帥、權總帥内族婁室簽樞密院事。

盧進等以進物遷賞

青尖山盧進郾城之豪，常爲縣弓手，青尖山屬舞陽，旁近遷避者至萬家，殺其長吏，自稱招撫使，以前關陝總帥府經歷范天保爲副使【二】。遣范天保來朝，仍進表段三百匹，及獐、鹿、脯、茶、蜜等物。詔進充宣差招撫使，賜之金牌。天保加少中大夫、同知息州事充元帥府經歷官。天保，字元質，磁州滏陽人，貞祐三年詞賦進士。自此進物者甚衆，皆量其多寡遷賞。

仲德諫選室女 初十日

壬子，内侍殿頭宋規閹人之最賢者，正大間以直諫稱。密奉詔與御史大夫鎬夫人富察氏選擇

【二】以前關陝總帥府經歷范天保爲副使　「關」原作「開」，據《指海》本改。

室女，已得數人，將進御。右丞仲德言：「《禮》重内則，《詩》本后妃，所以承宗祧、廣繼嗣也。頃聞遣人求良家子以充後宫。臣知陛下必不爲色，爲社稷計耳。然小民無知，更相傳諷，以謂汴京陷没之後，七廟乏祀，兩宫播遷，陛下行幸蔡州，志圖刷耻，然駐蹕以來，不聞遠略，而先求處女，以示久居。臣愚以爲民愚而神不可不畏，况征進有日，艱于從行，宜俟退敵，更求配耦。」上諭旨曰：「朕六宫散失，左右無人，或以蔡郡獨完，故令采擇。及承規誨，敢不敬從。今止留識解文義者一人，餘皆放釋。卿宜諒知之。」

詔答恒山公仙請誅魏璠十三日

乙卯，詔答恒山公仙曰：「得卿奏章，以魏璠專擅，間諜君臣，請誅之以厲其餘，璠，字邦彦，渾源人，貞祐二年詞賦進士。朕非曲宥此人，但以罪在赦前，六月六日誅官奴赦。赦案：此「赦」字疑衍文。不可失信。然朕遷蔡時，棄之睢陽，無復録用矣。」初，璠被命與其侄昌哥領忠孝軍數人昌哥充牌印丞，應時權奉御忠孝軍，提控柴榮等六人。夜衝敵營，徵仙入援。璠至西山，適仙與敵戰，大敗，軍潰。璠矯制招集散亡至數千，仙聞惡之。及與語，璠正色厲辭，責仙不赴君父之難。仙初不爲動，參議王佐、轉運使石玠等怒之深。佐，字之才，真定故吏。玠，字子堅，河中人，崇慶二年詞賦進士，後爲仙所誅。日夕交構，以謂璠請行時，密計不濟則刺殺之。仙乃忌璠等，拘於空谷中，日給麥仁數升，隆冬雪飛，凍餒殊甚。仙聞官奴爲變，謂上已亡，屢欲殺播。睢陽路通，乃縱歸。播見上，具道仙短，尋仙亦遣人奏播罪。上雖嘉播忠而重違仙請，乃留播以本官充歸德府元帥府經歷官，復以此語詔答仙。播，本官翰林修撰。

蒲鮮石魯負祖宗御容來 十五日

丁巳，前護衛蒲鮮石魯負太祖、太宗及妃后御容五至自汴梁，敕有司奉安於乾元寺，一切禮儀，務從省減。左宣徽使温騰七十五本姓王，賜姓，兩宮太后之姊。案：「賜姓」下有脱字，「兩宮」句未詳。奏奉安吉禮，合無用樂。上曰：「樂須太常，奈何？」七十五曰：「市有優樂甚都，姑假用之，其孰曰不可？」時權左右司員外郎王鶚侍側，上目之。鶚進奏曰：「世俗之樂，豈可施帝王之前？」乃止。

蒲察世達等來歸

是日，前御史中丞蒲察世達、西面元帥把撒合等及其家屬五十餘人自沃來歸。世達，字正甫，泰和三年策論進士。把撒合，世襲穆昆，嘗爲防城元帥。

賜尚書省米麥鹽麴 十六日

戊午，上以省院事繁，終日不得休息，詔有司量給歲賜錢爲飲饌費。宰臣以百官軍士俸薄，固辭。從之，然月賜米麥鹽麴有差。

劉昌祖請伐宋十八日

庚申，扶溝縣招撫司知事劉昌祖字紹先，貞祐三年經童出身。上封事，請大舉伐宋，頗合上意。大略云官軍在前，飢民在後，南踐江淮，西入巴蜀，言雖辨義，則疏矣。上謂參政天綱曰：「朕觀此人似可用，卿可更爲面詰，觀其藴藉。」天綱與語，不甚奇之，然重違上言，且恐阻礙賢路，奏以爲尚書省委差官。

温敦昌孫等奏恒山公無勤王心二十日

壬戌，殿前左副都點檢温敦昌孫、行止在後。近侍局直長瓜爾佳安等字仁卿，樞密院令史出身。約會恒山公迴奏：「仙軍士雖衆，散漫山谷，自營糧食，無甚紀律，且信其左右小人之言，略無勤王心，但欲邀致主上，挾之以自大耳。」上惡聞之，然素知仙短，内以昌孫等言爲是。

卷二

兀林答胡土棄中京二十二日

甲子，中京留守權參政兀林答胡土嘗爲破虜都尉，鈞州兵敗，退保少室中，京行省斜烈死，有詔代之。以洛陽不可守，棄其家屬，選精鋭數十騎赴行在。上召見，慰問良久，而内薄之。會唐州元帥烏古論黑漢行止在後屢遣人告急，即命胡土領忠孝軍百人，就徵西山招撫烏古論换住、黄八兒等義軍爲援。换住，親軍出身，死于是役。八兒，土豪，國亡歸宋矣。

定進馬遷賞格二十五日

丁卯，定進馬遷賞格。每甲馬一匹遷一官、升一等，二匹二官二等，三匹三官三等，止散官。職事已及三品者，進數雖多，一官一等止。把軍頭目，自願進獻者，遞升官職。千户升萬户，副總升都統，提控升總領之類。無牌者給銀牌，已帶銀牌者易金牌，左右司官移剌克忠等克忠，字成之，崇慶二年詞賦進士。以賞格太優，請於右丞仲德。仲德謂上意已定，無可更者。蓋仲德密勸上西幸秦、鞏，故厚其賞以來馬。由是西山帥臣范真、姬汝作、呼延實等真，登封人，兄弟歸于大朝。汝作，汝州人，本姓宋，監察御史端修之猶子，爲部下所殺。實亦土豪，國亡歸宋。各以馬進。尋又定罪拘括，凡得馬千餘匹，以簽樞密院事權參政抹撚兀典統領之。兀典，世襲穆昆，護衛出身，國亡歸宋矣。

遣使諸道選兵

是日，遣使分詣諸道選兵赴蔡，凡得精鋭萬人。親衛、路分、都尉、鎮防、保甲，凡五等。

詔术甲咬住監修器甲

上以器甲不完，詔併工修繕，以工部侍郎兼軍器監使术甲咬住勞效出身，以爲監官，精於製造，以面目嚴冷，俗呼爲隔年笑。監督之。不逾月造成，軍威稍振。

論世達等除授二十七日

己巳，以前正奉大夫、御史中丞蒲察世達爲尚書吏部侍郎權行六部尚書。世達嘗爲左司郎中同簽樞密院事、翰林直學士充益政院官，皆稱上意。上幸歸德，遣世達督運陳州糧。會陳有變，世達亦預脅從。尋間道之汴，聞上南遷，徒步赴行在。上念其舊，故録用之。左右司官因奏撒合、石魯合無任用。二人與世達同時自拔歸國。上不答，久之，乃曰：「世達曲從，非出得已。然朕猶少降資級，以示責罰。彼撒合掌軍一面，石魯宿衛九重，崔立之變，不聞發一矢而束手受制於人。今兹來歸，賜以不死，足爲被恩，又安得與世達等？雖然，撒合老矣，量用其子可也。石魯但當酬其負御容之勞，至於任使，朕徐思之。」未幾，以撒合爲北門都尉，男山兒充本軍都統，石魯復收充護衛。

詔給養恒山公幼男 三十日

壬申，舞陽縣民舒懷信等六人負恒山公幼男時年十二至自汴梁。詔尚書省給衣食，養於近侍局大使把訥申家，把訥申，字良弼，以郡王丞相胡魯子充省令史【二】。仍遣諭仙曰：「喪亂以來，聞卿家屬散失俱盡，今有子遠來，朕甚喜焉。即欲馳送使父子相見，以路梗未通，兼卿男飢病，羸瘠殊甚，俟稍安好，續當遣人由便道護送以往。」

議遣張俊潛復京城

是月，議遣沈邱元帥張俊平陽人，勞效出身，國亡歸宋矣。會鄢陵、扶溝、尉氏、通許、陳留、杞縣等處義軍，潛復京城。如不能守，焚其宮室以還。大臣難之，遂止，然但行移附近京諸縣招撫而已。

【二】以郡王丞相胡魯子充省令史　「令」原作「内」，據《指海》本改。

以粘割完展權參政

八月癸酉朔，以秦州元帥粘割完展字世昌，泰和三年策論進士。權參知政事，行省事於陝西。且以蠟丸爲詔，期以九月中聚集大軍，與上會於饒豐關，出其不意，取宋興元。按：《宋史》作「饒風關」，《金史》與此同，今從之。

盧進報王楫使宋還初二日

甲戌，青尖山招撫盧進奏：「頃有敵騎百餘，雜以宋人北行護。覘者謂北使王楫以奉使還，宋復遣人議和，輜重禮物甚多，以軍防護故也。」上聞之，懼。

上閲兵初五日

丁丑，上閲兵於見山亭。

以司天臺武亢充長行

右丞仲德奏前司天臺管勾武禎男亢，徐州人氏。習父之業，精於占候，宜召赴行在，以備諮訪。上遣人召之。既至，屏人與語，大悦。即命爲司天長行，所以資給甚厚。亢數言灾咎，動合上意。朝士見其倨傲，往往非之。九月，敵人圍蔡，亢預奏今年十二月初三日敵人攻城。及期，果然。上復問：「何日當解？」亢曰：「直至明年正月十三日，城下當無一人一騎。」上喜，但密計糧食，使至不闕。明年正月十日，城陷；十三日，撤營去，城下無一人一騎。其術數精妙如此。

詔尚書省牒宋中書省借糧，仍諭阿虎帶等

初七日。按：此事《金史·哀宗紀》繫之九月癸卯朔，疑有誤

己卯，前降授蔡州都軍致仕内族阿虎帶牌印出身，宣宗朝帥河中，以棄城應死，議親獲免，降七品官職，祖母宋人也。言：「宋人與我和好百年之久，以先朝邊將生事，是致兩國隻矢相加。今我困憊南走，去彼不遠，若不較名分，與之結和好，但得兵糧見資，足以禦敵。倘南北先和，并力來攻，我之受禍不淺矣。臣雖老繆，乞與辯士李裕、周鼎奉使，裕，字好問，邢州唐山人，興定二年詞賦進士。鼎，蔡州人，正大七年詞賦解元，未仕。不得助兵，則得助糧，必不得已，猶可以間南北之和，緩腹背之敵。惟陛下省察。」詔尚書省牒宋中書省借糧一百萬石，因假阿虎帶鎮國上將軍同簽大睦親府事，裕充知事，鼎令史，男阿林亦侍行。陛辭，諭旨阿虎帶曰：「宋人負朕深矣。朕自即位，數戒邊臣無擾邊界。邊臣有自請討伐者，朕未嘗不切責之，向得州民【二】，隨即見付。近日淮陰來歸，彼欲多輸錢帛爲贖，朕若受財，是貨之也。秋

【二】向得州民　「州民」原作「民州」，據《指海》本改。

毫不犯，付以全城。今乘困弊，據我壽、泗，既誘我鄧州，又攻我唐州。雖然，彼所以爲謀亦淺矣。敵人滅國四十，以及于夏；夏亡，則及于我；我亡，則及于宋。唇亡齒寒，自然之理耳。爲彼之計，不若與我連和同禦大敵，所以爲我者，亦爲彼也。卿至其以此意曉之。」

仲德杖忠孝軍李德初十日

壬午，忠孝軍提控李德率十餘人乘馬入省，大呼左右司官，責以月糧不優。兵吏約之不去，迭出慢言，幾于詬駡。郎中移剌克忠不能堪，趨白右丞。仲德大怒，縛德堂下，諭以朝廷刑法名分之重，杖六十。其長有訴于上者，上諭旨仲德曰：「此軍得力，方欲用之。卿何不委曲容忍，而責罰乃爾！」仲德奏曰：「方時多故，録人之功而隱其過，此自陛下之德。至於將帥之職則不然，小犯則決，大犯則誅，雖强兵悍卒，不可使一日不在紀律中。蓋小人之情，縱則驕，驕則難制。睢陽之禍，豈獨官奴之罪？亦由有司縱容之太過耳。今欲改更前轍，不宜愛克厥威，賞必由中，罰則臣任其責。」上默然。軍士聞之怖懼，至於亡不敢犯。

壽州帥府官遷授十一日

癸未，壽州元帥楚玠奏：「臣昨奉詔，與經歷官高鑑復立壽州事於蒙城。玠，蒙城土豪。鑑，字君鎰，遼陽人，正大元年詞賦進士，前蒙城縣令。縣廢，鑑爲敵所擄。比歸，玠已完復授元帥職，讓鑑，鑑不受，遂奏以爲經歷官矣。臣從宜與宋連和，置立榷場，貿易諸物，是致軍民糧食不闕。又增修城郭，敵人不敢犯，今將逾年矣。臣本農民，不願官爵，乞量賞軍士，以慰其心。」詔遷賞有差，州縣權官皆令真授。

宋人陷唐州，烏古論黑漢死之十三日

乙酉，宋人攻陷唐州，元帥右監軍烏古論黑漢死之。黑漢以親軍入仕，常爲唐、鄧元帥府把軍官。天興初，唐州刺史内族斜魯以病卒，斜魯，奉御出身，前河中府帥，阿虎帶之子。時朝廷道梗，帥府承制以黑漢權刺史，行元帥府事。二年，鄧帥移剌瑗以全城叛歸於宋，瑗，字庭玉，小字聶赫，河間路世襲千户。宋人徙其民襄、漢間，復以舊亡人實鄧，瑗授武功大夫，令爲書招黑漢。黑漢殺其使者不報，宋人率兵攻唐，數月不能下。黑漢聞上遷蔡，遣人求救，上命權參政胡土將兵以往。既至，宋人避路縱其半入城，合擊之。胡土兵大敗，僅存三十騎以還。城中乏食，黑漢殺其愛妾以啖士，士争殺妻子。城陷，壯士僅千餘人。黑漢被執，宋人誘之使降。黑漢不可，遂被害。

遣參政兀典息州行省，仍諭之十四日

丙戌，息州帥府報宋人對境，重屯軍馬，有窺息之意，乞益兵爲備。詔權參政兀典、簽樞密院事婁室領忠孝軍三百、蔡州總帥府軍三千，行省院事於息，以禮部員外郎温迪罕喜剌、尚書省都事完顔嫩忒、户部主事王英爲首領官。喜剌，字秀之，興定二年策論進士；嫩忒，字顯之，省令史出身；王英，字世傑，省令史，後歸宋。皆被害。將行，諭之曰：「塔坦用兵，所以常取全勝者，恃北地之馬力，就中國之伎巧耳，朕實難與之敵。至於宋人，何足道哉？柔懦不武，若婦人然，使朕得甲士三千，可以縱横江淮間，卿其勉之。」

烏古論鎬權參政，胡土爲點檢十五日

丁亥，以御史大夫兼蔡、息、陳、潁等路便宜總帥烏古論鎬權參知政事，軍馬行省院權參政兀林答胡土爲殿前都點檢，罷權參政。初，鎬保蔡有功。上聞，遣人褒諭，賜以大信牌，自元帥升總帥，而鎬亦自奮厲。上之南渡也，滿城之敗，征行軍馬總帥内族婁室俗呼小婁室領敗亡數百騎，由徐、永間濟河。時睢陽已被圍，婁室等奔蔡。鎬素知婁室跋扈，辭以無中旨，弗納。内族婁室怒，復奔息。息帥石抹九住納之。九住，字漢卿，奉御出身。未幾，九住與婁室有隙，婁室誣九住將害己，并諸僚屬皆擅繫獄。鎬以其隸己，數移文理辨，不報。遇誅官奴赦，乃釋之。及上將幸蔡，徵蔡、息軍馬來迓，以蔡重鎮，且欲爲行在，慮有不測，詔鎬勿遠迎，令别將領軍以來，故婁室獨得見上于雙溝，且拜且泣，屢誣鎬罪。上雖不言，而心薄之。既到蔡，從官、近侍率皆窮乏，至於面有飢色、體無完衣者，人往往取給於鎬。鎬之妻蒲察氏素稱鄙悍，而鎬畏之。近侍有干求不滿其意者，日夕交譖於上，甚以尚食醬闕，求之不得爲言。上愈怒，雖擢拜御史，而召見特疏。鎬亦自知被讒，憂憤鬱抑，常稱疾在告。會前參政石盞女魯歡護衛出身，歸德行院，上幸歸德，拜參政，後爲官奴所誅矣。侄某，以叔女魯歡無反狀，偶爲官奴所忌而濫誅之，狀白尚書省求改正。左右司官以聞，上曰：「朕嘗謂女魯歡反者耶？而無迹可尋。謂不反耶？朕方南走，遣人求援軍，彼留精鋭自防，而發其羸弱者以來。既到睢陽，彼厚自奉養，使朕醯醬有闕。朕爲人君，不當語此細事。但四海郡縣，莫非國家所有，坐保一城，自臣子本分事。彼靳固自負，而有驕君上之心，非反而何？然朕方駕馭人材，當録功忘過，其治正之。」左右司官揣知上意之在鎬也，數爲右丞仲德言之。仲德每見上必稱鎬功業，宜令預參機務，又表薦鎬自代。上素直仲德，怒少解，及烏登行，故有是命。胡土强愎自任，前後敗績，亦改授焉。

總帥王倉兒等升職十六日

戊子，以蔡州忠義軍都總帥王倉兒爲安平都尉，義勝軍都總領石禄爲蕩寇都尉，其餘軍職以次升遷，皆右丞仲德之薦引也。

校勘記

【一】初左右司官敷奏擬前郎中王大濟除授　「敷」原作「數」，據《指海》本改。

卷三

設四隅譏察官十八日

庚寅，設四隅譏察官，秩視隨朝從八品，以左右司員外郎王某統領之。初，左右司官敷奏擬前郎中王大濟除授【一】，上皆不許。久之，始授西上閤門使。一日，郎中移剌克忠奉使出，獨員外郎王某從，上謂某曰：「朕所以疏大濟者，汝知之乎？」某以「不知」奏。上曰：「近侍，腹心也。御史，耳目也。兼是二者，非宰相、首領官乎？宰相大臣事或有所不知，知之者惟左右司郎官耳！向官奴將變，朕已微聞其端。以大濟嘗與從游，屏人問之。大濟對以不知，復稱道其忠。不數日，變作，朕之舊人，誅戮幾盡。彼爲奏官，不稱至此。朕不能殺之，第以河朔相從首領數人皆不反，獨大濟存焉，左右司郎中內族訛可，字進德；張君冕名袞，崇慶進士；完顏胡魯剌，字仲亨，與進德皆省令史出身。皆死于滿城之敗。故隱忍至今，授以散職。今朕遷蔡，宰相、百官皆似旅寓，惟汝嘗爲汝陽令，又嘗爲帥府彈壓官，蔡人情僞，想已備悉。朕以幾事責汝，有聞即奏，無若大濟然。」某奏：「蔡自遷避以來，人物叢雜，且密邇宋境，奸覘不無。乞依省院例，設譏察官，專一糾察奸細。臣雖不才，願總其事。」

上從之，故設焉。

仲德以天旱辭避，仍薦蒲察桓端等

右丞仲德以天旱上表辭避，乞止充軍職。上不許。仲德因薦京西路大司農卿蒲察桓端字顯之，泰和六年策論進士。可充執政官，汝州元帥府經歷官吉鼎字仲器，平陽人，泰和三年詞賦進士。可充户部官兼理民訟。時桓端、鼎皆在西山，亟遣人召之，後以路阻不至。

息州行省遣人奏捷并赦張閏罪二十日

壬辰，息州行省遣人奏中渡店之捷。初，參政兀典等赴息，既至之夜，潛遣忠孝軍百餘騎襲宋人營於中渡。宋人駭愕，望風奔潰。斬首數百，得牛馬、軍食甚衆。復奏元帥張閏不遵約束，乘鋭遠追，失軍士十數人，乞正典刑。上方與宰相議，而行院婁室表閏無罪，爲兀典所誣。上遣人赦之。比至，已死獄中矣。閏，婁室腹心也，剛愎無上，内族婁室等九住之獄，皆因閏發之。兀典至息，廉得其事。及是，因失律以誅之。

萬年節二十三日

乙未，萬年節，上之生辰。上思太后，泣下。左右悲感，不能仰視。時州郡上表稱賀者猶二十餘處，敵人大勢已過鈞、許矣。

遣孛术魯婁室等領軍赴息二十五日

丁酉，遣潁州總帥孛术魯婁室、世襲穆昆。陳州元帥蒲察合達勞效出身。領軍五千就食於息。未至，聞敵人將來，亟命徵還。

赦王倉兒罪二十六日

戊戌，安平都尉王倉兒領軍千餘，護送蔡州征行軍家屬赴息，糧食不寬之故。至平輿，聞有敵人游騎而還。有司奏處倉兒以死，上赦之，復議遣行。

完顏藥師卒二十八日

庚子，鎮南軍節度使藥師卒。藥師，内族人，便僻巧慧，以尚書省祗候郎君出身。既歷州縣，頗有聲譽，累官龍虎衛上將軍、京南路大司農卿。奏徵歇役税積數十萬石。鎮防軍撥地而不輸税，官軍死或罷補税應入官，有司多不知，至是積徵，謂之「歇役税」。所至騷動，然威名素著，吏不敢欺。正大八年冬，朝廷遣行省合達、姓完顏，爲平章政事。行院布呼姓移剌，爲樞密副使。領大軍數十萬，迎敵人於鄧，慮糧道不及，特命隨軍應辦。既敗，藥師走唐州，尋還息州。上幸蔡，來見，即命節度鎮南軍，仍充宣差省院鎮撫軍民都彈壓。以老疾常在告，復多娶婦，竟死于色，議者鄙之。

蒲察合達敗績二十九日

辛丑，遣陳州元帥蒲察合達領疲軟軍三千及其家屬赴息。翌日，遇敵軍於馬香店，在州南六十里。力戰終日，我師敗績。合達被擒，安平都尉王倉兒以戰歿，將士誅戮幾盡，惟安平副都尉安廣領百餘人被創以還。

設四隅和糴官

是日，設四隅和糴官。比市價增二分，凡糴糧一萬七千石有餘。

設惠民司

上以軍士多病，藥餌艱得，設惠民司於市，以太醫數人更直，藥從官給，仍擇年老進士二人爲醫藥官。孫權，字明之；張翊，字萬紀。皆邢州人氏。正大元年，三舉終場，各恩賜同進士出身。

更易蔡州官

九月壬寅朔，以正奉大夫、尚書吏部侍郎、權行六部尚書蒲察世達兼權鎮南軍節度使，嘉議大夫、監察御史烏古論胡屯出字國保，興定二年策論進士。同知節度使事，太中大夫、尚書户部員外郎李獻甫字欽用，河中人，興定五年經義進士。爲節度副使，昭武大將軍、遥授同知潁州防禦使事蒲察没里千令史出身。爲觀察副使，朝列大夫、許州郾城縣令郝簡爲觀察判官。簡，字飛卿，代州人，貞祐三年詞賦進士。時議戒嚴，而節度使藥師卒，節度同知、觀察判官亦無正員，節度副使李瑋、字子明，燕京人，泰和三年詞賦進士。觀察副使完顔錫里庫復疲軟不勝任，惟節度判官田秀勞效出身。頗辦事，餘皆擇人授之，縣令、録事亦更易焉。縣令石伯玉，禮部令史；録事高聰，勞效出身。

世達請并收晚田

行六部尚書蒲察世達以敵兵將至，奏請撫諭軍民，并收晚田不及者踐毁之，毋令資敵。制可。

王璧請上復幸歸德初三日

甲辰，歸德府總帥王璧字國寶，曹州人，勞效出身。遣經歷官魏璠請上復幸歸德。璠見上，屏人委曲具陳利害，詞甚切至。上雖然之，而不能行也。

高埒克來見初五日

丙午，宿州副總帥高埒克鎮防軍。既平老婆潭之賊，潭在靈璧境，王義深據之。高埒克會鄰郡軍共討平之。領精鋭數十騎來見。上嘉之，留而弗遣。

元志以軍來援初七日

戊申，魯山元帥元志領軍千餘來援，時諸帥皆知敵人赴蔡，往往擁兵自固，惟志沿山數百里，且戰且行。及蔡，幾喪其半。上表異之，即日賜大信牌，升爲總帥。

減定官吏軍兵月俸十五日

丙辰，詔尚書省裁減冗員，沙汰軟軍，及更定官吏軍兵月俸，自宰執以下，至于皂隸，人月支糧六斗。

括城中粟十八日

己未，括粟於城中，人存糧八斗，十歲以下五斗，敢匿斗升者處死。以行六部尚書蒲察世達、總帥孛术魯婁室爲括粟官，穴地仆墻，少不容貸，凡得糧二萬五千石有餘。然犯法者衆，狴犴爲充。上皆憐而釋之，尋以所括民粟，詔依進獻例遷加。

禁公私釀二十日

辛酉，禁公私釀，惟省院不禁。右丞仲德請禁之。上不許，曰：「將士無他賞，立功者時賜之酒，猶足爲勸。」

分軍防守四面并子城二十三日。案：此事《金史·哀宗紀》繫之九日，《完顏仲德傳》與此亦同，疑係《本紀》有誤

甲子，分軍防守四面并子城，以總帥孛术魯婁室等守東南，都尉内族承麟副之；承麟，字君祥，小字呼敦，令史出身，行從第七，俗呼七令史，參政丞立異母弟也，漢王某之後。御史大夫、權參知政事烏古論鎬守南面，總帥元志副之；殿前都點檢兀林答胡土守西面，忠孝軍元帥蔡八兒副之；忠孝軍元帥、權殿前右副都點檢王山兒守北面，元帥紇石烈柏壽副之；柏壽，親軍出身。

殿前右衛將軍、權左副都點檢内族斜烈守子城，斜烈，護尉出身。都尉王愛錫副之。仍遣護衛、奉御各一人，隨門監視。

月給官奴母妻家糧二十六日

丁卯，詔尚書省月給官奴母妻家糧。

更造「天興寶會」初七日。案：此目内戊寅上脱「十月」二字

戊寅，更造「天興寶會」，同見銀流轉，一錢、二錢、三錢、五錢，凡四等，以楮爲之，僞造者斬。時物價騰踴，錢幣不行，市肆交易，唯用見銀，而畸零尤難，故立楮幣救之。然支多收少，不逾月法壞。

拜新等出降十六日

丁亥，敵人復以大軍薄城，東門護尉拜新、北門奉御蒲察孛斡時以世襲權副都尉。各單騎出降，有司鞫問其屬，連坐甚衆。詔止誅預謀者，餘皆赦之。

徵諸道兵會戰十七日事

戊子，遣人賫蠟書徵兖王用安、恒山公仙、俗呼武相公也。京東行省賽不行止在後。與陝西行省完展、息州行省兀典，并陳、潁、宿、壽、泗州等官軍，及諸山寨義兵，期以來年正月旦日會戰，中外舉火三以爲驗。及期，無一人至者。

教射於子城二十日

辛卯，上教射於子城。中者賞麥有差。人射十箭一中者，賞麥三升；但上垛者，二升。弩亦然。弓一百二十步，弩二百步，四面及子城率五日一教閲。初，有司減定軍糧，軍人頗怨望。上聞之，欲分軍爲三，上軍月支糧八斗，中軍月支糧六斗，下軍月支糧五斗，然恐官吏及下軍復不均。乃立射法，而上、中軍多受賞，連中者或面賜之酒，人益爲勸。陰有所增而人不知，且得教閲勸激之法，右丞仲德之謀也。

温敦昌孫戰殁二十五日

丙申，殿前左副都點檢温敦昌孫以戰殁。昌孫，皇太后之侄，衛尉六十五之子也。本姓王氏，姑爲宣宗后，乃改賜焉。昌孫爲人短小精悍，性復愷悌，雅爲上所知。宣宗朝與其弟住兒俱授奉御。上即位，累遷諸局分。官奴之變，近侍、舊人多被殺戮，乃令提點近侍局。將幸蔡，改授點檢。敵人圍城，數引兵潛出巡邏，常得覘者。時上食須魚，汝河魚美。上以浮屍東下惡之，城西有積水曰練江，魚大且多，然距城數里，必以軍衛翼乃得捕。昌孫日領軍以往，所得動千餘斤，進餘分賜將士，將士德之。敵人覘知，左右設伏，伺其歸擊之。我軍敗走，昌孫力戰不退，遂被害。

賜義軍戰歿被創者麥 二十七日

戊戌，義軍招撫毛佺等佺勞效出身。乞以本軍夜劫敵營，屢出屢敗而還。詔戰歿被創者賜麥有差。

阿勒根移失剌鎮撫軍民

十一月辛丑朔，以殿前右副都點檢阿勒根移失剌宮中出身。爲宣差鎮撫軍民都彈壓，別設四員彈壓副之，張大亨、傅楫、納蘭桓端、烏古論斜烈。四隅譏察亦隸焉，仍制職官六品軍官提控以下并聽移失剌處決。時穀價日騰，斗米白金十兩，空街净巷，往往縊人而食之，軍卒尤甚，至有鬻其肉者。移失剌乃立高竿於市衢，有犯者鈎其首懸之。犯者少止，然遇夜亦不能禁。

宋人助敵，以兵戰於城南初五日。案：此條目内「乙巳」上脱「十一月」三字

乙巳，宋人遣襄陽太尉江海、棗陽太尉孟珙以兵萬人助敵，耀於城南，且以箭射書入城中，招諭軍民。右丞仲德得之，投諸水中。忽敵兵數十卒至城下，幾及門，我軍逆戰，敵人甚勇。俄兩翼伏發矢下如雨，敵懼，突圍奪橋道以出，唯二人不及，爲我軍所得。

胡土以奴降乞解軍職初六日

丙午，殿前都點檢兀林答胡土之奴曰六兒者，竊胡土之金牌，夜縋城降敵。朝士喧播，以胡土縱之往，將有異志。胡土聞之，内不自安，上表乞解軍職。上諭旨曰：「卿父子兄弟爲帥臣，父某，章宗時爲西北路招討使；兄胡里改，前鎮南軍節度使、權鷹揚都尉，天興元年戰殁。榮被國恩不爲不厚，顧卿豈有降敵理邪？卿在洛陽不即投降，而千里遠來降於蔡，亦豈人情也哉？聞卿遇奴太察，且其衣食不甚豐腆，此自奴輩往求飽暖計耳。卿何歉爲哉？」因賜酒饌以慰其心。初，胡土罷機政，頗有怨言，左右勸上誅之。上不許，及四面分守，復以胡土守西城，胡土猶怏怏。至是，銘感上恩，無復他慮矣。

卷四

烏古論先生令軍民服元氣十五日

乙卯，妖人烏古論先生因閹豎白上，乞在城軍民皆服元氣，不費官糧，可以經久抗敵。右丞仲德知其妄，乃奏：「昔田單守即墨，以一賤卒充天師，動静必咨。至於退燕軍而復齊七十餘城，事固有以權詐成功者，况用兵乎？願陛下賜以『真人』之號，華其供帳，每事假之，敵人好巫，知必駭異，旋出奇計，或可立功。」上頗然之。參政天綱力辨以爲不可，遂止。

誅移剌瑗子侄十八日

戊午，前鄧州元帥移剌瑗密遣人誘其子侄出降。子奉御，侄護衛，以瑗反，俱罷宿衛。事覺，并誅之。弟粘古適卧病，聞之，亦以憂悸卒。粘古，字仲仁，提點近侍局。

宰臣論石抹虎兒破敵計二十三日

癸亥，軍吏有石抹虎兒者求見右丞仲德，自謂有奇計退敵。及見，出馬面具如獅子狀而惡，别製足尾，皆麻布爲之，飾以青，因言：「敵人之所恃者，馬而已，欲制其人，先制其馬。如我軍先以常騎迎之，少戰尋少却，彼必來追。我以馴騎百餘，皆此狀，仍繫大鈴於頸，選壯士乘之，以逆彼騎，必驚逸。我軍鼓譟繼其後，此田單所以破燕也。」仲德見上言。上以問參政天綱。天綱曰：「敵衆我寡，此不足恃。縱使驚去，安保其不復來乎？恐枉費工物，祇爲識者笑耳。」上從天綱議。

徐州降敵，賽不丞相死之二十六日

丙寅，徐州降敵，右丞相賽不死之。賽不，狀貌魁偉，沉厚有大略，初補親軍。章宗即位，選充護衛，本姓完顔氏。宣宗朝，自陳元出始祖懿憲景元皇帝之後，乃附屬籍，賽不常爲樞密副使、平章政事，皆以醇謹得大體見稱。正大初，進拜尚書右丞相，雅與參知政事李蹊相得。蹊，字適之，遼陽人，明昌五年詞賦進士。正大元年，拜參知政事，後拜爲左丞，扈從北征，還至歸德，爲官奴所誅。及蹊以罪出尹京洛，賽不數薦於上，至比唐王魏不可令去朝廷，蹊以復命。三年，宣宗廟成，將禘祭議功臣配享，朝士紛紛，莫有定論。時賽不充大禮使，因奏故丞相福興死於王事，七斤謹守河南，以迎大駕，福興，内族人；七斤，姓僕散氏。《宣宗實録》皆有傳矣。餘皆不足道也。興定四年，吏部郎中楊居仁上封事居仁，字行之，燕京人，泰和三年詞賦進士。言：「宰執皆具僚，不足以倚大事，乞擇人授之。」辭甚切至，上以語大臣曰：「相府不得其人，此自御史、諫官所當言者，彼吏曹、郎官，職在銓衡、常調而已，何與此哉？」神色甚厲，尚書右丞世魯素嫉居仁，希旨以爲僭。世魯，字閏之，名天澤，姓延扎氏，明昌五年策論進士，從其言以居仁使北。賽不徐進曰：「天下有道，雖芻蕘得盡其言，况郎官乎？陛下寛宏容下，有來諫之德，故不應言者猶言之，則應言者可知矣。其言可用，陛下當致用，不可用則置之。不必臣等知也。」上多之。五年，行尚書省事於京兆，數上表求致仕，許之。天興二年，復拜前職。車駕北征，自願從行。至睢陽，詔徐州行尚書省事。聞上遷蔡，上書乞赴行在，不從。蔡既受圍，徐州節副郭野驢與敵境沛縣主帥鹿琮通謀内應，破之。賽不遂越城投河，不死，被執，自縊。

恒山公仙軍潰，兖王用安叛降

是月，敵兵千餘敗恒山公仙軍於淅川，仙僅以身免，與數十騎沿山北遁，兖王用安亦以海、沂、漣、邳數州降敵。西山帥臣完顔嫩忒等多叛降焉。嫩忒，護衛出身，時爲申州刺史，五朵山一帶宣撫使，與其副陳紀歸宋。紀，字之綱。

敵人決練江，宋人決柴潭入汝 初七日。案：此乃天興二年十二月事，原本蓋於目内脱去「十二月」三字

丁丑，敵人決練江，宋人決柴潭以入汝，西、南二面不復顧矣。蔡之東北皆汝水，而西、南二面匯水以爲固汝。岸深浚，故決之以入。

婁室胡土權參政 十一日

辛巳，以總帥孛朮魯婁室、殿前都點檢兀林胡土皆權參政，婁室與尚書右丞仲德同事，胡土防守如故。復以都尉内族承麟爲東面元帥。先是，敵人攻東城，婁室隨機備禦。二日，敵不能前，移攻南城。權參政烏古論鎬易之，砲擊城樓幾仆。右丞仲德率軍救援，經畫有法，敵乃罷攻。尋四面受敵，仲德艱於獨援，遂薦承麟代婁室守東面，而己與婁室同救應【一】。胡土失外城，頗慚惡，聲言力小不能令衆。仲德亦薦之，故有是命。

敵人克西城 十八日

己丑，敵人復大至，克其西城。城中前期築栅浚壕爲備，敵雖克之，不能入，但於城上立栅自蔽，仍南北相拒。凡敵所占百餘步，敵帥芬辰小字恩徹呼復令軍中毋速攻，意欲蔡人自變生致上也。然軍士踴躍，視死如歸，人以不得出戰爲愧。

【一】而己與婁室同救應　「己」原作「乞」，據《指海》本改。

以御用器皿賞戰士十九日

庚寅，上欲賞戰士，而府庫空竭，乃悉出御用器皿，然後聽百官進獻，不足則斂於民。又慮將士衣甲有不完者，盡括民衣襖賜之，謂之「軟纏」。詔軍民彈壓阿勒根移失剌辦其事，移失剌素苛暴，有犯必誅，血流於市。

殺妖人烏古論先生二十一日

壬辰，殺妖人烏古論先生。本貫人家奴婢，喜學道，爲全真師，大得房中之術。居汴梁，佯爲狂態，裸頭露足，綴麻爲衣，自謂「麻帔先生」。豪門大族，率皆敬奉。宣宗嘗召入宫，由是益無畏懼，常出入大長公主家，公主乃哀帝之姊，駙馬都尉圖克坦阿哈尚之。殊有穢迹。上微聞之，敕有司掩捕，則已逃去。上恐惡彰，使勿追。正大末，從烏古論鎬來官汝南。鎬館於其家，人皆知與鎬妻通，而鎬不知。生聞之，不自安，求出。鎬爲營建道宇，率在城官吏、僧道、耆老親爲出送。生既居外，飲酒食肉，靡所不爲。上幸蔡，生欲走避，會敵兵梗路，不能出。蔡既受圍，因閹豎求進，賴參政天綱言乃止。至是，復求入見，謂有詭計可以退敵。乃見上，但長揖不拜，且多大言，無君臣禮。其言大略妄自尊誇，欲出説芬辰，自爲脱身計。生出，上問左右司官：「識此人否？」郎中移剌克忠、員外郎王某素醜生行，具以向者麻帔爲奏。上怒甚，命縊殺之。

殺尚厩馬分犒將士二十四日

乙未，殺尚厩馬五十匹、官馬百五十匹，分犒將士。尚厩飼馬止十匹，百官唯執政四五人與都彈壓移失剌乘馬，餘皆徒行矣。

撤民屋

時西城上下增置堡樓硬棚【二】，公私材木俱罄，大小雜樹斬伐亦盡，乃撤民屋用之。自城及市，幾四五里，相望空墻而已。

仲德禮覡僧以安人心二十八日

己亥，有狂僧號菩薩，自言能退敵。有司問之，但咍笑不答，數日忽不見。又有女覡，亦作鬼語，稱有救兵自西南來。右丞仲德皆遣人致禮，以安人心。

議誅忠孝軍之爲劫者

自敵人攻城，晝夜相持幾月餘，軍士皆喜戰，而忠孝軍尤致死力。宣差鎮撫軍民都彈

【二】時西城上下增置堡樓硬棚「堡」原作「呆」，據《指海》本改。

壓移失剌嘗奉密旨，忠孝軍罪應死者當具奏。俄城中有巨劫七八人，屠人之家而奪其食。事覺連繫，有忠孝軍提控都統二人，移失剌以聞。上欲曲宥之，其帥王山兒奏曰：「法者，天下之公共，非人君所得以私，况謀故劫殺，罪在不赦。國家蓄養若輩，用在一日，身死鋒鏑，理固其宜。豈可以一軍之私，而傷天下之公乎？雖陛下自以爲恩，臣愚以爲過矣。」因泣下固請，乃命誅之。是月，四城將士戰殁者，總帥一、元帥三、都尉二，總領提控以下不可勝紀。

祭柴潭神仍賜號初二日。案：此乃天興三年正月二日，原本蓋於目内脱去「正月」二字

壬寅，詔參政天綱祭柴潭神，仍賜號曰「護國靈應」。潭在城南，水深長數丈。按：《汝南志》曰：「潭有龍居，遇歲旱則蔡人多驅水牛以入，謂之『攪潭』，常得雨焉。」宋人分攻南面，决之，潭幾涸。一日，雲霧障潭，潭水暴漲，至是及丈餘。上神之，後有是命。

出宫中官承應人等守城初五日。案：哀宗以八日戊申傳位承麟，九日己酉城即破。故王鶚紀遺事止於此

甲辰，上以將士多戰殁，盡出宫中官承應人等分守四面，至令舍人牌印及省部令史拽砲，上之使令數人而已。有奉御卓諾、護衛扎魯等皆疏俊年少，不任執役，乘夜縋出投降，上亦不知也。

總論

義宗皇帝在位十有一年，傷王室之浸微，先朝之積弊，吏政失於苛細也，不破法以情。往興定間，陳州防禦吕子羽因取會逃户，致秋税有不足者。豐衍庫官趙某以應入庫物未足，寄民家。罪皆怠慢，的决追解而已。有司附會丞相高琪，苛細生事，以子羽不以軍儲爲意，即係不以社稷爲念，某官物不即入庫，意望入己，委曲生意，皆處以死。正大初，赦文首一款，有司不得以私情破法，自是無復冤獄矣。子羽，字唐卿，大興人，明昌二年詞賦進士。將士利於征戰也，不逞兵以忿。自興定初，宋人歲貢不入。宣宗連年出師征討，國家精鋭幾盡喪，而利歸將士。義宗即位，一意約和，十年無一兵犯南界者，宋人亦未嘗見侵。大朝兵入，宋始侵矣。朝臣有罪，則薄示降罰，未嘗妄戮一人。丞相高琪、駙馬阿哈、參政移剌都行院時，全皆以將相大臣爲前朝所戮，其餘不言可知。正大、天興未常有此，大臣有犯，但省會休閑，出守外郡而已。母后無宫，則略加補修，未常輒營一殿。直左掖門有曰明俊殿者，舊試進士，因之爲壽聖宫，慈聖太后、仁聖太后合居焉。廊廡、階庭一切仍舊，但易其名曰「徽音」。而又敦崇儒術，前政内外官及省令史参注吏員蒲察合住、王阿里、李涣、郭浩輩，皆以傾險小人致位通顯。遇正大改元，潛革其弊。雖格法如常，而不令小人驟進。至於近侍，亦必參用儒生，如奥屯阿虎、提點近侍局完顏素蘭爲近侍局大使，賈庭楊充奉御之類。阿虎，字舜卿，故參政忠孝之子，大定二十八年策論進士。素蘭，字伯陽，崇慶二年策論進士、狀元。庭楊，字昇之，平定人，正大四年經義狀元。遴選武臣，南渡之後，軍政殊不修，隨處雖設行院、帥府，而握兵柄者往往不得其人，兵亦冗雜，動輒失利。正大中，選近上把軍官十餘員充都尉，秩視正三品，每一都尉將萬人，人各試補廩給有加，故當時號爲得人。司各有名，如「殄寇」「破虜」「宣節」「折衝」「鷹揚」「安平」之類，其將如完顔住兒、樊澤、高英、内族大婁室，皆勇鷙有謀，戰無不克。天興初，皆死于王事。罷獵地以裕民，舊制，附京百里禁捕獵，扈邏官軍所至騷擾。正大五年，敕令罷之。開經筵而論道。正大三年，設益政院，取獻替有益于政之義，以翰林學士楊雲翼，直學士完顔素蘭、蒲察世達、裴滿阿虎帶，待制史公奕、吕造六人充院官，日以二員官直，或二日，或三日，或四日，或五日，進講《尚書》《貞觀政要》《資治通鑑》，或以機事特賜訪問，院官復編《尚書要略》《大定遺訓》《萬年龜鏡録》三書以進，皆摘取英華，切於時政者。上酷好之，又以學士院兼經筵【三】，在仁安殿西。楊雲翼，字之美，平定人，明昌五年經義狀元，詞賦亦工。素蘭，字伯陽，崇慶二年策論狀元。世達，字正甫，泰和三年策論進士。阿虎帶，字仲寧，與世達同年進士。公奕，字季宏，大定二十八年詞賦進士。造，字子成，承安二年詞賦狀元。時雲翼足疾，每進見，必賜之坐。以六事課縣令，田野闢而賦税均：辟舉縣令法，自先朝已行之，然隨朝七品、外路六品已上官，或有不識人材、因私妄舉者。正大間，復立舉主法，品秩雖應舉，仍委司農司監察，體究本官，堪充舉主，然後聽舉縣令，縣令以此得人。仍以縣令殿最升降舉主，故舉主亦盡心焉。六事爲「田野闢」「賦税均」「軍民和」「户口增」「盜賊息」「獄訟止」。分三路設司農，善良進而奸邪退。大司農司兼采訪公事，在京設大司農一員，正二品，多以宰職兼領。京東、西、南三路各設卿一員，正四品；少卿一員，正五品；丞一員，正六品。卿已下迭出本路巡按，察吏治臧否而升黜之，每一經過，奸吏屏息，故所在官吏知所勸懲。是致家餘蓄積，户益丁黄，雖未洽於太平，亦可謂小康小息者矣。屬天開一統，地入大朝，遂至滅亡，猶足稱頌！曷嘗不親馭六轡，撫巡三軍，出器皿以旌戰功，殺厩馬以充犒賞，所以人百其勇，視死如歸。父既受刃於前，子復操戈於後。大臣如仲德，義所感者幾千人；近侍如絳山，氣

【三】又以學士院兼經筵　「又」原作「院」，據《指海》本改。

不奪者以萬卒。死於社稷，上下一同。書之簡編，古今無愧。某起繇冷族，濫竊科名。始以詞賦待罪於玉堂，終以奏官承乏乎蘭省。厚顔靦面，誠爲我輩之羞；鏤骨銘心，懼泯吾君之善。况承都元帥之命，且惟大中書之言，敢不追想前編，直書實事。某在蔡已有目録。謹以親所見聞，撰成《汝南遺事》四卷，計一百七事，冗長不文，故不足取，庶幾他日爲史官采擇。若夫正大、天興本末之詳，則天下自有公論，非某陋儒所敢與知，庸俟將來，必有秉筆者焉。

附録

張金吾跋

金吾案：王鶚身仕兩朝，晚節不終。此篇又其入元後所作，例不得録。惟稱述哀宗諸善政，有頌揚而絶無怨謗，尚有惓惓故主之思，故變例録之。

（清張金吾輯《金文最》卷五十九收王鶚《〈汝南遺事〉總論》，該文見《汝南遺事》卷四，此爲張金吾按語。）

《四庫全書總目》提要

《汝南遺事》四卷永樂大典本

元王鶚撰。鶚，字伯翼，東明人。金正大元年登進士第一。哀宗時爲左右司員外郎。金亡降元，官至翰林學士承旨，事迹具《元史》本傳。是編即隨哀宗在蔡州圍城所作，故以「汝南」命名。所記始天興二年六月，迄三年正月。隨日編載，有綱有目，共一百有七條，皆所身親目擊之事，故紀載最爲詳確。其稱哀宗爲「義宗」，則用息州行省所上謚也。《金史·哀宗本紀》及烏庫哩鎬、《金史》作「烏古論鎬」，今改正。完顔仲德、張天綱等傳，皆全采用之，足徵其言皆實録矣。鶚身事兩朝，不能抗西山之節。然本傳載其祭哀宗一事，猶有惓惓故主之心。其作是書於喪亂流離，亦但有痛悼而無怨謗，較作《南燼録》者猶未減焉。《自序》云四卷，《元史》本傳作二卷，蓋傳刻之訛，今仍從《自序》所言，編爲四卷。

（《四庫全書總目》卷五十一）

楊奂《讀〈汝南遺事〉》

軹道牽羊事已非，更堪行酒著青衣。裹頭婢子那知此，争逐君王烈焰歸。
六朝江水故依然，隔斷中原又百年。長笑桓温無遠略，竟留王猛佐苻堅。

（楊奂《還山遺稿》卷下）